Serge Tisseron

Phänomen Scham

Psychoanalyse eines sozialen Affektes

Ernst Reinhardt Verlag

Serge Tisseron, Psychiater und Psychoanalytiker,
lehrt an der Universität Paris VII

Titel der Originalausgabe: La Honte. Psychanalyse d'un lien social
© Dunod, Paris 1992

Aus dem Französischen übersetzt von Reinhard Tiffert

Umschlagbild: Henri de Toulouse-Lautrec,
Frau, ihren Strumpf anziehend (1894, Ausschnitt)

Die Deutsche Bibliothek – CIP-Einheitsaufnahme

Tisseron, Serge:
Phänomen Scham : Psychoanalyse eines sozialen Affektes / Serge Tisseron.
Aus dem Franz. übers. von Reinhard Tiffert. – München : Reinhardt, 2000
Einheitssacht.: La honte <dt.>
ISBN 3-497-01542-3

Ernst Reinhardt Verlag, Postfach 38 02 80, D-80615 München
Net: www.reinhardt-verlag.de   Mail: info@reinhardt-verlag.de

Inhalt

7

Einleitung

Bei der Suche nach einer passenden Illustration für den Umschlag des vorliegenden Buchs habe ich die Entdeckung gemacht, daß zwar an Bildern der Liebe, des Zorns, des Neids und der Reue kein Mangel herrscht, aber daß es nur sehr wenige Darstellungen der Scham* gibt. Über die Scham redet man nicht, man zeigt sie nicht her und stellt sie nicht dar. Auch befassen sich nur wenige Monographien mit ihr. Was die Gemeinde der Psychoanalytiker betrifft, so verhält sie sich ihr gegenüber zwiespältig. Das mußten Analytiker wie Bettelheim und Rappaport sehr zu ihrem Leidwesen erkennen. Als ehemalige KZ-Häftlinge hatten beide versucht, den Kollegen die Erfahrung der Konzentrationslager zu vermitteln, vor allem die Erniedrigung, die sie dort erleben mußten, und das Gefühl der Scham, das sie darüber empfanden. Doch für die Psychoanalytiker war damals die Wirkung eines Traumas stets an eine mangelnde Verarbeitung der ersten seelischen Konflikte gebunden, mit anderen Worten, an das, was seit Freud „Kernkomplex der kindlichen Neurose" genannt wird. Den Kollegen Bettelheims und Rappaports fehlten daher die Voraussetzungen, um zu verstehen, welche Scham KZ-Häftlinge im Zusammenhang mit physischen und psychischen Grausamkeiten empfunden hatten und wie schwer die erlittenen Demütigungen auf ihnen lasteten.

Auch heute, ein halbes Jahrhundert später, scheint den Psychoanalytikern immer noch das theoretische Rüstzeug für die Auseinandersetzung mit Schamsituationen zu fehlen. In Frankreich haben sie sich

---

* *Anmerkung des Übersetzers:* Im Französischen bezeichnet das Wort *honte* sowohl die „Scham", (lt. Grimmschem Wörterbuch „Bezeichnung eines Affektes, einer Empfindung, eines Gefühls, confusio, pudor, verecundia"), als auch die „Schande", also eine Schädigung oder Herabsetzung der Ehre, des Ansehens, des Wertes der Person („als ursprüngliche Bedeutung hat man sich wohl ‚Beschädigung' im allgemeinen zu denken; aber die Einschränkung auf die Bedeutung ‚Ehrverminderung' ist bereits früh vollzogen", Grimm, Dt. Wörterbuch). Welche Bedeutung gemeint ist, geht aus dem jeweiligen Zusammenhang klar hervor. In der vorliegenden Untersuchung geht es vor allem um Schamgefühle bzw. -situationen und innerpsychische Instanzen, die solche Gefühle beim Betroffenen erzeugen und aufrechterhalten.

9

mit der unrühmlichen Haltung der eigenen Zunft während des letzten Krieges erst zu beschäftigen begonnen, als die Debatte um die Kollaboration mit der deutschen Besatzung auch in der breiten Öffentlichkeit geführt wurde. Ferner reagierten sie, wenigstens als Gruppe, sehr widerwillig auf kritische Fragen nach ihrer Position während des Algerienkriegs ...

Für diese Unwilligkeit gibt es mehrere Gründe. Erstens neigen Psychoanalytiker seit Freud dazu, die auslösenden Faktoren der Scham-Situationen beim Erwachsenen mit der Eltern-Imago gleichzusetzen, die dieser Erwachsene als Kind entwickelt hat. Nach psychoanalytischer Lehre wird Scham zuerst in der Familie erfahren; im Anschluß daran wird sie im Zuge der Herausbildung der Idealinstanzen verinnerlicht (während das Schuldbewußtsein eher dem Über-Ich zugeschrieben wird); schließlich erfährt sie der einzelne im sozialen Leben durch Projektion dieser Instanzen auf andere Menschen oder Institutionen. Doch außer diesen in der Familie entstandenen, erst verinnerlichten und dann nach außen projizierten Schamgefühlen entsteht Scham auch in ganz neuen Situationen, bei denen andere Mechanismen im Spiel sind. Daß sich jemand gegenüber jemand anderem schämt, muß weder unbedingt heißen, daß der andere in diesem Augenblick als Vertreter der Eltern-Imago gesehen wird, noch daß die gegenwärtige Situation nur eine frühere Situation wiederholt, die von der Scham vor einem Elternteil geprägt war. Zu einem angemessenen Verständnis der Scham gelangt man nur, wenn man die Gewaltsituationen als solche sieht und nicht die sozialen Ursachen der Scham mit der Wiederkehr verinnerlichter elterlicher Repräsentanzen aus der Kindheit verwechselt.

Ferner ist die Scham, insofern sie eine Emotion und, wie wir noch sehen werden, eine besonders schwer zu benennende darstellt, ein heikles Thema für den Psychoanalytiker und verlangt von ihm eine besondere Sensibilität. Gerade diese Sensibilität verträgt sich nicht gut mit bestimmten theoretischen Positionen in der Psychoanalyse, die dem sprachlichen Inhalt Vorrang vor dem Gefühlsausdruck einräumen. Eine weitere Schwierigkeit kommt noch hinzu: Scham kann sich hinter Affekten wie etwa Wut oder Zorn verbergen; umgekehrt kann Scham auch andere Affekte wie zum Beispiel Haß überdecken.

Letztlich wird aber die Scham deshalb so selten von Psychoanalytikern thematisiert, weil sie oft mit dem Schuldgefühl verwechselt wird. Hartmann und Löwenstein (1962) versteigen sich sogar zu der Behauptung, Schuld- und Schamgefühl seien in analytischer Hinsicht das Ergebnis derselben Mechanismen. Und doch ist Scham in vielen Situationen wirksam, wo keine Schuld im Spiel ist, und die alle das eine gemeinsam haben, daß in ihnen das Selbstbild Schaden nimmt: Höflichkeitsregeln, Tischsitten, Kleideretikette, die für ein soziales Milieu oder eine Situation vorausgesetzt werden und die anderswo „deplaziert" wirken; oder, gravierender, rassische Zugehörigkeit, Armut, körperliche oder psychische Krankheiten, Todesnähe ... Ferner werden Scham- und Schuldgefühl von den Betroffenen sehr wohl getrennt. Eine Untersuchung von Nahama u. a. (1991) über die Frage, was Jugendliche am meisten fürchten, zeigt, daß die Furcht, „sich lächerlich zu machen", noch vor der Furcht, „einen Fehler zu machen", kommt und daß Scham über ein Fehlverhalten, das an die Öffentlichkeit kommt, mehr gefürchtet wird, als Schuldgefühle wegen Fehlern, die verborgen bleiben können. Der Grund dafür liegt, wie wir noch sehen werden, darin, daß Schuld eine Form sozialer Integration darstellt, während Scham gerade desintegrierend wirkt. Der Betroffene empfindet sie als Bruch in seiner Persönlichkeit. Das Bild, das er von sich selbst hat, ist plötzlich gestört, seine Orientierungsmarken in Zeit und Raum gehen verloren, er kennt weder Vergangenheit noch Zukunft. Er fühlt sich machtlos (er kann sich auf nichts stützen, er hat sich nicht mehr in der Gewalt), und das ist der mentale Ausdruck für einen Zusammenbruch, der alle Bereiche seiner Persönlichkeit betrifft (psychische, narzißtische, sexuelle und Bindungsbesetzungen sind in Mitleidenschaft gezogen). Unabhängig von der Ursache für einen solchen Zusammenbruch ist das Schamgefühl stets auf einen Dritten bezogen, vor dem man sich schämt: Die Scham ist ihrem Wesen nach ein *soziales Gefühl*. Daraus ergibt sich ein anderer wichtiger Unterschied zum Schuldgefühl: Während letzteres nach dem Geständnis drängt, um Absolution zu erlangen, kann die Scham nur geleugnet oder verheimlicht werden und das sogar sich selbst gegenüber. Weil aber die Bilder, die mit der Scham einhergehen, so schwer greifbar sind, fehlen sie oft – auch darin liegt ein Unterschied zum Schuldgefühl, das sich in phantasierten Szenarien ausdrückt –, was vom Analytiker eine besondere Aufmerksamkeit für ihre Symptome fordert. Aus dem gleichen Grund ist Scham manchmal auch schwer zuzuschreiben. Man kann Scham anstelle eines anderen empfinden. Bei einer solchen Verwechslung der Personen weiß man nicht mehr, wo das Eigene aufhört und wo das Fremde beginnt. Die Schranken der Identität fallen, der Unterschied zwischen drinnen und draußen verwischt sich ... Die Einstellungen zur Scham sind vielfältig: Die einen finden sich mit ihr ab, andere weisen sie von sich, wieder andere arrangieren sich mit ihr um den Preis einiger Charakterverbiegungen

… Wir werden uns mit den Ursachen und Folgen solcher Anpassungen beschäftigen. Und wir werden sehen, daß die Scham wahrscheinlich auch in vielen Analysen gegenwärtig ist – auch wenn sie die Psychoanalytiker nicht immer erkennen!

Angesichts dieser komplexen Problematik scheint es geraten, das Phänomen der Scham aus verschiedenen, sich ergänzenden Blickwinkeln zu untersuchen. Da ist zunächst der Affekt samt den verschiedenen Gefühlen, die dabei auftreten können; ferner die Wahrnehmungen, die ihn begleiten, und die Bilder oder Erinnerungsspuren, die beim Betroffenen reaktiviert werden; der sprachliche Ausdruck, mit dem er sich selbst Rechenschaft gibt und den er eventuell auch gegenüber anderen gebrauchen kann; schließlich die Handlungen, die er ausführt und die ihn entweder von der Scham befreien oder die ihn im Gegenteil noch tiefer in die Scham verstricken. Claude Nachin (1989) hat im Anschluß an die Arbeiten von Nicolas Abraham (1978) über das „psychoanalytische Symbol" dargelegt, daß letzteres aus vier Elementen besteht: „Das psychoanalytische Symbol ist vierpolig und verbindet den Affekt mit der Fähigkeit, sich selbst zu affizieren, mit der inneren und äußeren Wahrnehmung und ihren Spuren, mit dem sprachlichen Ausdruck mit seiner lautlichen und semantischen Seite und mit dem Handlungspotential." Ich selbst habe in einer früheren Arbeit (1990a) über die pathologischen Folgen der Familiengeheimnisse zeigen können, wie das Vorhandensein eines solchen Geheimnisses (oder seines Inhalts) manchmal über ein Element erschlossen werden muß, das allem Anschein nach ohne Bezug zu ihm ist. Ein solches Element kann zum Beispiel ein Bild sein, das sich dem Patienten ständig aufdrängt, ohne in einer erkennbaren Verbindung zu seinen sonstigen Beschäftigungen zu stehen, ein sich wiederholendes Traumbild oder eine zwanghaft wiederkehrende Handlung, der scheinbar jeder Sinn fehlt. Solche Elemente können zusammen die Bruchstücke eines Familiengeheimnisses bilden, das verlorengegangen ist. Mit der Scham könnte es sich ähnlich verhalten. Daß es solche unbewußten, über eine Generation hinausgreifenden Beziehungen gibt, verlangt eine genauere Definition des Begriffs „soziale Bindung". Darunter ist eine Gemeinschaft zu verstehen, die nicht nur auf dem expliziten sprachlichen Ausdruck beruht, sondern auch nichtsprachliche Kommunikationsformen einschließt, worunter Haltungen, Mimik, Verhaltensmuster und Gebräuche zu verstehen sind. Die soziale Bindung setzt die Existenz eines Dritten voraus, der die Gültigkeit des Diskurses beim Austausch zwischen zwei Subjekten verbürgt und darüber hinaus auch einen Austausch zwischen verschiedenen Generationen ermöglicht. Sie ermöglicht dem Individuum, Beziehungen mit anderen einzugehen und zwar sowohl mit seinen Verwandten in aufsteigender wie absteigender Linie als auch mit Gleichaltrigen.

Die Scham signalisiert dem einzelnen nicht nur, daß es zu Störungen in seinen psychischen Besetzungen gekommen ist, sondern auch, daß Verbindungen zu den vorangegangenen Generationen abgerissen sind. Sie spielt folglich eine wesentliche Rolle für das Verständnis der innerpsychischen und intersubjektiven Mechanismen einschließlich ihrer generationsübergreifenden Wirkungen. Durch die Scham reagiert der einzelne auf eine Störung in seinen eigenen psychischen Besetzungen oder in denen seiner Nächsten mit einer individuellen Desorganisation. Mehr als der Mensch im Zorn oder Haß ist der sich schämende Mensch in seiner ganzen Psyche desorganisiert. Deshalb ist er aber auch offen für alle Systeme der psychischen Neuorganisation. Zuallererst muß die soziale Bindung wiederhergestellt werden, die ihm abhanden gekommen ist. Diese Bindung vereint den Sich-Schämenden und sein Gegenüber, insofern beide am gleichen Milieu teilhaben und den gleichen Zwängen ausgesetzt sind. Der andere ist in der Situation der Scham eine Hilfe zur Resozialisation – wie er andererseits auch die Desorganisation beschleunigen kann.

Das ist vielleicht letztendlich der Grund, der viele Psychoanalytiker davon abhält, sich mit der Scham näher zu befassen. Eine solche Untersuchung setzt ein geschärftes Bewußtsein für die soziale Natur dieses Phänomens und darüber hinaus eine Theorie der Emotion und ihrer desorganisierenden Wirkungen voraus. Ferner braucht der Analytiker ein Gespür dafür, daß die Träume und Assoziationen des Patienten nur einen Schutzvorhang bilden können, hinter dem er (oder jemand aus seiner Geschichte) versucht (oder in der Vergangenheit versucht hat), eine psychische Schwäche in einem unnennbaren Ereignis zu verbergen. Statt unsere Arbeit jedoch auf eine Theorie der Emotion abzustellen, die Gefahr liefe, die Affekte zu verdinglichen, halten wir uns an eine Theorie des Bildes als andere Form der „sozialen Bindung". Wir schlagen einen neuen therapeutischen Ansatz vor, der nicht nur für die Scham, sondern auch für andere Formen emotionaler Desorganisation Relevanz hat.

I. Psychoanalytische Theorieansätze zum Phänomen Scham

Es gibt keine vollständige Theorie der Scham, geschweige denn eine spezifische Therapie. Die meisten Arbeiten, die sich mit ihr befassen, behandeln sie auf dem Hintergrund des Narzißmus und primitiver psychischer Mechanismen.

Der „blinde Fleck" der Freudschen Theorie

Freud hat die Scham stets im Zusammenhang mit der Verdrängung gesehen, die gegen aufsteigende Triebkräfte ankämpft. Was ursprünglich Lust erregt, wird unter der Wirkung der Verdrängung als Scham, Ekel oder Schimpf empfunden. Freud benutzt in seinen frühen Schriften die Begriffe „Scham, Ekel und Moralität" stets gemeinsam. Diese Auffassung hat sich in mehreren Etappen entwickelt.

Die Scham wird zuerst in Verbindung mit der Sauberkeitserziehung gesehen. Das Kleinkind, das alle seine Körperfunktionen mit Neugierde beobachtet, lernt bald, auf Unmutsbekundungen der Eltern mit Ekel zu reagieren. Hatte es anfangs seine Exkremente stolz vorgezeigt, so muß es nun lernen, sie zu verbergen. Die abwertenden Äußerungen der Eltern bei den Stuhlentleerungen des Kindes – etwa in der Art: „Das ist nicht sauber, das darfst du nicht anfassen" – werden auch auf die sich in unmittelbarer Nähe befindenden Geschlechtsorgane bezogen. So schreibt Freud an seinen Freund Wilhelm Fließ, „...daß Scham und Moralität die verdrängenden Kräfte sind und daß die natürliche Nachbarschaft der Sexualorgane unfehlbar beim Sexualerlebnis auch Ekel wecken muß" (Brief an Fliess, 1. Januar 1896). Die „Ansteckung", die hier von Freud vermutet wird, kann zwar bezweifelt werden, doch die Warnungen und Vorwürfe, die das masturbierende Kind von seinen Eltern zu hören bekommt, belegen eine solche Assoziation: „Faß dich da nicht an, das ist schmutzig." Daß der Blick beim Spielen mit den Exkrementen und bei den ersten sexuellen Entdeckungen von solcher Bedeutung ist, stellt die Scham in eine besondere Beziehung zu ihm: Alles, was den Körper und sein Begehren be-

15

trifft, muß vor den indiskreten Blicken der anderen geschützt werden, so wie der Körper umgekehrt bei den anderen zu respektieren ist.

Dieser Konflikt, der seinen Ursprung einerseits in den elterlichen Verboten und andererseits im Streben nach Triebbefriedigung beim Kind hat, wird sehr rasch verinnerlicht. Beim Erwachsenen verbietet der verinnerlichte Zwang nicht nur die Triebbefriedigung an sich, sondern sogar ihre Bewußtwerdung. Zwar gelingt es dem Erwachsenen im Traum – wo sich dieser Zwang nach Freuds Terminologie als Zensur äußert – ihn teilweise zu umgehen und zu täuschen, doch im Wachleben erhält er seine ganze Macht zurück. Deswegen kann es passieren, daß sich der Träumer beim Erwachen seiner eigenen Träume schämt (Freud 1900).

Die Kraft, die dafür sorgt, daß „der Geschlechtstrieb das normale Maß nicht überschreitet" (Freud 1905) situiert Freud ab 1923 in einer unabhängigen psychischen Instanz, die er „Über-Ich" nennt. Das Über-Ich, das zum Teil unbewußt ist, verbindet das „moralische Gewissen, Selbstbeobachtung und die Idealbildung". Mit anderen Worten, das Über-Ich umfaßt das Ichideal neben der kritischen Selbstbeobachtung, der Moral, der Traumzensur und der Verdrängung. Durch letztere ist die Scham mit dem Über-Ich verbunden.

Freud ist von dieser Auffassung nie abgewichen, gleichwohl finden sich in seinem Werk auch Hinweise auf andere Erklärungsmöglichkeiten. Zwar wäre es kindisch, behaupten zu wollen, der „Vater" der Psychoanalyse habe bereits alles gesagt, die Nachfolgenden hätten sich damit zu begnügen, seine genialen Einsichten weiterzuentwickeln. Es wäre aber auch schade, in dem weiten Feld, das Freud für die Forschung geöffnet hat, nicht auf Dinge zu verweisen, die für seinen Entdeckergeist sprechen. Die Bemerkungen über die Scham, die Freud nicht weiterverfolgt, finden sich im wesentlichen in der *Traumdeutung*. Freud stellt zuallererst fest, daß die Scham ursprünglich nicht ohne die Anwesenheit eines beschämenden Erwachsenen denkbar ist. Er schreibt: „An vielen Kindern kann man noch in späteren Jahren beobachten, daß ihre Entkleidung wie berauschend auf sie wirkt, anstatt sie zur Scham zu leiten. Sie lachen, springen herum, schlagen sich auf den Leib, die Mutter oder wer dabei ist, verweist es ihnen, sagt: Pfui, das ist eine Schande, das darf man nicht." Während aber ein Verbot auf etwas zielt, was das Kind, „wenn es erst einmal groß ist", selbst tun kann (zum Beispiel ein gefährliches Werkzeug benutzen), betrifft die Scham einen Bereich, von dem der Erwachsene nicht ausgenommen ist: „Man (d. h. weder du noch ich) tut so etwas nicht." Freud wird später vom Über-Ich als von einer Instanz sprechen, die Urteile über Ge-

16

nerationen hinweg wiederholt. Mit der Scham verhält es sich genauso. Im gleichen Text erwähnt Freud, welche Rolle der Wechsel vom Privaten zum Öffentlichen in der Scham spielt. Danach bricht Scham immer dann hervor, wenn etwas, das der einzelne als zu seiner Intimsphäre gehörend betrachtet, plötzlich an die Öffentlichkeit kommt. In diesem Sinn schreibt er: „Ein Selbstvorwurf wird zur Scham, wenn ein anderer ihn zufällig mithört." Schließlich fällt auf, daß Freud in der *Traumdeutung* ein langes Zitat von Gottfried Keller einflicht, bei dem es um das Verhältnis von Scham und sozialem Urteil geht. Das Zitat spielt auf eine der schönsten Episoden der Odyssee an. Nach einem Schiffbruch liegt der erschöpfte Odysseus nackt am Strand und schläft. Dort entdeckt ihn Nausikaa und ihr Gefolge. Beim Erwachen bedeckt der Held seine Blöße mit ein paar Zweigen. Die Dienerinnen flüchten entsetzt, nur Nausikaa bleibt.

Wenn Sie [...] getrennt von Ihrer Heimat und allem, was Ihnen lieb ist, in der Fremde umherschweifen und Sie haben viel gesehen und viel erfahren, haben Kummer und Sorge, sind wohl gar elend und verlassen, so wird es Ihnen des Nachts unfehlbar träumen, daß Sie sich Ihrer Heimat nähern; Sie sehen sie glänzen und leuchten in den schönsten Farben, holde, feine und liebe Gestalten treten Ihnen entgegen; da entdecken Sie plötzlich, daß Sie zerfetzt, nackt und staubbedeckt umhergehen. Eine namenlose Scham und Angst faßt Sie, Sie suchen sich zu bedecken, zu verbergen und erwachen im Schweiße gebadet. Dies ist, solange es Menschen gibt, der Traum des kummervollen, umhergeworfenen Mannes, und so hat Homer jene Lage aus dem tiefsten und ewigen Wesen der Menschheit herausgenommen. (Freud 1900, 252)

Wir finden in diesem Zitat drei wesentliche Merkmale der Scham, die Freud nicht weiter verfolgt: die Bedrohung der Identität, ein Handlungselement (Odysseus bedeckt sich) neben einem Gefühlselement und schließlich die Scham, die man bei der Vorstellung empfindet, daß man anderen Anlaß zur Scham gibt. Indem sich Odysseus bedeckt, nimmt er die Unschicklichkeit der Situation auf sich und erspart den anderen, Scham zu empfinden. Dank neuerer Forschungen über „Kulturen der Scham" bzw. „Kulturen der Schuld" können wir heute ergänzen, daß die von Odysseus empfundene Scham um so größer gewesen sein muß, als das alte Griechenland zu jenen Gesellschaften gehörte, in denen öffentliches Ansehen zu genießen sehr viel wichtiger war, als ein ruhiges Gewissen zu haben (Dodds 1991).

Immer noch in der *Traumdeutung* beweist Freud, wie wenig Platz er der Scham in seiner Theorie einräumt, nicht ohne uns in drei Kindheitserinnerungen vorzuführen, wie er mit der eigenen Scham zurechtkommt.

17

Nun ist mir folgende Szene aus meinem Kinderleben erzählt worden ... Ich soll – im Alter von zwei Jahren – noch gelegentlich das Bett naß gemacht haben, und als ich dafür Vorwürfe zu hören bekam, den Vater durch das Versprechen *getröstet* haben, daß ich ihm in N. (der nächsten größeren Stadt) ein *neues,* schönes *rotes* Bett kaufen werde (1900, 221, Hervorhebungen von Freud).

In dieser Anekdote bemüht sich der junge Freud nicht nur darum, den angerichteten Schaden wiedergutzumachen, sondern er möchte seinen Vater vor allem trösten. Diese Versicherung, die über das Versprechen, ein neues Bett zu kaufen, noch hinausgeht, betrifft das Bild, das das Kind von sich selbst hat und das seine Eltern von ihm haben. Mit dem Versprechen schützt es sich vor der möglichen Zurückweisung oder dem Liebesentzug der Eltern; zugleich schützt es sich auch vor deren Scham. Vermutlich hat der junge Freud tatsächlich weniger Angst vor der eigenen Scham als vor der Scham, die seine Eltern seinetwegen empfinden könnten. Mit seinem Versprechen gibt er dem Vater zweierlei zu verstehen: „Ich ersetze das Bett, sei ohne Sorge"; aber auch: „Du kannst stolz auf mich sein, denn obwohl ich noch so klein bin, verpflichte ich mich, alles zu ersetzen, was ich befleckt habe." Aus Verlegenheit fühlt er sich zu einer Haltung gedrängt, die den Eltern die Scham ersparen möchte. So findet er die Lösung, mit der er dieses Risiko beseitigt.

Doch Freud versagt es sich, ausgehend von diesem Beispiel eine Theorie der Scham zu entwickeln und begnügt sich mit dem Hinweis auf den kindlichen „Größenwahn", der in diesem Versprechen durchscheine, sowie auf den „intimen Zusammenhang des Bettnässens mit dem Charakterzug des Ehrgeizes". Ehrgeiz sieht er auch in der zweiten Kindheitserinnerung am Werk, die er gleich anschließend mitteilt:

Dann gab es aber einmal einen anderen häuslichen Anstand, als ich sieben oder acht Jahre alt war, an den ich mich sehr wohl erinnere. Ich setzte mich abends vor dem Schlafengehen über das Gebot der Diskretion hinweg, Bedürfnisse nicht im Schlafzimmer der Eltern in deren Anwesenheit zu verrichten, und der Vater ließ in seiner Strafrede darüber die Bemerkung fallen: Aus dem Buben wird nichts werden. Es muß eine furchtbare Kränkung für meinen Ehrgeiz gewesen sein, denn Anspielungen an diese Szene kehren immer in meinen Träumen wieder und sind regelmäßig mit Aufzählungen meiner Leistungen und Erfolge verknüpft, als wollte ich sagen: Siehst du, ich bin doch etwas geworden (1900, 221).

Freud löst also das Problem der Scham dadurch, daß er an ihre Stelle den Ehrgeiz setzt. Diesen Mechanismus wird er später 1905, als Reaktionsbildung (siehe Kapitel 5) bezeichnen. Damals sah er – in den *Drei*

18

Abhandlungen zur Sexualtheorie – die Scham, ebenso wie die Schüchternheit, als Reaktionsbildung auf exhibitionistische und voyeuristische Wünsche an, und nicht etwa den Ehrgeiz als Reaktionsbildung auf die Scham! Indem er aber den Ehrgeiz sogleich an die Stelle der Scham setzt, hat er ein probates Mittel zur Abwehr nicht nur der eigenen Schamgefühle, sondern auch solcher, die seine Familie betreffen. Das gelingt ihm freilich nur um den Preis, das Wort „Scham" geflissentlich zu vermeiden, wie aus der folgenden Erinnerung hervorgeht.

„So erzählte er [der Vater, Anm. d. Übersetzers] mir einmal, um mir zu zeigen, in wieviel bessere Zeiten ich gekommen sei als er: Als ich ein junger Mensch war, bin ich in deinem Geburtsort am Samstag in der Straße spazierengegangen, schön gekleidet, mit einer neuen Pelzmütze auf dem Kopf. Da kommt ein Christ daher, haut mir mit einem Schlag die Mütze in den Kot und ruft dabei: Jud, herunter vom Trottoir! ‚Und was hast du getan?' Ich bin auf den Fahrweg gegangen und habe die Mütze aufgehoben, war die gelassene Antwort. Das schien mir nicht heldenhaft von dem großen starken Mann, der mich Kleinen an der Hand führte. Ich stellte dieser Situation, die mich nicht befriedigte, eine andere gegenüber, die meinem Empfinden besser entsprach, die Szene, in welcher Hannibals Vater, Hamilkar Barkas, seinen Knaben vor dem Hausaltar schwören läßt, an den Römern Rache zu nehmen. Seitdem hatte Hannibal einen Platz in meinen Phantasien." (1900, 203)

Freud wandte sich also von der Erforschung der sozialen Bedingungen von Scham ab, wie er ja auch die traumatische Theorie der Neurose aufgab. Denn selbst wenn er in seiner Gesamttheorie dem Trauma noch einen Platz einräumte, erkundete er dessen Rolle doch nicht weiter. Marianne Krüll (1983) hat durch ihre Nachforschungen über die Mitglieder der Familie Freud Ergebnisse vorgelegt, die Freuds Haltung erklären könnten. Die ärmlichen Verhältnisse, in der die Familie lebte – lange wohnten sie in einem einzigen Raum –, mochte für Freud Grund sein, sich nicht mit der Scham zu beschäftigen, die aus sozialen Demütigungen entsteht. Hinzu kam, daß ein Onkel Freuds angeklagt wurde, Falschgeld in Umlauf gebracht zu haben, und ins Gefängnis gehen mußte. Die Episode, die nicht mehr aufzuklären ist, könnte so etwas wie ein Familiengeheimnis gewesen sein, unter dem der junge Freud gelitten hat. Der „blinde Fleck" der Scham in der Freudschen Theorie wäre dann dem Leiden an der Familie zuzuschreiben. Wie hätte Freud die Scham in ihren sozialen Dimensionen erkennen können, da er doch aus einer Familie kam, die durch öffentliche Schande stigmatisiert war? Mehr noch, da er doch aus einer Familie kam, in der es anscheinend stets verboten war, über das Ereignis zu sprechen, von dem die Schande rührte?

In den Anfängen der Psychoanalyse ist einigen Pionieren die Bedeutung des sozialen Faktors der Scham nicht entgangen. So schrieben Lymann und Plalt 1927:

Solche Schammotive tauchen häufig in der Psychoanalyse auf: Der Vater benahm sich proletenhaft, schnitt den Wein mit Wasser; oder er war ein Geschäftsmann, der Bankrott machte und schließlich in der Irrenanstalt endete; die Mutter hatte einen Liebhaber; oder der Patient war schon vor der Eheschließung gezeugt worden; die Familie lebte in Armut und Schmutz; die Eltern stritten sich ständig usw. Eine Untersuchung der Gründe, warum Kinder lügen, bringt diesen kennzeichnenden Zug der Scham an den Tag: ‚Wenn man gefragt wird, was der Vater macht, der Vater aber keinen angesehenen Beruf hat, dann lügt man eben.‘ Viele Kinder empfinden Scham, ihre Armut einzugestehen, und erfinden Wunder was für Geschichten über ihr Familienleben. Damit hoffen sie, mit den anderen mithalten zu können. Übt der Vater einen ehrlichen Beruf aus, der aber in der bürgerlichen Gesellschaft nichts gilt, dann lügt das Kind aus Scham. (Zitiert nach Hermann 1943, 169)

Weil aber Freud anfangs die Scham an die Instanzen des Ideals gebunden hat, verfolgen seine Schüler diese Spur weiter.

Scham und Narzißmus

In der psychoanalytischen Literatur wird die Scham meist im Zusammenhang mit dem Narzißmus behandelt, ja sie ist dessen „verhüllte Begleiterin" (Wurmser 1987) genannt worden. Die Scham ist dann nicht mehr wie bei Freud eine Reaktionsbildung im Dienst der Verdrängung, sondern ein narzißtischer Affekt.

Den Psychoanalytikern, die im Anschluß an Freud die Scham mit der Analität in Verbindung brachten, blieb doch eine Unbestimmtheit im Gebrauch der Begriffe Über-Ich und Ichideal nicht verborgen, die sich durch das Gesamtwerk Freuds zieht. In *Das Ich und das Es* (1923), wo der Begriff Über-Ich zum ersten Mal auftaucht, schreibt Freud, das Über-Ich verbinde die Funktionen des Verbots und des Ideals. In *Massenpsychologie und Ich-Analyse* (1921) heißt es hingegen vom Ideal-Ich, es habe die Funktionen der „Selbstbeobachtung, des moralischen Gewissens, der Traumzensur" und habe „wesentlichen Einfluß bei der Verdrängung". In *Das ökonomische Problem des Masochismus* (1924) schließlich bemerkt er, das Über-Ich sei ein Ideal, das aus der Introjektion der idealisierten Eltern hervorgegangen sei. Für Freud ist die Entstehung des Über-Ich wie auch diejenige des Ichideals zeitgleich mit dem Untergang des Ödipuskomplexes. Andere Autoren haben seither darauf verwiesen, daß es ein früheres Über-Ich gegeben habe, insbesondere im Zusammenhang mit der Verinnerlichung der Vorschriften, die zur Beherrschung des Schließmuskels führen sollen. Vor allem wurde ein definitorischer Unterschied zwischen den beiden in Rede stehenden Begriffen eingeführt, die Freud noch synonym gebrauchte, nämlich „Ichideal" und „Idealich".

In Frankreich hat Lagache (1958) als erster diese Unterscheidung vorgeschlagen und das Idealich mit narzißtischer Allmacht in Verbindung gebracht. „Das Idealich als ein narzißtisches, mit Allmacht begabtes Ideal, läßt sich nicht auf die Vereinigung des Ich mit dem Es zurückführen, sondern enthält eine primäre Identifizierung mit einem anderen, mit Allmacht besetzten Wesen, d. h. mit der Mutter." Demgegenüber wäre das Ichideal eine Persönlichkeitsinstanz, die aus dem Zusammengehen von Narzißmus und Elternidentifikation entstanden ist. Somit wäre es ein Erbe des Ödipuskomplexes und eine Ergänzung des Über-Ich, das ebenfalls aus der ödipalen Phase stammt. „Das Über-Ich entspricht der Autorität, das Ichideal der Art und Weise, wie sich der einzelne benehmen muß, um bei der Autorität gut angeschrieben zu sein." Das Schuldgefühl entstünde dann im Zusammenhang mit dem Über-Ich und den Verinnerlichungen entsprechender Verbote. Hingegen wäre die Scham an den frühen Narzißmus gebunden.

Bei der Scham steht insofern der ganze Mensch auf dem Spiel, als sein Selbstwertgefühl betroffen ist. Da dieses Gefühl aber mit dem Körper und der Identität zusammenhängt, wünscht sich der Betroffene, ganz zu verschwinden. Die Idealisierung und das Streben der infantilen Allmacht erzeugen, wenn sie mit den Anforderungen der Realität konfrontiert werden, abwechselnd Scham und Stolz. Wohingegen die Triebansprüche, wenn sie auf die Verbote des Über-Ich stoßen, sich abwechselnd als Gehorsam und Aufbegehren äußern.

Ausgehend von der These, daß die Scham und die Probleme des Narzißmus einen Zusammenhang bilden, sind in den USA und in Frankreich Forschungen betrieben worden, die sich durch die je eigenen geistigen Traditionen der beiden Länder voneinander unterscheiden.

USA: Scham als sozialer Affekt

Das Interesse einer Reihe von nordamerikanischen Psychoanalytikern an den Aspekten der Scham war so groß, daß die Veranstalter der Amerikanischen Gesellschaft für Psychiatrie Scham 1984 zum Thema ihres 137. Kongresses machten. Zahlreiche Beiträge wurden schon im Vorfeld eingereicht. Der Einfluß der Verhaltensforschung und der Kognitionspsychologie ist dabei nicht zu übersehen, wie die nordamerikanischen Psychoanalytiker überhaupt die Tendenz haben, sich von der Freudschen Metapsychologie abzuwenden und dem Bereich der Interaktionen mehr Aufmerksamkeit zu widmen. Die Scham wird dann auf die Vorstellung einer Bedrohung zurückgeführt, die auf einer für das Individuum wesentlichen Bindung lastet.

Bereits 1953 haben Piers und Singer einen Zusammenhang zwischen Schamgefühlen und unerfüllbaren Anforderungen des Ideals gesehen, während die entwicklungsmäßig jüngeren Schuldgefühle an das Über-Ich gebunden sind.

Für Lynd (1958) entsteht die Scham aus dem Gefühl, daß ein intimer, verletzlicher Teil des Selbst den anderen auf gefährliche Weise ausgesetzt ist. Die Schamangst bezeichnet die Grenze, über die hinaus jedes Näherrücken als gewaltsames Eindringen erlebt wird, während die Schuldangst die Grenze markiert, über die sich das Individuum nicht hinauswagt.

Für Lichtenstein (1963) lebt jeder Mensch in der ständigen Spannung zwischen dem Bewahren der eigenen Identität und dem Wunsch, sie aufzugeben. Scham wird empfunden, wenn sich der Wunsch, unser Welterleben und unser Selbstgefühl aufzugeben, hemmungslos Geltung verschafft.

Für Erikson (1995) ist die Scham an das Gefühl der Ohnmacht und an den Verlust der Selbstkontrolle gebunden. Sie tritt auch bei dem Versuch auf, diese Verluste zu kaschieren.

Auch für Lewis (1987) ist Scham mit der Ohmacht bzw. dem Verlust der Kontrolle über die eigenen Grenzen verbunden. Sie trägt dazu bei, das Bewußtsein einer eigenständigen Identität zu bewahren. Ferner hat dieser Autor versucht, die Unterschiede zwischen Scham- und Schuldgefühl zu klären. Er sieht in beiden Gefühlen Signale, mit denen der einzelne auf eine Bedrohung seiner Beziehungen hinweist. Allerdings grenzen sich Scham und Schuld in fünf Aspekten voneinander ab:

– hinsichtlich der Situation: Die Schuld setzt immer einen moralischen Verstoß voraus, während die Scham auch aus einer Enttäuschung oder einer Niederlage rühren kann. Bei der Scham wurde die Situation also nicht gewählt. Sie kann den Umgang mit sich selbst betreffen oder eine Situation mit anderen. Das Ich ist den daraus resultierenden Ansprüchen nicht gewachsen;

- hinsichtlich der Qualität der Gefühle: Mit der Schuld geht nicht unbedingt Leiden einher, während die Scham immer Pein bereitet. Affekte wie Wut, Erröten und Tränen sind häufig. Auch „Gedanken wälzen" kommt vor;
- hinsichtlich der Stellung des Ich in der betreffenden Situation: Hier ist der Unterschied noch größer. Bei der Schuld ist das Ich intakt, aktiv und geht im Handeln oder Denken auf. Der Betroffene hat mit sich selbst Mitleid und versucht seine Lage zu bessern. Bei der Scham hingegen ist das Selbst passiv und vom Gefühl der Nichtigkeit überwältigt. Es ist überzeugt, daß die anderen es negativ sehen.
- Diese Unterschiede haben zur Folge, daß die Schuld bei sich und bei den anderen auf Entlastung drängt (man wappnet sich mit tugendhafter Empörung, die sich auf ihr gutes Recht beruft). Anders bei der Scham: hier ist die emotionale Entlastung blockiert;
- hinsichtlich der Symptome: Die Symptome der Scham – die Lewis als „Störung der Gefühle" bezeichnet – wären danach das Werk hysterischer Persönlichkeitszüge und wiesen eine Nähe zur Depression auf. Die Symptome der Schuld – die er als „Störung des Denkens" bezeichnet – ähnelten eher paranoiden Persönlichkeitsmerkmalen und hätten Gemeinsamkeiten mit zwanghaften Prozessen. Das Erröten wäre Ausdruck der Angst, von der Person oder der Gruppe getrennt zu werden, die mütterliche Geborgenheit verbürgt.

Auch für Wurmser (1990) wacht die Scham über die Grenzen des Selbst, während beim Schuldgefühl ein Übergriff auf das Territorium des anderen zugrunde liegt. Wenn wir uns schuldig fühlen, werden wir für etwas bestraft, was wir tatsächlich getan oder nur zu tun gewünscht haben. Wenn wir uns schämen, tun wir das wegen einer Eigentümlichkeit unseres Wesens. So gesehen setzt das Schuldgefühl dem Handeln Grenzen, während die Scham für die Bewahrung der Identität sorgt.

Für Nathanson (1987) ist die Scham in unseren Beziehungen allgegenwärtig, auch wenn wir uns dessen nicht bewußt sind. Für diesen Autor besteht der Zweck der sozialen Beziehungen darin, das Expansionsstreben des Selbst eines jeden einzelnen durch die Reaktionen zu begrenzen, die die Gruppe ihm gegenüber zeigt. Die Scham, die meist in ihren milderen Formen auftritt, macht dem einzelnen deutlich, das seine Ansprüche irrealistisch sind und hilft ihm damit, zu einer realistischeren Einschätzung zu kommen. Die Scham, die in dieser Hinsicht wie ein spontaner Mechanismus ist, mit dem die Mitglieder einer Gruppe ihre Beziehungen zueinander regeln, kann auch zu einem mächtigen Kontrollinstrument werden: Jemanden bloßstellen, ihn verspotten oder ihn lächerlich machen sind Möglichkeiten, Macht über ihn auszuüben.

Kinston (1983) hat die Stellung der Scham im Hinblick auf zwei verschiedene Aspekte des Narzißmus definiert. Der erste Aspekt, den er „self narcissism" nennt, entspricht demnach der Selbstachtung, d. h. ob man sich gesund oder krank fühlt. Er kann mehr oder weniger entwickelt und mehr oder weniger gestört sein. Der zweite Aspekt, den er „object narcissism" nennt, besteht aus den Gewohnheiten, Höflichkeitsregeln und Umgangsformen, die uns vor den anderen schützen. Er entspricht dem Selbstschutz. Die Scham ist demnach ein Signal für den Wechsel von einer Spielart des Narzißmus zur anderen. Sie tritt immer dann auf den Plan, wenn ein Individuum sich versucht fühlt, seine Denk- und Erlebensweise zugunsten anderer aufzugeben, von denen es sich Schutz verspricht, weil sie ihn in die Bezugsgruppe integrieren, aus der es sich ausgeschlossen zu werden fürchtet. Die Scham hat also ihren Ort im Prozeß der Individuation, der sich zur gleichen Zeit wie der Wandel der Objektbeziehung vollzieht, also der Augenblick, wo das Kind sich der Trennung und der Differenz bewußt wird. „Die Scham", schreibt Kinston, „ist der Preis, der für die Selbstwerdung gezahlt werden muß."

Frankreich: Analität und Idealich

Grunberger (1976) hat die anale Objektbeziehung in den Begriffen der Demütigung, der Scham und der Kontrolle über den anderen beschrieben. Die Scham rührt vom Scheitern der narzißtischen Bestätigung. Sie ist für ihn „das Gegenteil des Beziehungsglücks, das das Kind erlebt, wenn die Liebe der Eltern seine Triebbefriedigung aufwertet". Sie ist eine „archaische Schuld", die der einzelne auf sich lädt, wenn sich seine Triebe allen Anstrengungen zum Trotz als nicht sublimierbar herausstellen.

Chasseguet-Smirgel (1981) untersucht das Verhältnis von Scham und Idealisierung, Analität und doppelter Homosexualität. Für sie entsteht das Schamgefühl, wenn die Exhibition vor dem sublimierten homosexuellen Doppelgänger des Subjekts nicht die erhoffte narzißtische Befriedigung verschafft. Daraus resultiert eine Resexualisierung der Homosexualität, die mit der Furcht vor einer passiven Penetration einhergeht. Die mißlungene phallische, narzißtische Exhibition schlägt in eine anale, passive Exhibition mit Scham und Ekel vor sich selbst um; die exhibitionistisch-voyeuristische Dimension ist an die phallische Erektion des Ideals gebunden; der radikale Umschlag in Scham hängt mit dem primären psychischen Mechanismus des „Alles oder Nichts" zusammen.

Guillaumin (1973) hat diesen Ansatz durch eine Untersuchung ergänzt, in der der Verkehrung ins Gegenteil des Phantasierens nachgegangen wurde. Für ihn ist dieses Moment wesentlich für das Verständnis der Scham. Die Verkehrung (eines phallischen Exhibitionismus, der eigentlich einen Sado-Masochismus verdeckte) hat zur Folge, daß das Ich, das vorher aktiv lebte, sich mit einem Schlag völlig passiv verhält. Zugleich wird eine affektive Besetzung abgestoßen, da die neue Bindung bedeutend genug für eine Besetzung neuer Vorstellungen ist, aber nicht die ganze frei verfügbare psychische Energie an sich ziehen kann. Aus diesem Überfluß speist sich das Gefühl eines narzißtischen Zusammenbruchs, der mit einem Ichideal in Verbindung steht, dem es an Struktur fehlt. Die körperlichen Symptome der Scham sind für Guillaumin ein Zeichen, daß für ihren Ausdruck auf frühe physiologische Funktionen zurückgegriffen wird. Die Ausdrucksformen – wie das Erröten, die Beschleunigung des Herzschlags, Zittern – belegen die Unfähigkeit des Sich-Schämenden, seine Erfahrungen, die eine direkte somatische Abfuhr auslösen, geistig zu verarbeiten. Nach einem Vergleich von Scham und Depression behauptet Guillaumin schließlich, daß die Scham auch beim psychisch Normalen eine Rolle spiele, nämlich in Gestalt einer kurzen, milden Reaktion, die ihren Ort zwischen Ich und Ichideal haben soll. Mit dieser Schamreaktion schützt sich das Individuum gegen seine eigenen Allmachtsphantasien und gegen die Depression. So bekämpft es seine Verzweiflung.

Für André Green (1983) geht die Scham auf prägenitale und präödipale Entwicklungsphasen zurück. Das erkläre ihre narzißtische Grundtönung und ihren „unbeugsamen, grausamen, kompromißlosen Charakter". Green schließt deswegen auf das Vorhandensein eines „moralischen Narzißmus" neben einem „körperlichen Narzißmus" (der im Körpergefühl und in dessen Vorstellungen besteht) und einem „intellektuellen Narzißmus" (der sich durch ein übertriebenes Vertrauen in die Macht des Verstandes ausdrückt und sich als eine Abschattung des Glaubens an die Allmacht des Gedankens zu erkennen gibt). Der moralische Narzißmus sei ein Abkömmling des kindlichen Größenwahns. „Der moralische Narzißt hat sich nichts anderes vorzuwerfen, als daß er seinem infantilen Größenwahn verhaftet geblieben ist und nie den Ansprüchen seines Idealichs gerecht werden kann. Folglich fühlt er sich nicht schuldig, *schämt sich aber, nur der zu sein, der er ist oder mehr sein zu wollen, als er ist*" (1983, Hervorhebung vom Verfasser). Der moralische Narzißmus ist also kein Produkt des ödipalen Konflikts, sondern eher dessen Leugnung. Green bemerkt, daß „der Scham eine solche Bedeutung nur durch die Entflechtung des Narzißmus von der Objektbindung zuwächst". Der moralische Narzißt kann schließlich auch die intellektuelle Arbeit als schändlich empfinden, wenn sie unbewußt mit Masturbation oder sexueller Aktivität in Zusammenhang gebracht wird. Schließlich kann der Körper, der uns unsere Begrenztheit und Abhängigkeit von Raum und Zeit spüren läßt, als Quelle der Scham erscheinen und nicht als Quelle der Lust und des Austauschs.

Weitere Forschungsrichtungen

Die Untersuchung der Perversionen wie Voyeurismus, Exhibitionismus und Masochismus vertiefen zwar das Verständnis des Narzißmus, werfen aber kein neues Licht auf die Scham. Tatsächlich fehlt diese im allgemeinen bei den Perversionen. Hingegen belegt die besondere Beziehung, die das Idealich zu den frühen psychischen Funktionen unterhält, wie wichtig die Projektionsphänomene in der Scham sind. Das Individuum, das die Ansprüche seines Ideals nicht erfüllen kann, fühlt sich nicht nur nichtig und beschämt, es projiziert diese ideale Instanz auch noch, so daß es sich gegenüber idealisierten anderen Personen in einer Weise beschämt fühlt, die dem Verfolgungswahn nahekommt. Am Ende fühlt es sich von einer imago-ähnlichen, furchteinflößenden Instanz ins Visier genommen. Die Gestalt des Kain aus Victor Hugos Gedicht, in dem der Brudermörder nicht einmal im Grab dem strafenden Blick Gottes entgehen kann, illustriert sehr schön den Unterschied zwischen einer Schuld, die man verbergen, und einer Scham, die dem Betroffenen keine Möglichkeit läßt, vor dem durchdringenden Blick des allmächtigen Anderen zu fliehen.

Der Überblick über die psychoanalytischen Erklärungsversuche der Scham wäre unvollständig ohne zwei Autoren zu nennen, die, obwohl sie das Thema Scham nicht explizit behandeln, doch Hinweise zu ihrem besseren Verständnis gegeben haben: zum einen Lacan, der in seinem Seminar von 1964 die Dualität des Narzißmus bei Freud dargestellt hat; zum anderen Winnicott mit seinen Überlegungen zur Rolle früher Erfahrungen bei der Bildung des Narzißmus.

Eine Unterscheidung, die Freud selbst gemacht hat, nämlich die zwischen einem primären Narzißmus (bei dem das Ich das ausschließliche Liebesobjekt ist) und einem sekundären Narzißmus (der in die Epoche fällt, wenn das Ich sich durch Identifikation mit anderen bildet), ist Ausgangspunkt für mögliche Widersprüche innerhalb der narzißtischen Besetzungen. Im Anschluß an Freud hat Jacques Lacan (1978) von der „Dualität" des Narzißmus gesprochen und einen „Narzißmus des Subjekts" von einem Narzißmus unterschieden, der „in der narzißtischen Identifizierung mit dem anderen besteht und der es im Normalfall dem einzelnen ermöglicht, seine imaginäre und libidinöse Beziehung zur Welt im allgemeinen zu definieren". Wenn aber der andere mir das Existenzrecht bestreitet, wird der Widerspruch im Narzißmus selbst sichtbar. Anlaß zur Scham könnte entstehen, wenn dieser Riß bemerkt wird. Derjenige, der durch das Urteil der anderen über seine Person in seinem Narzißmus bedroht wird, wäre versucht, sich auf sich selbst zurückzuziehen – sich zu verstecken, in Vergessenheit zu geraten –, um damit seine narzißtische Einheit zu retten. Ferner können Widersprüche zwischen verschiedenen Aspekten des sekundären Narzißmus auftreten. Es genügt, daß ein Liebesobjekt mich nicht so sieht, wie ich von einem anderen Liebesobjekt gelernt habe, mich zu lieben, und schon bin ich „gedoubelt". Scham kann eine Reaktion auf die Konfrontation mit dem Double und auf die Erkenntnis sein, daß die Gefahr eines Risses in der Psyche besteht. Der Riß kann auch im Selbstverständnis des Individuums entstehen, wenn das Bild, das es den anderen von sich selbst bietet, mit einem Mal anders ist, als das Bild, das es von sich selbst hat. Ein durch Krankheit reduzierter oder entstellter Körper kann eine solche Spaltung hervorrufen, bei der der Körper zum Hindernis, ja zum Gegner wird.

Winnicott hat mit Blick auf die Rolle der realen Mutter im Umgang mit dem Kleinkind gezeigt, wie die Grundlagen des Narzißmus in der Mutter-Kind-Beziehung gelegt werden. Die Gestalt des Narzißmus beruht auf den dauerhaften Bindungen, die das Subjekt in sich mit seinen bevorzugten Objekten unterhält. Da aber die Scham an den Narzißmus in allen seinen Phasen gebunden ist, ist sie auch an die frühen Objektbesetzungen gebunden, zu denen das Kind seiner Umgebung Anlaß gibt. Diese Besetzungen können ungenügend oder unangemessen sein. So kann eine zu sehr vereinnahmende Mutterliebe, die das Kind bei der Entwicklung einer eigenen Identität behindert, bei Problemen mit der Umwelt zu Schamreaktionen führen. Gedacht ist hier an Mütter, die die Erziehung ihrer Kinder mit Drohungen begleiten, wie zum Beispiel: „Du kannst mir nichts verbergen" oder „Ich weiß, was du machst, auch wenn ich dir den Rücken kehre" oder „Mama sieht eben alles". Die Wirkung dieser Haltung wird noch verstärkt, wenn der Vater schwach oder abwesend ist. Solche Kinder, die durch ihren Narzißmus schon angeschlagen sind, werden dazu neigen, mit Scham zu reagieren, wo andere sich schuldig fühlen würden.

Darüber hinaus hat Winnicott mit dem Terminus der „umgebenden Mutter" im Unterschied zur „Objekt-Mutter" auf die Bedeutung der Bindungen hingewiesen, die der Säugling in der Entwicklung seines Narzißmus mit seiner ersten Umwelt (die neben Personen auch aus Tieren, Gegenständen, Geräuschen, Gerüchen und Farben besteht…) eingeht. Diese Bindungen erstrecken sich auf die Umwelt im weitesten Sinne, sofern sie als Geruchs- oder Geräuschspur erscheint, oder als Sprache und Kultur. Ihre Bedeutung verschwindet nicht im Lauf des Lebens, sondern gehört zum bleibenden Kern des Subjekts. Wenn diese Bindungen aus irgendeinem Grund geschwächt oder gar zerstört sind, ist die Identität selbst – durch den grundlegenden Narzißmus – in ihrem Wesen bedroht. Solche „Einschnitte" können zur Scham prädestinieren, wenn sie sehr früh ins Leben des Subjekts eingreifen oder wenn sie zeitlich mit dem schamauslösenden Ereignis auftreten.

Octave Mannoni: eine verborgene Theorie der Scham im Werk Freuds

Auch wenn Octave Mannoni es bedauerlich findet, wie wenig Raum die Psychoanalyse dem Phänomen Scham gibt, hält er andererseits dem Begründer der Psychoanalyse doch zugute, uns neben der Scham im Gefolge der Verdrängung auch noch eine weitere Theorie der Scham zu bieten. Freilich handelt es sich dabei um eine gleichsam verborgene Theorie, denn das Wort „Scham" wird nie gebraucht, nur das Wort „lächerlich". Die Theorie befindet sich in *Massenpsychologie und Ich-Analyse*. Freud erklärt dort an einem Beispiel aus Schillers Drama „Wallensteins Lager", welche unterschiedlichen Wirkungen eine Identifikation auf der Ebene des Ich und eine solche auf der Ebene des

Ideals haben. Daß sich ein einfacher Wachtmeister (=Feldwebel) den Feldherrn Wallenstein zum Ichideal erwählt, macht aus ihm den ergebensten Menschen. Daß er denselben Feldherrn auch zu seinem Über-Ich macht, schützt ihn gegen jedwede Schuldgefühle, die ihn im Zusammenhang mit Handlungen, die der Feldherr angeordnet hat, bestürmen könnten. (Diese Art der Identifikation kommt in der Geschichte häufig vor: Wer Anführern gehorcht, die als Über-Ich fungieren, für den sind mögliche moralische Bedenken aufgehoben.) Doch daß er seinen Feldherrn an die Stelle seines Ich setzt (oder anders gesagt, daß er sein Ich mit dem des Feldherrn identifiziert) bringt ihn in eine lächerliche Lage! Die Identifikation auf der Ich-Ebene läuft auf den Versuch hinaus, sich für jemand auszugeben, der man nicht ist. Der Wachtmeister setzt sich dann im harmloseren Fall dem Spott der Kameraden aus („Für wen hält der sich eigentlich, dieser Gernegroß?"), im schlimmsten Fall aber zieht er sich ihre Ablehnung zu („Das geht nicht an, daß er unseren General so nachäfft!")

Wir sehen sogleich, daß es in diesem Beispiel ganz wesentlich auf die Fähigkeit des Wachtmeisters ankommt, die Gründe hinter dem Spott seiner Kameraden anzuerkennen. Ein Feldwebel, der sich „wirklich" für einen General hielte, d. h. der sein Ich vollständig mit ihm identifiziert hätte, gliche dem Irren, der sich für Napoleon hält. Er würde keine Scham empfinden und allen tiefe Verachtung entgegensetzen. Die Möglichkeit, seinen Triebhaushalt auf die Erfordernisse der Umwelt einzustellen, ist ein wichtiger Anpassungsfaktor. Die Scham ist neben der Angst ein wichtiger Indikator für eine nötige Anpassung. Wenn also der Wachtmeister von Scham ergriffen wird, so deshalb, weil er sich letztes Endes dem Urteil der Kameraden beugt.

Man darf also in der Scham nicht nur Verblüffung und Lähmung sehen, sondern muß in ihr ein Moment der Verwirrung erkennen, das von sich aus schon auf die Notwendigkeit einer Neuorientierung nach innen wie nach außen verweist. Die Scham wird zu einem Signal des Ich bezüglich seiner Identität, das gleichzeitig Übereinstimmung und Bruch mit den anderen anzeigt. So scheinen es auch Kinston (1987) und Nathanson (1987) gemeint zu haben.

Doch das von Mannoni angeführte Beispiel bringt uns noch auf eine andere Spur. Tatsächlich scheint Octave Mannoni in seiner Interpretation des Schillerschen Textes in Freuds Deutung nicht konsequent gewesen zu sein. Sein eigenes Beispiel, mit dem er seine und Freuds Interpretation stützen möchte, scheint noch eine andere Lesart zu erlauben. Es geht um eine Patientin Mannonis. Diese erzählt, als

Kind habe sie einmal im Schulhof „die feine Dame" gespielt. Als dann unerwartet ihre Mutter auftauchte, geriet sie in die größte Verlegenheit. Sie schämte sich so sehr, daß sie am liebsten im Boden versunken wäre. In dem Beispiel sieht sich die Patientin in ihrer Anmaßung, den Platz des Ideals einzunehmen, gerade durch die Person zurückgewiesen, die diese Stelle damals einnahm, nämlich die eigene Mutter. Doch genau darin unterscheidet sich Freuds Beispiel aus *Massenpsychologie und Ich-Analyse*. Nicht das Erscheinen des Feldherrn in Person, Wallensteins, bringt den Wachtmeister dazu, klein beizugeben, sondern die Reaktionen seiner Regimentskameraden. In diesem Beispiel wird Scham nicht wegen der Befriedigung von Triebwünschen gezeigt, auch nicht vor einer idealisierten Instanz (die in Gestalt ihrer jeweiligen Vertreter, ob Vater, Mutter, Lehrer oder Vorgesetzter, anwesend sein können), sondern vor Gleichrangigen. Der Bezug ist also „horizontal", im Gegensatz zur „Vertikalität" der idealisierten Instanzen. Tatsächlich können neben den Besetzungen, mit denen das Subjekt die verinnerlichten, seinen Narzißmus schützenden Instanzen belegt, auch die narzißtischen Erwartungen der Umgebung in ihm Scham auslösen.

Mit diesem Beispiel könnte uns Mannoni den gemeinsamen Nenner dieser verschiedenen Spielarten der Scham liefern, nämlich eine Unterbrechung der Besetzung. Diese kann sich entweder auf eine Besetzung beziehen, die das Subjekt an einer verinnerlichten Figur vorgenommen hat (dann wird das Subjekt selbst von dem Platz verdrängt, den es für den seinen hielt, und Besetzungen an ihm selbst werden unterbrochen); oder sie bezieht sich auf die Besetzung eines Objekts, zu dem das Subjekt eine besondere Beziehung unterhält (dann werden diese Besetzungen unterbrochen), oder sie bezieht sich auf die Besetzung durch eine Gruppe, die das Subjekt zum Ziel genommen hat (daß die Gruppe dem Subjekt ihre Besetzungen entzieht, erschüttert auch dessen eigene). Außer Scham wird in allen diesen Fällen auch psychische Energie entbunden, die sich, plötzlich frei geworden, nun in vegetativen oder motorischen Erscheinungen vielfältiger Art (Zittern, Schweißausbrüche, Muskelkontraktionen, Grimassieren) entlädt.

Die Vorläufer

Zwei Autoren, deren Namen in den bisher genannten Veröffentlichungen zur Forschungslage nirgends erwähnt werden, haben dennoch eine wesentliche Rolle bei der Erarbeitung geeigneter analytischer Begriffe zum Verständnis der Scham gespielt. Es sind dies die beiden ungarischen Psychoanalytiker Sandor Ferenczi und Imre Hermann. Ferenczi sah sich von der Internationalen Psychoanalytischen Gesellschaft als Außenseiter abgestempelt, obgleich seine Ideen heute als revolutionär erscheinen. Beide haben insofern bahnbrechend für das Verständnis der Mechanismen der Scham gewirkt, als sie neben der Scham als „sozialem Affekt" auch die „schamerzeugenden" Situationen ins Licht der Forschung gerückt haben.

Sandor Ferenczi

Anders als Freud, der seine Arbeit unter das Zeichen der Sexualität stellte, hat ein weiterer Psychoanalytiker und Zeitgenosse Freuds, Sandor Ferenczi, seine Arbeit unter das Zeichen des Traumas gestellt. Hinsichtlich des Phänomens der Scham zeigt Ferenczi zwei neue Wege auf: Erstens ist das Trauma – und die mit ihm verbundene Scham – nicht nur sexueller Natur. Vielmehr besteht es im massiven Libidozustrom in einen psychischen Apparat, der darauf nicht vorbereitet ist. Es kann mit Gewalt, Krankheit und Tod assoziiert werden. Zweitens ist die empfundene Scham manchmal die eines anderen, den das Subjekt introjiziert hat.

In einem Aufsatz mit dem Titel „Sprachverwirrung zwischen den Erwachsenen und dem Kind" (1933) hat Ferenczi einen neuen Erklärungsansatz vorgestellt, der sich als sehr fruchtbar erweisen sollte. Im Fall eines Gewalterlebnisses kann das Opfer sich mit dem Angreifer identifizieren. Das geschieht vor allem dann, wenn ein Kind von Erwachsenen sexuell mißbraucht wird. Nun gibt es Verführer, die sich ihrer Handlung schämen, mit dem Erfolg, daß das kindliche Opfer sich diese Scham ebenfalls zu eigen machen. Außerdem ist es nicht selten, daß der Verführer nach vollzogener Tat dem Kind Vorhaltungen wegen des gemeinsamen Tuns macht und ihm vorwirft, auf seine Avancen eingegangen zu sein und sie sogar herausgefordert zu haben. Er injiziert sozusagen dem Opfer seine Scham.

Ich würde an dieser Stelle hinzufügen, daß Ferenczi, wie schon Freud in seiner Massenpsychologie, eine weitere Theorie der Scham

31

hätte entwickeln können, wenngleich der Begriff selbst nicht fällt. Ich meine diese Theorie in zwei Aufsätzen zu erkennen, zum einen in „Das unwillkommene Kind und sein Todestrieb" (1929) und in „Kinderanalysen mit Erwachsenen" (1931). Ferenczi spricht darin von Kindern, die erleben mußten, von einem Elternteil oder beiden abgelehnt und mit Abscheu behandelt zu werden. Diese Situation, die für nicht willkommene Kinder durchaus real sein mochte, konnte andererseits im Fall von Verlust oder Abwesenheit eines Elternteils auch als Ablehnung erfahren werden. Schließlich kann es sich auch um Kinder handeln, die ihren bevorzugten Platz in der Familie bei der Geburt eines jüngeren Geschwister plötzlich verloren, oder deren Mutter schon in jungen Jahren durch den Verlust eines Familienmitglieds verstört wurde. Solche Situationen sind Ursache für einen katastrophalen Lebenshintergrund, gegen den sich das Kind durch eine narzißtische Selbstspaltung schützt. Ein Teil von ihm übernimmt die Mutter- oder Vaterrolle und kümmert sich um den restlichen Teil der Persönlichkeit. Das Resultat einer solchen Spaltung ist unter anderem die Bildung einer psychischen Instanz, in der sich das Subjekt selbst beobachtet und somit „alles weiß, aber nichts fühlt". Wenn unter dem Druck eines Traumas die narzißtische Selbstspaltung wieder in ihre Rechte eingesetzt wird, dann schwindet die Selbstachtung des körperlichen und psychischen Ich unter dem kritischen Auge der idealisierten selbstbeobachtenden Instanz dahin, und Scham stellt sich ein.

Imre Hermann

Obwohl die Pionierleistung Imre Hermanns kaum Anerkennung gefunden hat, ist sein Einfluß bei Balint (1996) im Begriff der „Primärliebe" nachweisbar, ebenso bei Bowlby (1975, 1983) in Verbindung mit ethologischen und kognitionspsychologischen Ansätzen. Die Bindungstheorie hat auch in Frankreich ein Echo gefunden. Das ist das Verdienst Zazzos (1979), der für Hermann ein imaginäres „Kolloquium" veranstaltet hat. Auch die Theorie eines Didier Anzieu (1991), der die Haut ins Zentrum seiner Arbeit stellt, verdankt meiner Meinung nach Hermann viel, auch wenn dieser Autor Bindung eher auf eine ursprüngliche Oralität zurückführt, die neben der Haut alle Sinnesorgane einbezieht.

Imre Hermann veröffentlichte 1943 unter dem Titel *Az ember ösi ösztönei* (Die Urtriebe des Menschen) ein Werk, das eine Theorie der Sozialisation und der Scham darstellt. Obwohl darin weder Ferenczi noch dessen Theorie des Traumas Erwähnung findet, steht Hermann doch unter dessen Einfluß. Hermann befaßt sich vor allem mit einem Trauma, das spezifisch für den Menschen ist: Es ist die Unmöglichkeit, einen „Instinkt" zu befriedigen, der allen Primaten gemein ist und der im Sich-Anklammern am Körper der Mutter besteht. Das Menschenkind kommt in jedem Fall zu früh zur Welt. Weder körperlich noch psychisch vermag es seine Bedürfnisse zu befriedigen. Um überleben zu können, ist es ganz von der mütterlichen Fürsorge abhängig. Das Neugeborene ist zwar physisch von seiner Mutter getrennt – vor allem ist sein Gehirn anatomisch unabhängig von dem der Mutter –, bildet aber mit ihr zusammen eine Dyade, in der beider physisches und psychisches Leben miteinander verwoben sind. Zu dieser allen Primaten gemeinsamen Situation tritt beim Menschen nun eine Eigentümlichkeit hinzu, die, folgt man Hermann, erklären könnte, warum die Scham auch bei den höchstentwickelten Menschenaffen unbekannt ist. Von allen Primaten ist nur das Menschenkind nicht in der Lage, die mit der Geburt vollzogene Trennung durch das Anklammern an den Körper der Mutter zu kompensieren.

Beim Affen ist der Körper der Mutter mit einem üppigen Haarkleid ausgestattet. Dem entsprechen beim Affenkind eigens zum Klammern ausgebildete obere und untere Gliedmaßen. So kann es stets Hautkontakt zur Mutter halten und ihr in allen ihren Bewegungen folgen. Hermann betont, daß dieses Bedürfnis nach Kontakt „primär" ist, d. h. es ist nicht von der Befriedigung von Nahrungsbedürfnissen abhängig. Er vermutet nun einen ähnlichen „Instinkt" beim Menschen, der das Neugeborene dazu drängt, sich gleich nach der Geburt am Körper der Mutter festzuklammern. Der nicht von ungefähr so genannte „Klammerreflex" sei der stammesgeschichtliche Beleg für diesen Sachverhalt. Anders als den Affen bleibt aber dem Menschen die Befriedigung dieses Instinkts versagt. Weder besitzt die Mutter ein Haarkleid noch hat das Neugeborene zum Sich-Anklammern geeignete Gliedmaßen. Außerdem, so bemerkt Hermann, ist die Art und Weise, wie Säuglinge gekleidet werden („Wickelkinder"), jeder Äußerung dieses Instinkts hinderlich.

Hinsichtlich der Scham stellt Hermann also fest, daß das Menschenkind, das den Mutterschoß vorzeitig verlassen mußte, andere Bindungen zu entwickeln sucht. Das aber ist für Hermann der Beginn aller menschlichen Gesellschaft: der Ersatz des verfrüht verlorenen Mutter-Kind-Kontakts durch soziale Bindungen. Allerdings entsteht dieser Ersatz nicht ohne Mühe. Daß der Säugling seinen Klammerinstinkt nicht befriedigen kann, schafft für ihn eine angstgeprägte Situation, auf die er mit drei verschiedenen Reaktionen antwortet: Eifersucht, Scham und Gewissensbisse.

„Die Eifersucht ist mit dem imaginären Verlust des Liebesobjekts verbunden und spiegelt den Trennungsschmerz wider. Scham ist ein Zustand erzwungener Unterwerfung. Der Betroffene fühlt sich wie gelähmt, weshalb er sich nirgends schutzsuchend anklammern kann. Zugleich ist es eine soziale Angst, nämlich aus der Gemeinschaft ausgeschlossen zu werden. In den Gewissensbissen schließlich regt sich die Angst vor dem Über-Ich als Träger der elterlichen Forderungen und Gebote." (Hermann 1943, 172)

Für diesen Autor entspricht die Scham also der Angst vor dem „Fallengelassen-Werden", das die Gemeinschaft mit einem Ausschluß aus ihrer Mitte bewirken könnte. Im Kind, das beschämt wird, kommt es zu einer Spaltung: Einerseits ist da das Kind, das durch das Urteil des Erwachsenen beschämt wird, und andererseits ebendieser beschämende Erwachsene, der verinnerlicht zu einem Teil des Ich wird. Die dauerhafte Spaltung macht das Kind noch empfänglicher für Schamgefühle, denn die verinnerlichte beschämende Instanz kann jederzeit wieder aktiviert werden, wenn für das Kind die Gefahr besteht, aus seiner Bezugsgruppe ausgestoßen zu werden. Sobald es eine innere oder äußere beschämende Instanz gibt, entsteht Scham im Zusammenhang mit der Entdeckung und Hinnahme der primären Trennung oder mit der Entdeckung des Geschlechtsunterschieds oder der Wahl verbindlicher kultureller Werte. Selbst das Selbständigwerden kann für das Kind zur Quelle der Scham werden (und nicht nur von Schuldbewußtsein gegenüber der behütenden Eltern-Imago), wenn seine Eltern ihm Fortschritte auf diesem Gebiet zum Vorwurf machen.

Deswegen, so betont Imre Hermann, unterscheidet sich die Scham in zwei wesentlichen Punkten von der Angst. Erstens zeichnet sich die Scham vor allem durch die Gehemmtheit aus, während das angsterfüllte Subjekt auch dazu neigt, sich anzukuscheln.

„Das Schamgefühl hat Ähnlichkeit mit der Ohnmacht. Der Sich-Schämende fühlt sich von seiner Kraft verlassen, ihm werden die Knie weich, er verliert den Boden unter den Füßen, er senkt die Augen, versucht sich kleinzumachen, sich zu verstecken, sich den Blicken der anderen zu entziehen [...] Ebenso gehemmt sind die Instinkte und der Wille, die auf die Außenwelt zu wirken trachten. Wer sich schämt, würde am liebsten sagen: „Ich will nichts, ich kann nichts." (Hermann 1943, 166)

Der zweite Unterschied betrifft die Tatsache, daß für die Scham die Zugehörigkeit zu einer Gruppe, Familie, Nation oder Klasse ausschlaggebend sein kann. Der Sich-Schämende ängstigt sich, von dieser

Gruppe ausgeschlossen zu werden. Diese Angst aktiviert bestimmte Vorstellungen. Bei milderen Formen der Scham sind das Bilder, die mit der Analität oder den Exkrementen in Zusammenhang stehen; Bilder, die Ausdruck einer Trennungsangst sind, die in die Zeit vor der analen Phase zurückreicht (Tisseron 1986a): Das Subjekt fühlt sich wie ein „ausgestoßenes" Exkrement. In schweren Fällen nimmt die Scham dem Subjekt seine identitätsstiftenden Orientierungspunkte und seine gewohnte psychische Struktur. Es besteht dann die Gefahr, daß sich die Scham bis zum Zusammenbruch, ja bis zur psychotischen Auflösung der Persönlichkeit steigert.

Daß die Scham eine „soziale Angst" ist, hat ebenso zur Folge, daß man sie auch für Taten empfinden kann, die man nicht selbst, sondern die Familienangehörige oder Gruppenmitglieder begangen haben. Es ist sogar möglich, sich für das Handeln jedes beliebigen Menschen zu schämen, selbst wenn man kein bestimmtes Gefühl für ihn hat. Dazu genügt die bloße Tatsache, daß er ein Mitmensch ist. So empfanden KZ-Häftlinge angesichts der Greuel in den Lagern Scham über das Verhalten der Wächter und Schergen, das sie mit ansehen mußten oder unter dem sie selbst zu leiden hatten. Die Scham entsprang der Tatsache, einer Gruppe anzugehören – nämlich der Gattung Mensch –, die zu solchen barbarischen Taten fähig war. Primo Levi (1963) sagt von dieser Scham, es sei die Scham, die der Gerechte wegen der Sünde des anderen empfindet, es quäle ihn, daß es die Sünde gebe und daß sie nun unwiderruflich in der Welt Platz genommen habe.

Wir werden später noch untersuchen, wie die Ideal-Instanz, die am Ursprung des Schamgefühls steht, selber von der Scham geprägt wird. Während für Freud die Ideal-Instanz ausschließlich von den Eltern und insbesondere vom Vater ihren Ausgang nimmt, hat Imre Hermann (1929) in Erwägung gezogen, daß auch alle übrigen Angehörigen des Kindes eine Rolle spielen und welche Spaltungen sich daraus ergeben könnten. Letzteres kann soweit gehen, daß ein Teil des Ideals sich des anderen schämt (siehe Kapitel 3).

Scham und Verkapselungen innerhalb des Ich

Imre Hermann hat der Forschung den Weg zur Scham als sozialen Affekt gebahnt, und Nicolas Abraham und Maria Torok (1978) haben weitere Fortschritte auf diesem Weg erzielt. Beide Verfasser sehen es als gegeben an, daß die Identitätsbildung stets in Bezug auf einen be-

35

reits vorhandenen Dritten erfolgt, der dem Subjekt beim Erwachen seiner Wünsche als Vermittler dient. Im Verhältnis zu diesem Dritten kann die Scham eine wesentliche Rolle spielen.

Abraham und Torok distanzieren sich zuerst von jenem Teil der Freudschen Theorie, der von einer universell gültigen Entwicklungspsychologie ausgeht, insbesondere von der Auffassung, daß alle existentiellen Probleme ihre Ursache in prägenden Erlebnissen der frühen Kindheit hätten. Für sie liegt die Leistung Freuds darin, hinter jedem Symptom die Spur einer konflikthaften Vergangenheit entdeckt zu haben, die in jedem Alter und überall auftreten kann. Der Analytiker registriert die Leiden des Subjekts in allen Entwicklungsphasen. Doch gebe es Leiden, für die ein erinnerndes Durchsprechen ausgeschlossen scheine. Die Analyse verliere sich in Wiederholungen, die der Analytiker nicht entschlüsseln kann. Abraham und Torok behaupten nun, daß hinter solchen Situationen nicht die unerfüllten Wünsche der Patienten stehen, die diese Regungen wegen der Verdrängung sprachlich nicht ausdrücken können. Vielmehr handele es sich um Situationen, *die tatsächlich existiert haben, die aber nicht in Worte gekleidet werden können, weil sie mit Scham belegt sind.* Mit ihrem Ansatz haben Abraham und Torok eine neue Sicht auf Krankheiten wie Melancholie, bestimmte Zwangsneurosen, phobische Neurosen, sowie Neurosen, die an Mißerfolgserlebnisse oder an ein bestimmtes Schicksal gebunden sind, eröffnet. In vielen solcher Fälle steht demnach ein mit Schmerz oder Scham belegtes Erlebnis dahinter, das zu einer „Einverleibung" oder einer „Verkapselung" im Ich geführt hat. Die „Einverleibung" entspricht Situationen, in denen das Subjekt eine libidinöse Erfahrung mit einem Liebesobjekt gemacht hat, worüber es Scham empfindet. Die nicht in Worte zu kleidende Erfahrung ist ins Ich eingeschlossen, und die vielen Symptome, die es entwickelt, erinnern es an das verlorene Objekt seiner Liebe, angefangen mit dem Schmerz über den Verlust, den das Subjekt erfahren hat. Manchmal bindet ein Geheimnis das Subjekt an sein verlorenes Objekt, wenn zum Beispiel die Beteiligten einander geschworen haben, über ihr gemeinsames Erlebnis Schweigen zu bewahren. In allen diesen Situationen wirkt die Scham als Antrieb zur Einverleibung. (Zu den Unterschieden zwischen den Formen der Einverleibung siehe Tisseron 1990a.)

Wir sehen, daß der Begriff der Scham bei Abraham und Torok ein anderer ist als bei Freud. Für den Begründer der Psychoanalyse war die Scham ein Phänomen des Triebhaushalts und trat mit dem schubweisen Erwachen der Sexualität auf. Ein Wunsch oder ein Gedanke mag anfangs gar nicht von Scham begleitet sein, doch später in der Erinnerung, wenn in der Zwischenzeit der Wunschinhalt mit einem Verbot belegt wurde, kann er sehr wohl Scham auslösen. Für Abraham und Torok setzt die Scham die Einverleibung eines sozialen Urteils voraus, das ein Dritter über den Wunsch und dessen Schicksal in einer realen Situation geäußert hat. In solchen Situationen können „Über-Ich-haltige" Sätze wie folgende fallen: „Du solltest dich schämen, so etwas getan zu haben (oder zu tun)." „Das ist ein Grund, rot zu werden", „Du brauchst dich nicht mehr blicken lassen" usw. Die Scham ist besonders groß, wenn die tabuisierte Situation mit einem Dritten geteilt worden ist und nun nach dessen Verschwinden endgültig unter dem Siegel der Verschwiegenheit gehandelt wird. Was in einem solchen Fall abläuft, haben Abraham und Torok mit dem Begriff der „konservierenden Verdrängung" bezeichnet, im Gegensatz zur „dynamischen Verdrängung", wie Freud sie beschrieben hat. Während Konstellationen, in denen die Scham aus dem Zusammenspiel von Sexualität und Verdrängung entsteht, dazu neigen, ins Bewußtsein zurückzukehren, sind andere, die den Stempel der konservierenden Verdrängung erhalten haben, zum Schweigen verurteilt. Im ersten Fall kann sich mit der Wiederkehr des Verdrängten oder bei einer kurzfristigen Verbotsaufhebung, bei der der verbotene Wunsch die Zensur unterläuft, auch die Scham wieder einstellen. Bei der konservierenden Verdrängung bleibt die Scham, die als Antrieb hinter der Einverleibung ins Ich stand, ebenso vergraben wie die geheimgehaltene Situation. Während die dynamische Verdrängung durch den unablässigen Konflikt zwischen den Wunschregungen und der Zensur gekennzeichnet ist, vollzieht sich die konservierende Verdrängung nur ein einziges Mal mit dem Ergebnis, die Realität des Verdrängten an einem geheimen Ort innerhalb des psychischen Apparates zu versenken.

Im Anschluß an die Betrachtungen von Ferenczi in „Sprachverwirrung zwischen den Erwachsenen und dem Kind" hat Abraham herausgearbeitet, wie die von einem Subjekt empfundene Scham ursprünglich an einem Objekt haftete, das die Rolle eines Ichideals spielte. Mit der Einverleibung des verlorenen Objekts kann für den Fall, daß dieses Objekt Anlaß zur Scham gibt, ebendiese Scham verborgen und das Objekt als Ideal bewahrt werden. Wie wir in Kapitel 3 noch sehen werden, ist dies vor allem bei Kindesmißbrauch der Fall, wenn der erwachsene Täter bis dahin das Ichideal des Kindes darstellte. Das Subjekt der Einverleibung tilgt die Schande dadurch, daß es ein provokantes, Ablehnung herausforderndes Verhalten an den Tag legt wie zum Beispiel schlechte Manieren, abstoßendes Äußeres usw. Damit nimmt es jedem, der es (oder den anderen in ihm selbst) beschämen wollte, den Wind aus den Segeln. Mit einer bewußt schändlichen Haltung wird das einverleibte ideale Objekt vor jeder Herabsetzung durch die Schande bewahrt, indem diese als banal hingestellt und auf das Subjekt selbst bezogen wird.

Das oben Gesagte wirft, nebenbei bemerkt, auch Licht auf Freuds Beobachtungen an Melancholikern. Was dem Melancholiker fehle, so notierte Freud 1917, sei die Scham: „Man könnte am Melancholiker beinahe den gegenteiligen Zug einer aufdringlichen Mitteilsamkeit hervorheben, die an der eigenen Bloßstellung eine Befriedigung findet." Wir verstehen nun, daß bei einem depressiven Neurotiker die Scham einer massiven Störung seiner Identität entspricht. Daß ein Melancholiker keine Scham zeigt, heißt dann, daß er sich in seinen Selbstanklagen gänzlich mit dem verlorenen Objekt identifiziert. Doch das bedeutet auch, daß mit der Kritik, die er an sich selbst äußert, eigentlich das verlorene Objekt gemeint ist, durch das er sich gewissermaßen hintergangen fühlt. Wenn der Melancholiker sagt: „Ich bin mir böse", dann ist in dieser Aussage mit „ich" nicht dasselbe gemeint wie mit „mir". Das enttäuschte „Ich" des Melancholikers ist dem Teil seiner selbst böse, der vorübergehend mit dem, der ihm die Schmach angetan hat, identisch war und den der Melancholiker in der Realität nicht angreifen will, um sich nicht der Gefahr auszusetzen, ihn ganz zu verlieren. Die Verwechslung zwischen eigenen Interessen und denen des anderen in ihm endet leider oft mit dem Tod des Melancholikers: Das Ich, das aus Rache den anderen Teil seiner selbst tötet, verschwindet gleichfalls bei diesem Akt. Deswegen zeigt der Melancholiker „eine aufdringliche Mitteilsamkeit", mit anderen Worten, er ist ungeniert und schamlos. Treffender müßte man sagen, er stöhne schamlos, nämlich so, daß alle, die ihn hören, sich seiner schämen. Die Scham, die er selbst nicht zu verspüren scheint, hat er eigentlich dem Objekt zugedacht, das ihn in seinen Augen schmählich verraten hat, das er aber zugleich schützt, indem er die Schande auf sich nimmt.

Schließlich löst die Scham, hinter der die psychische Verkapselung eines tabuisierten Ereignisses steht, auch schwere Kommunikationsstörungen aus, die an die Kinder weitergegeben werden. Abraham und Torok (1976) haben unter anderem gezeigt, daß die merkwürdigsten und sich hartnäckig der Analyse entziehenden Symptome des sogenannten „Wolfsmannes", eines Patienten Freuds, von einem schändlichen Vorfall rührten, der seine kleine Schwester und ihren gemeinsamen Vater betraf. Für solche Übertragungsphänomene haben die Verfasser den Begriff des „Phantoms" eingeführt. Damit meinen sie „die Wirkung des tabuisierten Geheimnisses eines anderen innerhalb des Unbewußten" (1978). Während sich die Einkapselung auf eine vom Subjekt tatsächlich erlebte Situation bezieht, bezeichnet das „Phantom" Auswirkungen der Schande eines anderen, die wie die Situation selbst im Unbewußten eingekapselt liegt.

Maria Torok hat diesen Forschungsansatz auch auf Freud angewandt und eine „Einkapselung" in Zusammenhang mit einem tabuisierten Vorfall in dessen Familie weiterverfolgt (1979, 1983, 1984, 1986). Ausgehend von Marianne Krülls akribischen Recherchen (1983) über die Familie Freud, bei der die Verurteilung des Onkels Joseph wegen Geldfälscherei im Mittelpunkt steht, stellt Maria Torok eine Reihe von Fragen zur Entstehung der Psychoanalyse. Ihrer Ansicht nach hat Freuds Schwanken in der Theorie der Verführung oder über die Rolle des Traumas seinen Grund in der Schande, die über die Familie Freud kam, als die Verhaftung des Onkels wegen Geldfälscherei bekannt wurde. Der junge Freud mußte sich obendrein fragen, ob nicht seine beiden Halbbrüder, die damals in England lebten, die falschen Banknoten hergestellt hatten. Die Fragen, die ihn bedrängten, konnten lauten: „Sind meine Halbbrüder Kriminelle?" „Werden sie genauso im Gefängnis enden wie Onkel Joseph?" Vor allem aber: „Darf ich meine Eltern wegen dieser Sache fragen?" Und: „Sagen mir die Eltern die Wahrheit oder lügen sie?" Das Originelle an Marianne Toroks Ansatz ist nun, daß sie keine Antwort auf die Frage sucht, was sich damals in der Realität abgespielt hat (ob Freuds Halbbrüder wirklich Geldfälscher waren, interessiert nicht), sondern daß sie den Wirkungen auf die Familie und auf Freud selbst nachgeht. Die mit einem Tabu belegte Familienschande hat, Maria Torok zufolge, zu Verwerfungen in Freuds Werk geführt, die als Nachwirkungen dieses Ereignisses gelesen werden können.

2. Besetzungen und Objekte der Scham

Wenn wir versuchen, die im vorigen Kapitel einzeln dargestellten Ansätze wieder zusammenzuführen, sehen wir, daß die Scham im Hinblick auf drei Libidotypen faßbar wird: die narzißtische Libido, die Objektlibido und die Bindungslibido. Jede dieser Besetzungsarten unterscheidet sich in Ursprung und Funktionsweise von den übrigen. Ferner kann die Scham teils an vergangene Gegenstände und Situationen, teils an gegenwärtig erlebte Situationen gebunden sein. Als erstes werden wir uns mit diesen Merkmalen beschäftigen. Mit einer zweiphasigen Vorgehensweise kommen die verschiedenen Formen der Scham in den Blick, denen verschiedene psychische Konfigurationen entsprechen. Bei quantitativen Varianten der Scham können qualitative Sprünge im Typus der Persönlichkeitsstörung, die sie bedingen, vorkommen.

Die Besetzungen der Scham

Die verschiedenen Besetzungstypen

Die *narzißtische Libido* tritt auf, wenn es um die Anpassung des Ich an die Anforderungen des Idealich und des Ichideals geht, ebenso bei Konflikten zwischen Idealen. Wir haben gesehen, daß Freud bei seiner Deutung der Scham dieser Libido-Art Vorrang eingeräumt hat.

Die *sexuelle Libido* tritt dann auf, wenn es um die Befriedigung primärer Bedürfnisse wie Hunger, Durst und libidinöse Tendenzen geht. Die anfangs zerstreuten Bestandteile der Objektliebe vereinigen sich in den Bildern von Vater und Mutter, ehe sie sich durch Verschiebung auch an andere Objekte heften. So konnte Freud eine Objektwahl „nach dem Anlehnungstyp" neben einer „narzißtischen" ausmachen.

Die Existenz einer *Bindungslibido* wird von manchen Psychoanalytikern bestritten. Andere neigen dazu, in ihr eine sehr primitive Form der Oralität zu sehen, um sie auf eine der von Freud beschriebenen Libido-Arten zurückzuführen. Ein tieferes Verständnis dieses Phänomens verdanken wir Bowlby (1975), nach Vorarbeiten von Imre Hermann (1943). Bowlby, der übrigens den Begriff der Besetzung ablehnt, weil dieser zu sehr mit dem – für ihn fragwürdigen – Freudschen Modell psychischer Energie verknüpft sei, sieht einen grundlegenden Unterschied zwischen den psychischen Bedürfnissen, die die Bindungslibido, und solchen, die die sexuelle Libido bedingen. Für ihn ist die Bindung „primär"; sie ist nicht aus dem Streben nach Befriedigung von Nahrungs- oder sexuellen Bedürfnissen abgeleitet. In der frühen Kindheit ist die Bindungslibido ausschließlich auf die Mutter fixiert, später wendet sie sich auch Ersatzgestalten (Kindermädchen, andere Familienangehörige) und schließlich außerfamiliären Gruppen zu. Jean-Didier Vincent (1990) hat die Wichtigkeit dieser Bindungen betont und gezeigt, wie die Frühformen als Vorbild für alle späteren sozialen Bindungen dienen:

„Bereits in den ersten Wochen nach der Geburt verfügt der Säugling über ein ganzes Ausdrucksrepertoire aus Gesten und Mimik, bei dem die Gliedmaßen, der Kopf und vor allem das Gesicht mit Augen, Lippen und Zunge beteiligt sind. Die Mutter versteht diese Vorstufe einer Sprache und geht, je mehr das Kind sie in die Rolle seiner Erzieherin drängt, immer besser auf sie ein. […] So entsteht ein „sozialer Bund", der fast einer Verschmelzung gleichkommt. Er ist das Vorbild für alle späteren Bindungen, sei es in der Rolle des Liebespartners, des Gatten, des Lehrers oder, im Plural, innerhalb der Familie, der Gruppe und aller ideologischen Repräsentanzen der anderen, ob Nation, Partei oder Religion.

Das Bedürfnis nach Bindung geht soweit, daß selbst eine Beziehung, die sehr unbefriedigend oder sogar der narzißtischen und sexuellen Befriedigung konträr ist, doch der völligen Beziehungslosigkeit vorgezogen wird. Das erklärt, weshalb die Zugehörigkeit zu einer Gruppe auf einer Beziehung beruhen kann, die den einzelnen in seinem Status herabwürdigt. Daß ein Mensch die Scham auf sich nimmt, die ihm ein Dritter oder die Gesellschaft aufnötigt, ist eine Möglichkeit, die psychisch wesentlichen Bindungen aufrecht zu erhalten, unabhängig von der narzißtischen und libidinösen Befriedigung, die sie bieten. Das kann im Extremfall der Folter soweit gehen, daß das Individuum, dessen gewohnte Identitätsmerkmale zerstört wurden, nun versucht, sich an die Werte zu halten, die ihm sein Peiniger anbietet, selbst wenn diese Werte im Widerspruch zu seinen früheren Prinzipien und Interessen stehen. Seine Bindungslibido wird also ihrer natürlichen Bestimmung – dem Knüpfen sozialer Beziehungen – entfremdet und dem Machtwillen eines anderen unterworfen.

Die Verflechtung der drei Besetzungstypen

Die drei Besetzungstypen und mithin auch die Formen der Scham, die ihnen entsprechen, treten fast immer gemeinsam auf. Ihre Verflechtung hat hauptsächlich zwei Gründe.

Die narzißtischen Besetzungen und die Objektbesetzungen entstehen nicht nacheinander, sondern in Verbindung miteinander. Das Ich und das Objekt seiner Libido stehen in einem Wechselverhältnis (Grunberger 1976). Im übrigen ist die Persönlichkeit nie völlig ausgebildet, und das psycho-affektive Umfeld jedes Individuums wirkt gemeinsam und in Konkurrenz mit seinen anfangs geschaffenen Orientierungspunkten wie ein Spiegel seiner Identität. Das Ende eines „narzißtischen Vertrags" (Castoriadis-Aulagnier 1975) zwischen Individuum und Umwelt, die als Mutterersatz dient, bedeutet auch den Riß des Netzes aus identitätsstiftenden Merkmalen. Jeder Einschnitt im Feld des Narzißmus ist folglich auch ein Einschnitt im Feld der Identifikationen.

Mit jeder Scham, unabhängig davon, ob bei ihr die sexuellen oder die narzißtischen Besetzungen vorwiegen, geht im Hintergrund das Risiko einher, aus der Gemeinschaft ausgeschlossen zu werden. Bei einem solchen Ausschluß hätte der einzelne viel zu verlieren: neben dem Ende seiner Bindungen und seiner sexuellen Besetzungen (er könnte dabei sein gewohntes Liebesobjekt verlieren) auch einen Schwund seines narzißtischen Selbstwertgefühls (ihm fehlt nun die Bestätigung der eigenen Identität durch die Gruppe).

Schamformen und ausfallende Besetzungen

Identitätskrisen nach dem Ausfall von Bindungsbesetzungen

Für das psychische Überleben eines Kindes ist die Bindung an seine Umwelt wesentlich. Deswegen erkennt es auch Haltungen an, die es beschämen, wenn sie von einem bevorzugten Elternteil kommen. Jedes Verhalten eines Kindes kann Anlaß zur Scham werden, sobald es von einem Erwachsenen als beschämend bezeichnet wird. Macht zum Beispiel ein Kind die ersten Schritte zur Selbständigkeit, kann es sein, daß es seine Eltern dadurch in Verlegenheit bringt und sich von ihnen beschämende Bemerkungen einhandelt. Ein solches Kind wird bei jedem weiteren Versuch, selbständiger zu werden, Scham empfinden. Ebenso wird ein Kind, das immer hören mußte, es stelle zu viele Ansprüche, jedesmal mit Scham reagieren, wenn es irgend etwas begehrt. Anders als das Schuldgefühl, das sich auf die Umstände des Begehrens bezieht (wenn es etwas Unerlaubtes oder Abwegiges ist), zielt die Scham auf die Legitimität des Begehrens selbst. Ein Kind, das ein Stück Kuchen gestohlen hat und dafür bestraft wurde, kann sich schuldig fühlen, aber der Wunsch, süße Sachen zu essen, bleibt anerkannt. Dieser Wunsch ist sogar eine der Säulen, auf der die Souveränität der Mutter in der Familie beruht. Etwas anderes ist es, wenn ein Kind in die Hose gemacht hat. Es muß sich schämen, weil die Lust an den Exkrementen keinen Platz im sozialen Leben hat. An die Stelle der Lust muß der Ekel treten. Das Kind lernt rasch den Unterschied zwischen einem Verbot, das sich auf ein nicht erlaubtes Objekt des Begehrens bezieht (zum Beispiel etwas Verbotenes essen) und einem Verbot, das das Begehren selbst meint (also etwa sich mit Exkrementen zu beschmutzen). Letzteres bringt für das Kind das Risiko mit sich, aus der Gemeinschaft ausgeschlossen zu werden. Nach diesem Muster wird Scham immer mit dieser Bedrohung in Verbindung gebracht.

Identitätskrisen nach dem Ausfall von narzißtischen Besetzungen

Ein Individuum kann unter dem Eindruck bestimmter Verhaltensweisen oder Gedanken zu der Erkenntnis gezwungen sein, daß es nicht mit seinem Ichideal im Einklang steht. Die Libido, um die es in diesem Fall geht, ist die narzißtische. Freilich kommt die Gefahr hinzu, daß sich das Individuum mit solchen Verhaltensweisen auch den Ausschluß von der einen oder anderen Gruppe einhandelt. Mit anderen Worten, zu den narzißtischen Besetzungen gesellen sich Bindungs- und Objektbesetzungen. Wie stark solche Ausfälle empfunden werden, ist unabhängig von einer moralischen Wertung. Wer erkennen muß, in den Augen der anderen als „gemein" zu gelten, während er sich selbst für „nett" hielt, empfindet selbstverständlich Scham. Doch wer für „nett" gehalten wird, obwohl er mit dem Vorsatz, anderen zu schaden, gehandelt hat, kann sich ebenfalls schämen. Man kann auch entdecken, daß das Ichideal nicht unwandelbar ist. Das ist der Fall, wenn das Ichideal, das man bisher mit der Gruppe geteilt hat, nicht mit dem Ideal der neuen Bezugsgruppe übereinstimmt, in die man gewechselt ist. Schließlich kann das Individuum in sich Triebregungen entdecken, die es bisher sorgfältig am Aufstieg ins Bewußtsein gehindert hat (entweder durch Ichspaltung oder Verdrängung). Dann hat das Schamgefühl eine doppelte Quelle: einmal die Objektlibido, dann aber auch die narzißtische Libido wegen einer drohenden psychischen Desintegration. Affekte oder Vorstellungen, die psychisch nicht eingebunden werden können, bedrohen die gesamte mentale Fassung.

Identitätskrisen nach dem Ausfall von Objektbesetzungen

Wenn man plötzlich entdeckt, daß man sich in seinem Urteil über einen anderen getäuscht hat, kann das Anlaß zur Scham sein, und das in beiden Richtungen. Die Entdeckung, daß eine Person, die man immer für verachtungswürdig gehalten hat, sich als aller Bewunderung wert herausstellt, ist ebenso Anlaß zur Scham wie im umgekehrten Fall die Entdeckung, daß eine stets bewunderte Person in Wirklichkeit nur Verachtung verdient. Drängt sich für die Objektlibido die Notwendigkeit auf, sich neu zu orientieren, hat das auch Folgen für die narzißtische Libido. Das kann soweit gehen, daß das Individuum leugnet, was es sieht und hört, nur um nicht zugeben zu müssen, sich im anderen getäuscht zu haben.

Was die Unfähigkeit zu trauern betrifft, bei der ein starker Schamaffekt auftritt, der die normale Trauerarbeit blockiert, so haben wir gesehen, daß dies an der Scham des verlorenen Liebesobjekts liegt (siehe oben, Kapitel 1). Der Betroffene kann nicht trauern, weil der Tote, den er sich ins Ich „einverleibt" hat, seine Scham darüber ausdrückt, dem anderen gefehlt zu haben (Abraham und Torok 1978).

Der „ansteckende" Charakter der Scham

Die vielfältigen, miteinander verflochtenen Besetzungen sind der Grund dafür, weshalb die Scham so „ansteckend" wirkt: Wer Zeuge von etwas Schändlichem wird, schämt sich selbst, auch wenn er versucht, dies durch Verleugnung oder Projektion abzuwenden. Zum Beispiel haben wir im Westen beim Anblick der amerikanischen Soldaten, die während des Golfkrieges in Gefangenschaft geraten waren und nun ihre „Vergehen" im irakischen Fernsehen gestehen mußten, ein Unbehagen empfunden, das weit über das hinausging, was wir uns über ihre Haftbedingungen und erlittene Folter ausmalen konnten. Das beschämende Schauspiel im Fernsehen ging uns gegen unseren Willen unter die Haut, als sei es ein Beweis für unsere eigene schändliche Erniedrigung (Baudrillard 1991). Jede Besetzungsart, die hinter dem Schamaffekt steht, wirkt auf den Betrachter und löst bei ihm ebenfalls Scham aus. Auf diese Weise wird die Scham zu einer „sozialen Bindung".

An erster Stelle ist die narzißtische Besetzung betroffen. Der Anblick des Sich-Schämenden, der gedemütigt, passiv und ganz in sich selbst zurückgezogen erscheint, weckt in jedem die Angst, sich eines Tages in der gleichen Lage zu befinden. Die Erniedrigung des anderen verweist auf die mögliche Beschädigung des eigenen Selbstbildes und löst sogleich Scham aus.

Hinsichtlich der Bindungsbesetzung befindet sich der Zeuge eines beschämenden Schauspiels in einem Dilemma: Entweder gibt er der Bindung an den Beschämten den Vorzug mit allen Risiken, die eine solche Entscheidung birgt (Ausschluß aus der Gemeinschaft), oder er stellt seine Integration in die Gruppe über alles andere und billigt damit den Ausschluß des anderen. Mit anderen Worten, wer Zeuge einer Beschämung wird, muß sich entweder mit dem beschämenden Dritten (sei es ein einzelner oder eine Gruppe) identifizieren oder er läßt sich von der Scham des anderen anstecken. Handelt es sich bei dem Beschämten um einen völlig Fremden, ist die erste Wahlmöglichkeit selbstredend die bequemste. Der Zeuge betrachtet die Scham, die der Beschämte zeigt, als Bestätigung für ein tatsächlich begangenes Vergehen, die Beschämung war daher gewissermaßen legitim. Wenn aber umgekehrt der Zeuge einer Beschämung es sich nicht leisten kann, seine Bindung an den Beschämten aufzukündigen, kann die Bindung nur um den Preis einer Teilhabe an der Schande aufrechterhalten werden. Die Bindung an den Ausgeschlossenen drängt zur Identifizierung mit ihm, und das ist nur über seine Scham möglich, denn der Beschämte sieht sich selbst auf die Scham reduziert.

Hinsichtlich der Objektbesetzungen löst der Anblick der Schande eine ganze Reihe von Phantasien aus, die sich um Erniedrigung und Demütigung drehen. Diese Phantasien rühren nicht an die Bindung und das Risiko des Ausschlusses, sondern an das Abhängigkeitsverhältnis, in dem sich das Opfer befindet. Ihr Inhalt nährt sich aus verdrängten Wunschvorstellungen des Ich und trägt teils sadistische, teils masochistische Züge. Nun stößt aber die Vorstellung, das Opfer sexuell zu erniedrigen oder sich an die Stelle des Opfers zu versetzen, auf große Widerstände seitens des Über-Ich und des Ichideals. So kann das Phantasieren seinerseits wieder Scham auslösen. Die Dynamik der Objektbesetzungen erzeugt beim Anblick der Scham des anderen – zumal, wenn es sich um eine geliebte Person handelt – wiederum

Scham und zwar auf zwei Weisen: Identifizierung mit dem Beschämten (oder genauer Einverleibung des Beschämten in das Ich des Subjekts), was bedeutet, sich mit dem anderen zu schämen; Identifizierung mit dem einen oder andern Pol einer sado-masochistischen Phantasie, nicht ohne dabei Scham zu empfinden. Fällt bei der Identifizierung die Wahl auf die sadistische Rolle, empfindet das Subjekt Scham darüber, möglicherweise die Gestalt seiner Bindungen zu zerstören, während das Subjekt bei der Wahl der masochistischen Rolle in Konflikt mit den Forderungen des Ichideals kommt.

Im folgenden wollen wir untersuchen, wie es in jeder der Besetzungssphären zu Ausfällen kommen kann und welche Störungen daraus resultieren.

Die Objekte der Scham

Das Ich wird durch die Beziehungen definiert, die es zu Objekten seines Innenlebens als auch zu Objekten der äußeren Welt unterhält. Erstere prägen durch ihre Struktur die Wahrnehmung der äußeren Objekte. Eine vollständige Entsprechung zwischen innen und außen gibt es aber nicht. So wie die Lage jedes Gegenstands auf einer Fläche durch seine Werte im Koordinatenkreuz definiert ist, so kann auch die Scham in Bezug auf zwei Achsen situiert werden: Die Vergangenheit, die im Individuum ihre Spuren hinterlassen hat, stellt die eine Achse dar, die andere besteht aus der Dynamik seiner gegenwärtigen Besetzungen. Nennen wir die Achsen deshalb, die „geschichtliche" und die „gegenwartsbezogene" Achse. Mit dieser Hilfskonstruktion können Schamaffekte zu jedem gegebenen Zeitpunkt als Resultat vielfältiger Bedingungen beschrieben werden. Wir werden später noch eine dritte Achse kennenlernen, die den Platz des einzelnen in der Generationenfolge berücksichtigt (ich habe an anderem Ort eine Darstellung des psychischen Geschehens anhand eines dreidimensionalen Modells gegeben (1989a)).

Die „geschichtliche" Achse der Scham

Hierbei geht es um die Rolle, die die Scham in der Persönlichkeitsentwicklung gespielt hat. Welche Faktoren haben in der Lebensgeschichte eines Individuums in Gestalt von verschiedenen Instanzen und verinnerlichten Personen Spuren hinterlassen? Die drei bereits bekannten Besetzungstypen sind dabei ebenfalls zu beachten.

Die sexuellen Besetzungen

Die ersten Situationen, in denen das Kind sich schämt, stehen im Zusammenhang mit den verschiedenen Phasen der bevorzugten erogenen Zone.

Der orale Trieb ist der erste, der diszipliniert werden muß. Tritt er als Gefräßigkeit in Erscheinung, ist seine Erziehung regelmäßig mit Scham verbunden. Das ist vor allem im gehobenen Bürgertum zu beobachten. In dieser sozialen Schicht ist die gemeinsame Tafel der Ort, an dem die Zeichen eingeübt werden, an denen ihre Mitglieder sich erkennen und mit denen sie ihre Zugehörigkeit zu dieser Schicht demonstrieren (Bourdieu 1988). Zugleich wird hier aber auch Triebbeherrschung geprobt. Das Kind lernt nicht nur, seine Eßlust zu zügeln, es entwickelt auch Vorlieben für oder Abneigungen gegen bestimmte Speisen. Ist die Oralität erst einmal diszipliniert, dient sie als Muster für alle anderen Felder der Erziehung. Am Ende sollte die ganze Palette der Triebäußerungen durch die Schule der „guten Erziehung" gegangen sein.

Alles, was mit der Analität zusammenhängt, vor allem aber die Manipulation der Exkremente, wird in allen sozialen Schichten in gleicher Weise verurteilt. Die Ächtung hat jedoch eine unterschiedliche Bedeutung für das Kind, je nachdem, ob die Verurteilung auf die Tätigkeit zielt (mit einem Satz wie zum Beispiel: „Was du da machst, ist ekelhaft") oder auf die Person des Kindes („Du bist ekelhaft").

Der Schimpf, den sich kleine Kinder durch exhibitionistische und voyeuristische Tätigkeiten oder durch Masturbation zuziehen, kann je nach Familienorganisation und psychischer Struktur der Eltern sehr unterschiedlich ausfallen. Auch hier ist die Verflechtung mit den aktuellen Komponenten der Scham ausschlaggebend.

Die narzißtischen Besetzungen

Diese Besetzungen resultieren aus der Abhängigkeit des Selbstwertgefühls von den frühen Bindungen an die Eltern. Für die Ausformung des kindlichen Narzißmus spielt die Haltung der Eltern gegenüber ihrem Kind eine wesentliche Rolle. Es kommt vor, daß Eltern nicht nur Kälte und Distanz gegenüber ihrem Kind zeigen, sondern auch Spott und Ironie, ja sich sogar zu regelrechten Demütigungen versteigen, wie wir später noch sehen werden (Kapitel 3).

Die Bindungsbesetzungen

Ein Individuum, das schon in früher Kindheit Defizite in mütterlicher Zuwendung (Blickkontakt, Mimik, Gestik und Stimme) erleben muß und sein Bedürfnis nach Kommunikation nicht erfüllt sieht, verlegt sich auch frühzeitig auf narzißtische Selbstspaltung. Ein solcher Mensch wird mehr als andere dazu neigen, auf Identitätskrisen mit Ichspaltung und Scham zu reagieren.

Die „gegenwartsbezogene" Achse der Scham

Die „gegenwartsbezogene" Achse der Scham betrifft die Rolle, die die Scham in der derzeitigen Lage des Individuums spielt. Mit ihr kommt die Wechselwirkung zwischen dem einzelnen und seiner Umwelt zum Tragen. Auf dieser Achse erscheinen die Schamaffekte in Situationen schwerster Demütigungen wie zum Beispiel bei Folter, ebenso wie Scham im Zusammenhang mit Krankheit, Behinderung und sogar mit dem Sterben. Wie im vorherigen Fall wirken sich auch hier die drei Besetzungstypen aus.

Die Bindungsbesetzungen

Hinsichtlich der Bindungsbesetzungen geht es um die Beziehung, die das Individuum mit seiner Bezugsgruppe (es können auch mehrere sein) unterhält, sei es die Familie, ein kulturelles Milieu, eine Institution u. ä. Ein starker narzißtischer Glaube an die eigenen Möglichkeiten (die Überzeugung, intelligenter zu sein als alle anderen Mitglieder der Bezugsgruppe) kann mit einem Schamgefühl einhergehen, das aus der Furcht rührt, die anderen könnten einen eben wegen seiner Überlegenheit aus der Gruppe ausschließen (das ist die Situation des Dostojewskischen Helden in *Aufzeichnungen aus dem Kellerloch*, siehe unten). Konkret äußert sich dies in der Scham, zu mächtig, zu groß oder zu reich zu sein. Selbstverständlich kann sich Scham auch konträr ausdrücken, also als Scham, wegen übergroßer Häßlichkeit oder

Armut ausgeschlossen zu werden. Daß sich die Furcht vor dem Ausgeschlossen-Werden auch auf Merkmale beziehen kann, die als positive Qualitäten gelten, beweist, daß Scham nicht prinzipiell an ein negatives Selbstbild gebunden ist, sondern in erster Linie das Gefühl der Zugehörigkeit zu einer Gruppe betrifft. Das gilt unabhängig von dem Bild des Individuums, das die Gruppe ihm vermittelt, und von seinen libidinösen Besetzungen von Mitgliedern dieser Gruppe. Es kann vorkommen, daß der Pakt, der die Gruppe zusammenhält, darauf beruht, in der Gruppe vorkommende gefährliche Persönlichkeitsmerkmale auf ein bestimmtes Mitglied zu übertragen (Kaës 1989). Dieses Mitglied genießt dann einen Sonderstatus, insofern es geächtet und zugleich unerläßlich ist. Nach einem Ausdruck D. Meltzers ist es „Schoß" und „Toilette" zugleich. Einer aus der Gruppe wird zur Scham verurteilt, weil die anderen ihn zum Träger ihrer gefährlichen Persönlichkeitsmerkmale gemacht haben, um deren negative Wirkungen einzudämmen.

Bei Bindungsbesetzungen kann Scham schließlich auch aus dem Urteil hervorgehen, das ein Individuum über seine Gemeinschaft fällt, wieder unabhängig von dem Bild seiner selbst, das diese ihm vermittelt, sowie den libidinösen Verbindungen mit diesem oder jenem Mitglied. So sagte ein Student, der im Rahmen einer Untersuchung über die Einstellungen der Franzosen gegenüber Gastarbeitern befragt wurde: „Mein spontanes Gefühl ist Unbehagen […] Nicht daß ich glaube, es sei meine Schuld … aber *ich fühle mich zu der Gruppe gehörig*, die diese Leute hierhergeholt hat und sie nötigt, in so elenden Verhältnissen zu leben" (unveröffentlichtes Interview, Lyon 1971 [Hervorhebung durch den Verfasser]).

Die narzißtischen Besetzungen

Hinsichtlich der narzißtischen Besetzungen kann die Scham mit den Merkmalen zusammenhängen, die die Identität des Individuums im Alltag garantieren: beruflicher und familiärer Status, Besitz usw. Ein Arzt, der von der Familie eines Patienten ein Geschenk erhalten hat, erklärt: „Einerseits habe ich mir gesagt: ‚Sie machen das, weil sie mich schätzen'. Andererseits war ich doch peinlich berührt." In seinem Selbstverständnis als Arzt hatte eine solche Handlungsweise keinen Platz. Wir haben schon gesehen, daß die Zugehörigkeit zu einer Gruppe, die durch Gemeinsamkeit in Sprache, Religion, Ritus und Brauchtum geprägt ist, einen wesentlichen Bestandteil der Ich-Struk-

50

tur ausmacht. Deshalb beschwören manche Situationen Konflikte zwischen Teilen des Ich herauf, die unterschiedlichen Idealen verpflichtet sind. Dies trifft besonders auf Emigrantenschicksale zu. Häufig stehen die Ideale des Gastgeberlandes (zum Beispiel was die Rolle des Geldes oder des beruflichen Erfolgs betrifft) im Widerstreit mit den Idealen des Heimatlandes.

Manche Gastarbeiter verwerfen ihre traditionellen Werte und schämen sich ihrer Herkunft. Damit aber laufen sie Gefahr, die soziokulturellen Orientierungen ihrer Vergangenheit zu verlieren. Andere wiederum lehnen die Werte des Gastgeberlands ab und halten sie für schändlich. So erklärte ein algerischer Gastarbeiter bei einem Interview: „Das ist doch eine Schande. Wenn es um Geld geht, würden die Franzosen sogar Vater und Mutter verkaufen." Wenn der Fremde die gesamte Kultur des Gastgeberlandes ablehnt, wird er immer unter seiner Exilsituation leiden.

Die Objektbesetzungen

Hinsichtlich der Objektbesetzungen tritt Scham beim Streben nach Identität auf, wenn dabei Strategien benutzt werden, die auf die Integration in eine bestimmte Gruppe oder umgekehrt auf die Individualisierung durch Distanz zielen.

Mehr noch als für die „geschichtliche" Achse, gilt für die „gegenwartsbezogene" Achse, daß die drei Besetzungstypen eng miteinander verflochten sind. Besitz kann zum Beispiel für das Individuum in dreierlei Hinsicht identitätsstiftend wirken: in seinem Bezug zu sich selbst, in seinem Bezug zu den anderen und in seiner Bindung an eine Gruppe, deren Ziele und Anliegen es teilt. Das Gemeinsame bei allen Schamaffekten, die durch Gewalt in gegenwärtigen Situationen ausgelöst werden, ist das Gefühl der Ohnmacht. Wer sich schämt, dessen Identität ist aufgehoben (die Gruppe bietet ihm eine andere Identität an), er ist handlungsunfähig und kann oft auch nicht die Gefühle ausdrücken, die ihn bewegen. Nur im Gefühlsausdruck könnte er seine Objektbindungen und sein Selbstbild bewahren. So reagiert ein Mensch, der beleidigt wird, normalerweise mit Zorn. Wenn er daran gehindert wird, sich gegen die Beleidigung zur Wehr zu setzen (durch eine schwere Drohung oder durch körperlichen Zwang), kann ihn das in eine ohnmächtige, schamerfüllte Wut versetzen. Ich erinnere mich an eine Alltagsszene in einem Linienbus in Lyon. Eine ältere und offenbar alkoholabhängige Frau beschwerte sich beim Fahrer, er habe die Tür nicht lange genug offengehalten, sie habe bei der Haltestelle „Place des Terreaux" aussteigen wollen. Worauf der Fahrer sie mit der spöttischen Bezeichnung „Belle aux terreaux" belegte, was bei den übrigen Fahrgästen Gelächter auslöste. Hier wurde die narzißtische Identität der Frau direkt getroffen, und ihr blieb nur die Scham. Die Identität kann auch indirekt Schaden nehmen, etwa wenn man einer geliebten Person nicht zu Hilfe kommen kann (ein Mann, der ohnmächtig mit ansehen muß, wie seine Partnerin vergewaltigt wird ...).

Die Achsen der Scham ergänzen sich

Tatsächlich stehen beide Achsen in einem Wechselverhältnis. Bei Schamaffekten im Zusammenhang mit schweren Formen sozialer Desintegration ist es fast durchgehend so, daß materielle Not und psychisches Elend miteinander verflochten sind. Es fällt daher schwer zu bestimmen, ob die materielle Notlage die psychische Krise oder ob umgekehrt die psychische Krise die materielle Notlage ausgelöst hat. Den Verantwortlichen in psychosozialen Beratungsstellen oder in den Notambulanzen der öffentlichen Krankenhäuser sind solche Situationen vertraut. Andererseits kann diese Wechselwirkung auch positiv sein, nämlich wenn ein Mensch, der in erniedrigenden Verhältnissen leben muß, diese Erniedrigung nicht als solche erlebt, solange er nicht den Kontakt zu den verinnerlichten psychischen Leitbildern verliert, die ihm Liebe und Halt schenken.

Daß sich die beiden Achsen der Scham zu jedem beliebigen Zeitpunkt überlagern, ergänzen oder gegenübertreten können, liegt an ihrer analogen Struktur. Beide betreffen das Gefühl und die Gewißheit einer personalen Identität, die durch alle wechselnden Situationen hindurch Bestand hat. Freilich ist der Standpunkt, von dem diese Identität betrachtet wird, jeweils konträr und komplementär. Je stärker die „gegenwartsbezogenen" Orientierungspunkte bedroht sind (wenn die äußeren Umstände feindselig sind, etwa im Extremfall der Folter), desto wichtiger werden die „geschichtlichen" Markierungen (ausgleichende innere Werte). Und umgekehrt, je schwächer verinnerlichte Leitbilder sind, desto wichtiger wird die Rolle der sozialen Struktur beim Eindämmen oder Auslösen der Scham. Dank der oben gemachten Unterscheidungen wird nun verständlich, warum manche Schamaffekte nur sich selbst gegenüber empfunden werden – in Situationen, bei denen die soziale Bezugsgruppe nicht mißbilligend auftritt –, während andere nur mit Bezug auf Gruppenintegration auftreten. Schließlich kann mit dem Zwei-Achsen-Modell die Trennung in einen „psychoanalytischen" (die Konflikte zwischen psychischen Instanzen) und einen „soziologischen" (die Identitätsproblematik bei Gruppenbindungen) Zugang zur Scham vermieden werden. Statt dessen sieht man bei dieser Betrachtungsweise, wie beide Ebenen ineinandergreifen. Ein Individuum ist umso verletzlicher in seiner Bindung an eine Gruppe, je stärker seine verinnerlichten Leitbilder angegriffen sind.

Die Formen der Scham

Wir haben gesehen, daß die Scham Geschehnisse begleiten kann, die nur entfernt eine Schande im „objektiven" Sinn darstellen. Allen diesen Situationen ist gemeinsam, daß sie dem Individuum eine rasche psychische Neuorientierung abverlangen.

Die Gefühlsintensität der Scham

Eine vergleichsweise leichte Scham empfindet ein Individuum, wenn bestimmte Züge seines Selbstbildes nicht mit seinem Ichideal in Einklang stehen. In solchen Situationen wird das Individuum den Unterschied gewahr zwischen der Person, die es zu sein glaubte, und der Person, als die es sich entdeckt. Eine ähnliche Scham lösen Situationen aus, in denen es erkennt, daß es sich in jemandem getäuscht hat. Der Irrtum macht es betroffen, aber doch nicht so, daß es sich in seiner Identität erschüttert sähe. In allen diesen Fällen besteht der Besetzungsausfall entweder in einer narzißtischen Besetzung oder in einer Objektbesetzung, aber nie in beiden Besetzungstypen gleichzeitig. Solche Formen der Scham werden gern mit Ausdrücken wie „Lächerlichkeit" oder „Verlegenheit" relativiert, wobei diese Ausdrücke sowohl für die Scham selbst wie auch für ihre Ursache gebraucht werden. Sie sind eine schwächere Form der Scham und zugleich eine Abwehr gegen sie. Das Individuum, das sich als „lächerlich" wahrnimmt und mehr noch, das von sich behauptet, sich „lächerlich zu machen", versucht damit die Ursache seiner Scham herunterzuspielen. Das „Lächerliche" an der eigenen Person wahrzunehmen, heißt, die Angst vor Verhaltensgewohnheiten zu erkennen, in ein Verhalten zu verfallen, die Scham nach sich ziehen können. Das aber ist bereits der erste

Schritt, es nicht soweit kommen zu lassen. Auch wenn jemand von einer bestimmten Situation sagt, er sei „verlegen" gewesen, aber nicht, er habe sich „geschämt", zeigt er damit, daß er die Ursachen seines Unbehagens kennt und daß er darin auch das Mittel zu seiner Befreiung sieht. Mit einem Wort, er kann sein Unbehagen benennen und eindämmen. Während es gegen die Scham keine Abhilfe gibt (man kann diesen Affekt nur durchstehen und sich verbergen), zeigt die Verlegenheit bereits den Weg, wie man sich aus der peinlichen Situation befreien kann, d. h. Möglichkeiten, die eigene Identität wiederherzustellen. So kann man sich verlegen fühlen, wenn einem zu wiederholten Malen Geschenke gemacht werden. Die Verlegenheit deutet aber auch den einzuschlagenden Weg an, nämlich die Geschenke auf die eine oder andere Weise „zurückzugeben". Hingegen führt die Einstellung, die Geschenke als normal hinzunehmen, geradewegs in die Scham, weil die Situation nicht mehr so leicht zu retten ist. Die Scham zeigt an, daß das Individuum sich außerstande sieht, eine ehrenhafte Lösung herbeizuführen, und daß es die Situation als ausweglos betrachtet. Die Scham als „Warnsignal" macht deutlich, daß nach einer Lösung aus einer verfahrenen Situation gesucht werden muß. Wenn sich keine Lösung abzeichnet, steht zu fürchten, daß sich die Scham von einem Alarmsignal zu einem dauerhaften Symptom entwickelt.

Eine etwas höhere Intensität erreichen Schamaffekte, bei denen der Ausfall der narzißtischen Besetzung auf die Objektbesetzung durchschlägt oder umgekehrt. Das ist zum Beispiel der Fall, wenn das Individuum entdeckt, daß sein Ichideal (narzißtische Besetzung) nicht von denen geteilt wird, die ihm nahe stehen und die das Objekt seiner libidinösen und Bindungsbesetzungen sind. Oder aber jemand erkennt, daß eine ihm sehr wichtige Person weder dem Bild entspricht, das er von dieser Person hat, noch seinen Erwartungen. Wenn diese Person ganz wesentlich zum Aufbau des Wertesystems des Betreffenden beigetragen und als Vorbild identitätsstiftend gewirkt hat, dann ist die Situation besonders gravierend. Das ist der Fall, wenn ein Kind merkt, daß sein Vater nicht der achtenswerte Mann ist, für den es ihn bisher gehalten hat, sondern ein Doppelleben führt oder kriminelle Taten begangen hat. Dann geht es nicht mehr nur um eine mangelnde Entsprechung im Verhältnis zu einem anderen oder zu sich selbst, sondern dann heißt es, nach einer Bezugsgröße zu suchen, um die eigene Identität zu bewahren. In dieser Kategorie rangieren Schamaffekte, die mit der Rolle des Trägers der gefährlichen Persönlichkeitsmerkmale der übrigen Gruppenmitglieder verbunden sind. Manchmal muß ein Individuum diese Rolle übernehmen, will es die Bindung an die Gemeinschaft nicht verlieren.

Solche Schamgefühle können chronisch werden. Sie kommen dann in Begleitung einer Depression und hängen an einem Minderwertigkeitsgefühl, das verschiedene Ursachen haben kann: eine Ichschwäche im Verhältnis zum Ideal, ein Versagen dieses Ideals selbst; ein psychisches Ausgeschlossensein des Individuums aus der Gruppe. Anale Phantasien spielen dabei eine große Rolle, zumal solche chronischen Schamgefühle – im Gegensatz zum aktuellen Schamaffekt, bei dem das Vorstellen unterbrochen ist – mit einer starken Phantasietätigkeit verbunden sind. Der Sich-Schämende fühlt sich verachtet und ausgestoßen wie Abfall oder Kot.

Schließlich gibt es Schamaffekte, die nicht wegen ihres chronischen Charakters, sondern wegen ihrer Intensität besonders schwerwiegend sind. Der Betroffene verliert jede innere und äußere Orientierung, wenn seine narzißtischen Besetzungen und seine Objekt- und Bindungsbesetzungen gleichzeitig ausfallen. Das Ergebnis ist ein Gefühl der Verstörung. Das Subjekt scheint die Gewißheit der Kontinuität seines Selbst verloren zu haben. Was hier vorliegt, ist eine extreme Form der Verlassenheitsangst, die subjektiv als Panik durchschlägt. Das Subjekt wird sich in einem solchen Fall an alles klammern, was ihm die drohende psychische Auflösung erspart, wenn es sein muß sogar an seinen Peiniger.

Die Scham in Extremsituationen

Seit gut zehn Jahren untersuchen mehrere Psychoanalytiker, welche Auswirkungen extremes Leiden auf die Persönlichkeit der Betroffenen haben können (Vinãr M. und M. 1989; Puget u. a. 1989; Amati 1989a). Wer Opfer physischer und psychischer Gewalt wird, erlebt sich und andere auf eine ganz charakteristische Weise, sein Umgang mit sich selbst und mit der Gemeinschaft ändert sich grundlegend. Die Scham, die diese Erfahrung begleitet, hat viele Aspekte: Der geschundene Körper wird zum Gegenstand der Scham (das ist der Bereich der narzißtischen Besetzungen); handelt es sich um Folter und sind Geständnisse abgepreßt worden, hat das Folgen für das Selbstbild des Opfers (es hält sich für gefallen und minderwertig, weil es der Folter nicht widerstanden hat), für seine Beziehung zur Gemeinschaft (es fühlt sich ausgestoßen) und zu geliebten Personen (es fühlt sich ihrer nicht mehr würdig).

Doch neben diesen benennbaren Identitätsausfällen hat die Erfahrung der Gewalt noch einen weiteren Aspekt für das Opfer, der jenseits sprachlicher Artikulierbarkeit liegt, denn er betrifft die Grundlagen der subjektiven Identität. Die Gewalt zerrüttet nicht nur die Dynamik der psychischen Besetzungen des Opfers, sondern greift auch tief in die Symbolisierungsfähigkeit des Subjekts ein. Jedes Gewalterlebnis löst beim Betroffenen eine Regression aus, die sich insofern von einer normalen Regression unterscheidet, als sie traumatisch wirkt. Der Peiniger nimmt gewaltsam den Platz der wichtigsten Objektbesetzungen des Subjekts ein und wird zum schützenden Vater oder zur heilenden Mutter. Dazu zerstört er zuerst alles, was dem Opfer gewöhnlich Halt und Stütze gewährt, was als Träger narzißtischer und sonstiger Besetzungen dient. Erst dann bietet er sich selbst – oder seine eigenen Objektbesetzungen – als Ersatz an. Das Opfer übernimmt das Weltbild seines Peinigers, mag es auch das genaue Gegenteil seiner eigenen früheren Ideen sein, um sein geistiges Überleben zu sichern. In einem psychischen Gewaltstreich macht sich der Peiniger in einer pervertierten Gestalt herkömmlicher Besetzungstypen gleichzeitig zur beschützenden Mutter, zum Idealich und zum mächtigen, autoritären Vater. Wir werden sehen, wie die Zerstörung der herkömmlichen Orientierungen des Opfers durch zwei sich ergänzende Verfahren erreicht wird. Einerseits nimmt der Peiniger dem Opfer das vertraute Umfeld. Das ist umso gravierender, als das Umfeld nicht nur Garant der Identität, sondern auch Verwahrer bestimmter gefährlicher Persönlichkeitsmerkmale ist. Andererseits untergräbt er alle psychischen Bilder, die dem Opfer einen mentalen Halt geben könnten.

Der Abbau der Orientierungen der Persönlichkeit

In jedem Menschen entwickelt sich das Gefühl der Beständigkeit und der Unwiederholbarkeit des Selbst in einer langen Reihe von Identifizierungen. Unabhängig davon existiert, so behauptet Freud, etwas in uns nach der alten undifferenzierten Weise weiter, also ohne die Unterscheidung zwischen Ich und Welt, zwischen dem Ich und den anderen Menschen. Dieser undifferenzierte Teil des Selbst, den andere Autoren den „psychotischen Anteil der Persönlichkeit" genannt haben, ist von José Bleger (1981) eingehend untersucht worden – mit höchst interessanten Ergebnissen für das Verständnis der Scham.

Den Rest der ursprünglichen Indifferenziertheit der Persönlichkeit, der in jedem von uns fortbesteht, nennt Bleger Restkern oder ambivalenter Kern (noyau ambigu). Von diesem ambivalenten Kern behauptet Bleger nun, jeder lege ihn in Elementen der Außenwelt ab: in festen Partnerschaften, angefangen bei Ehepartnern und Kindern, in der Berufstätigkeit, in religiösen Bindungen, in Gegenständen der vertrauten Umgebung usw. Mit dieser Projektion schafft sich das Individuum eine symbiotische Beziehung zu den Personen und Gegenständen, in denen er einen Teil seiner selbst abgelegt hat. Jeder braucht die Nähe solcher Verwahrer, und sie müssen ihm jederzeit zugänglich sein. Ändert sich die Umwelt des Betroffenen plötzlich radikal, fluten die ambivalenten Persönlichkeitsreste zu ihm zurück, was zu Symptomen wie zum Beispiel einer Denkblockade führen kann.

Wendet man diesen Ansatz auf die Problematik der Scham an, versteht man plötzlich die tiefe Verwirrung, in die der Sich-Schämende gerät und die bis zu Sprachverlust und völliger körperlicher und geistiger Lähmung gehen kann.

Mit dem Verlust der äußeren Orientierungen kommen die gefährlichen Persönlichkeitszüge aus der Außenwelt zurück, und diese Rückkehr trägt zum Abbau auch der inneren Orientierung bei, die dem Individuum noch verbleibt. Die Rückkehr abgespaltener und nach außen projizierter Persönlichkeitszüge ist Ursache für die tiefe Verwirrung, in die die Scham den Betroffenen stürzt. Dieser steht plötzlich vor der unmöglichen Aufgabe, sich die abgespaltenen Persönlichkeitszüge wieder einzuverleiben. Kann er hingegen über seine Scham sprechen, ist das ein Zeichen dafür, daß die Wiedereinverleibung (Retroinjektion) begonnen hat. In Kriegszeiten, wenn Straflosigkeit für Handlungen besteht, die gewöhnlich als unmoralisch oder kriminell gelten, wird leichter über solche abgespaltenen Persönlichkeitszüge gesprochen, oder sie werden doch wenigstens nicht geleugnet. Im Frieden schweigen dann die Täter oft aus Scham über Handlungen, die sie, gestützt vom sozialen Konsens, im Krieg begangen haben.

Das Individuum, das Persönlichkeitsabspaltungen in den anderen ablegt, wird von diesen freilich in gleicher Weise benutzt. Das Gefühl des Ausgeschlossen-Seins, das mit der Scham einhergeht, kann daher aus zwei Quellen stammen. Entweder ist es ein Beleg dafür, daß das Individuum ahnt, daß andere in ihm Abspaltungen abgelegt haben, oder es ist der psychische Ausdruck der Notwendigkeit, sich bestimmte, bisher abgespaltene Persönlichkeitszüge wieder einzuverleiben. Wenn das Individuum diesen nun zurückkehrenden gefährlichen Persönlichkeitszug als zu ihm gehörig erkennt, fühlt es sich von der Gesellschaft ausgestoßen so, wie es selbst einmal diesen Persönlichkeitszug ausgestoßen hatte, und empfindet Scham. Der andere mögliche Ausgang besteht darin, die Wiedereinverleibung des Persönlichkeitszugs abzulehnen und ihn abgespalten, wie er ist, wieder erneut zu projizieren. Doch genau das verhindert der Zusammenbruch der Orientierung. Die Folter dient unter anderem dem Zweck, das Opfer im Zustand chronischer Orientierungslosigkeit zu halten. Dazu können sich zwei Peiniger abwechseln, von denen der eine rücksichtslos hart, der andere aber scheinbar „verständnisvoll" ist. Oder die Haftbedingungen werden ständig geändert, oder dem Opfer werden die Augen verbunden. Solche auf „Entzug der Sinnesempfindungen" zielenden Maßnahmen gehören zu den verheerendsten Folterungen überhaupt: Ein Mensch, der systematisch aller Hör- und Seheindrücke sowie aller räumlich-zeitlichen Orientierung beraubt wird, verliert sehr bald seine Identität und geht auf die Identitätsangebote seines Peinigers ein, um nicht im Wahnsinn zu versinken.

Der Verlust der psychischen Hülle

Es ist wichtig, die Wirkungsweise der narzißtischen und der Objektbesetzungen zu kennen, doch gilt es zu beachten, daß sich beide erst entwickeln können, wenn eine *psychische Hülle* für sie vorhanden ist. Dies als erste erkannt zu haben ist das Verdienst von Gisela Pankow (1957). In ihrem Buch über das Körperbild als bildende Form legt sie dar, daß die ersten Bindungen ihre strukturierende Wirkung nicht allein durch den Austausch von psychischen Inhalten entfalten, sondern auch durch die Möglichkeit, daß das Kleinkind „dynamische Bilder" des Körpers durch Hautkontakte und Muskeltätigkeit hervorbringen kann. Diese Bilder wirken als prägende Form. Den Begriff der psychischen Hülle hat der englische Psychoanalytiker Bion (1962) eingeführt. Ihm folgten Ester Bick (1968) und Didier Anzieu (1985). Im Hinblick auf die Scham leuchtet sofort ein, daß die Begriffe der Grenze und der Hülle relevant sind, da die Haut als Oberfläche und Hülle eine bedeutende Rolle spielt.

Zunächst einmal hängt die Scham, wie uns schon die Bibel sagt, mit der Entdeckung der Nacktheit zusammen. Kaum hatten Adam und Eva von der „verbotenen Frucht" gegessen, da erkannten sie auch, daß sie nackt waren ... und sie schämten sich. Auch Freud nimmt die Nacktheit als Ausgangspunkt für seine Theorie der Scham. Daß körperliche Unzulänglichkeiten ein bevorzugter Gegenstand der Scham sind, lehrt die Alltagserfahrung: Wer hat sich nicht schon einmal wegen eines Mitessers oder einer Schnittwunde im Gesicht geschämt, ganz zu schweigen von ernsteren Anomalien, sogenannten „Dysmorphophobien". So gibt es Menschen, die wegen einer vermeintlich zu langen Nase oder anderer auffallender Körperteile sich nicht mehr auf die Straße trauen. Daß Haut und Scham miteinander verbunden sind, ist auch der Tatsache zu entnehmen, daß Zeichen sozialer Ächtung oft direkt in die Haut eingeschrieben wurden: Schwerverbrechern machte man ein Brandzeichen auf die Stirn oder auf andere Körperteile, ehebrecherische Frauen erhielten es auf die Brust. Schließlich kommt bei Erythrophoben – Menschen, die eine pathologische Angst vor dem Erröten haben – dieses intime Verhältnis durch Rötung auf Stirn und Wangen an den Tag.

Wenn aber die Scham die Reaktion auf einen „entblößenden" Blick ist (die schützende Hülle der Kleidung abstreift), läuft sie sehr rasch Gefahr, einem Blick zu begegnen, der ins Innere des Körpers dringt. Im Gefühl der Scham fühlt sich der Betroffene „durchbohrt", ein Ausdruck, der die Verletzung der anatomischen Schranke der Haut anklingen läßt. Das „Durchschauen" des Innern kommt einem Mord gleich. Für den Sich-Schämenden sieht der Blick des anderen nicht etwa seinen Körper, sondern seine „Schande". Die Metapher vom Blick, der den Körper durchbohrt, gibt einem wesentlichen Merkmal der Scham faßbare Gestalt, nämlich einem psychischen Raum, der verderbt und vor dem Eindringen fremder Blicke nicht zu bewahren ist. Ein von Didier Anzieu ausgearbeiteten Ansatz soll uns helfen, dieses subjektive Merkmal der Scham mit Bezug zu ihrer Genese zu verstehen.

Anzieu spricht von einer doppelten Hülle, die für die Funktionsweise des psychischen Apparats charakteristisch ist. Die äußere Schicht ist der Außenwelt zugewandt. „Sie schützt vor den Reizungen hauptsächlich physisch-chemischer Natur. Sie dient als Reizschutz." Die innere Schicht, die dünner und empfindlicher ist, hat die Funktion, Informationen zu empfangen:

„Sie nimmt Signale und Zeichen auf und bewahrt deren Spuren. So gesehen ist sie empfindlicher Film und Schnittstelle zugleich: Ein empfindlicher Film mit zwei Schichten, deren eine der Außenwelt und deren andere der Innenwelt zugekehrt ist; eine Schnittstelle, die zwei Welten voneinander trennt und sie doch in Beziehung setzt." (1990b, 32)

Didier Anzieu greift also Ansichten Freuds auf, die dieser in der Notiz über den „Wunderblock" äußert. Für Anzieu liegt das Entscheidende darin, daß beide Schichten zusammen eine Hülle des psychischen Apparates bilden.

Richtig verstanden erklärt dieser Ansatz den Raptus der Scham als einen Einbruch an der Peripherie des psychischen Systems der geistigen Inhalte, die gegen den Willen des Subjekts offengelegt sind. Der Körper kann als Zeuge dieses Einbruchs auftreten wie zum Beispiel bei der Erythrophobie, bei der das Blut nicht mehr in den Tiefen des Leibes verborgen bleibt, sondern an die Oberfläche drängt. Die Scham entspräche dann einem begrenzten Versagen des Erregungsschutzes, das seinerseits auf ein Versagen der primären Mutter in ihrer Rolle als Schutz des Kleinkindes zurückgeht. Für Verletzbarkeiten dieser Art sind wohl Breschen im Abwehrschirm nötig, die die Schamreaktion auslösen. Das begrenzte Versagen der Schutzhülle des psychischen Apparates könnte in zwei Typen von Situationen vorkommen: Fälle, in denen das Individuum Zielscheibe von Angriffen seiner Umwelt wird (sein Erregungsschutz läßt sich in den empfindlicheren Zonen leichter „durchlöchern"); und solche, in denen es sich größeren Libidomengen gegenübersieht, die so nicht gebunden werden können (das Erregungsübermaß übt auf das psychische System einen erhöhten Druck aus). Die Scham entspräche in allen Fällen einem lokal begrenzten Ausfall des Reizschutzes.

Die psychische Hülle läge dann offen, so wie ein Riß bestimmter Eingeweidehüllen ein auch äußerlich in Erscheinung tretender Eingeweidebruch (Hernie) verursacht. Und ähnlich wie bei einer anatomischen Hernie, die auf den Druck der Bauchorgane bzw. eine Schwachstelle des Bauchfells zurückzuführen ist, käme es zum Schamaffekt, wenn eine übermäßige Libidomenge auf eine an einer bestimmten Stelle geschwächten Hülle trifft, nämlich dort, wo der Reizschutz durch die primäre Mutterrolle lückenhaft gewesen ist. In diesem Fall reagiert das Individuum mit einer narzißtischen Spaltung, von der wir weiter oben (siehe Kapitel 1) bereits gesprochen haben. Es identifiziert sein Ich mit dem sichtbaren Teil seiner psychischen Inhalte, während der übrige psychische Apparat mit der Mutter der Säuglingszeit verhaftet bleibt. Es erlebt die Gefahr einer Ablehnung seiner „schändlichen" Seite, wie wenn seine ganze Person von der Gemeinschaft, die er mit der Mutter identifiziert, verworfen werden könnte.

Zugleich gibt die Rolle, die der Blick eines idealisierten Anderen in der Scham spielt, eine Vorstellung von dem *Appell* an die primäre Mutter. Diese vermag durch ihren Blick das Kind zu „bergen", d. h. es kann dank der Mutter seinen lückenhaften Reizschutz wieder reparieren. Schließlich erlebt das Individuum seine plötzlich exponierten Persönlichkeitszüge einerseits als phallisch (sie „wachsen"), andererseits als fäkal (die bloßgelegte Seite zeigt gefährliche Persönlichkeits-züge und hat eine ähnliche Funktion wie der Kot, mit dem das Kind in seinen Phantasien die Mutter bedroht).

Dieser Punkt steht nicht im Widerspruch zu der Auffassung, die Janine Chasseguet-Smirgel (1981) und Jean Guillaumin (1973) vertreten, wenn sie den Ursprung der Scham in der „Umkehrung des phallischen Exhibitionismus in anale Exposition" sehen. Vielmehr ergänzt er sie. Beide Autoren stehen in der Freudschen Linie und halten sich eher an die psychischen Inhalte. Sie sehen den Umschlag des phallischen Partialobjekts zum Exkrement als den Dreh- und Angelpunkt der ganzen Schamproblematik, da das Ich sich einst mit diesem Objekt identifiziert habe. Ich wollte zeigen, daß diese inhaltsbezogene Betrachtungsweise durch einen Ansatz ergänzt werden kann, der die Rolle der psychischen Hüllen hervorhebt.

Die Phasen der Scham

Im Licht der bisher gewonnenen Erkenntnisse können wir nun die verschiedenen Phasen der Scham rekonstruieren.

Angst vor Vernichtung

Scham beginnt mit einer katastrophalen Angst. Ausschlaggebend ist die Plötzlichkeit, mit der das Ereignis eintritt. Anders als bei der Brutalität des Traumas verstört hier die Raschheit, mit der eine psychische Neuorientierung gefordert wird. Mit einem Schlag werden große Mengen psychischer Energie frei, zugleich zeigt sich aber, daß sie wegen der fehlenden Schutzhülle nicht neu gebunden werden können. Das Subjekt erlebt den Ausbruch heftiger Triebimpulse, denen es schon deshalb nicht gewachsen ist, weil es seine gewohnten psychischen Hüllen verloren hat. Eine solche Situation birgt die Gefahr, daß sich der Betroffene rückhaltlos einem anderen ergibt, der als Hülle für die eigenen Abspaltungen dient und zugleich als Inhalt, der der Existenz wieder Sinn gibt. Nach Lichtenstein (1963) ist die Angst umso größer, als sie dem stets latent vorhandenen Wunsch entspricht, die eigene Identität aufzugeben. Diese Phase der Angst kann niemals bezeichnet werden. Sie gehört zu einer Sphäre, die sich dem sprachlichen Ausdruck entzieht. Man kann sich auch nicht an sie erinnern.

Verwirrung

Eine erste Abwehr gegen die Angst vor Vernichtung ist die Verwirrung. Sie ist eine Folge des Verlusts von Inhalt und Hülle, aber auch ein Schutzwall gegen die psychische Vernichtung. In der Verwirrung entgeht das Subjekt, dem alle Orientierungspunkte seines Innenlebens entgleiten, doch der Gefahr der völligen psychischen Auflösung. Diese Etappe kann eine psychische Spur hinterlassen. Wie die vorangehende kann sie unterschiedlich lange dauern und stärker oder schwächer ausfallen. Weniger tiefe Schamgefühle, die nur einen Aspekt der Persönlichkeit betreffen, laufen ohne diese beiden Etappen ab.

Scham

Das Individuum, das in eine tiefe Verwirrung stürzt und alle subjektiven Orientierungsmarken verliert, läuft Gefahr, zum Objekt reduziert zu werden. Hier hilft ihm die Scham, seine Identität wiederzuerlangen, insofern als sie als Gefühl bewußt erlebt wird. Die Gefahr der psychischen Vernichtung rückt noch weiter in die Ferne. Im übrigen kann man sich fragen, ob die Tatsache, daß der Sich-Schämende vor allem die sozialen Orientierungen sucht, nicht darin ihren Grund hat, daß der innere und zeitliche Halt zuerst verlorengegangen ist. Das Individuum würde also zuerst in den räumlichen Anhaltspunkten außerhalb seiner selbst die Stabilität suchen, die es verloren hat. Daher würde Scham immer zuerst gegenüber der Umwelt empfunden. Doch wie dem auch sei, durch das Schamgefühl vollzieht das Individuum eine Trennung zwischen zwei Instanzen: Die eine empfindet Scham, während die andere zur Scham Anlaß gibt (das Schändliche). Das Individuum, das seine Empfindung „Scham" nennen kann – und damit akzeptiert, daß diese Bezeichnung ihm von außen auferlegt wird –, ist bereits auf dem Weg, sich zu fassen. In diesem Sinn kann der Philosoph Jankélévitch schreiben: „Die Scham ist die erste Angst des schlechten Gewissens, das sich selbst als Objekt wahrnimmt und dabei doch weiß, daß dieses Objekt das Selbst als Subjekt ist" (1949). Mit der Scham kehrt zwar noch nicht die Fähigkeit zurück, die Welt denkend zu erfassen, aber doch die Fähigkeit, sich selbst wieder zu denken. So gesehen ist sie die erste Etappe auf dem Weg, der das Individuum aus der Desorientierung zum erneuten Vollbesitz seiner Fähigkeiten führt. Wir haben bereits gesehen, wie im Extremfall der Folter das Individuum von seinem Peiniger auf diesem Weg getäuscht und für fremde Ziele eingespannt werden kann. Betrachtet man jedoch, was der Scham vorausgeht und nicht, welche möglichen Folgen sie haben kann, muß man erkennen, daß sie auf dem Weg, der vom Risiko der psychischen Auflösung zur Wiederherstellung von Ich und Welt führt, ganz entschieden zu den Kräften des Lebens gezählt werden muß. Bei der Rückgewinnung des Selbst durch die Scham kann man zwei sich ergänzende Mechanismen beobachten.

Zuallererst findet das Individuum durch das Schamgefühl seine Einheit wieder. Damit läuft es nicht mehr Gefahr, als Objekt verkannt zu werden. Zwar wird es sich seiner selbst als beschämtes Individuum bewußt, aber eben doch als Individuum. Die Scham bewahrt es vor der völligen Unterwerfung unter einen anderen.

Außerdem hat die Trennung in eine schamerregende und eine schamempfindende Instanz, die das Schamgefühl im Subjekt vollzieht, weitreichende Folgen: Durch die schamerregende Instanz nimmt das Subjekt Anteil an dem, wovon es glaubt, daß die anderen es von ihm denken; durch die schamempfindende Instanz zeigt es die Reaktion, die es gegenüber dieser Bedrohung aufbaut. Der Scham gelingt damit eine imaginäre Integration in die Gemeinschaft. Das hat freilich seinen Preis: Das Individuum erkauft das Gefühl, wieder als Individuum zu existieren, mit einem Verlust an Selbstwertgefühl. Es ist wieder heil, aber unwürdig. Der Verlust an Würde trägt aber auf seine Art zur Resozialisierung bei. Das Individuum gewinnt seine Identität vermittelt über die Position der anderen zurück. Dadurch aber zeigt es sich solidarisch mit den Werten der Gruppe. Im Namen dieser Solidarität ist es von der Gruppe ausgeschlossen worden. Die Scham sichert nun dem Individuum einen Platz in der Gruppe, auch wenn es ihn vorübergehend leer lassen muß. Daran zeigt sich eine wesentliche Ambivalenz der Scham: Einerseits wirkt sie heilend und aufbauend (im Hinblick auf die Verwirrung, die ihr vorangeht), andererseits wirkt sie destabilisierend. In welche Richtung sie sich entwickelt, hängt von den Fähigkeiten des Individuums ab, aber auch von der Intensität der vorangegangenen Phasen. Ergreift die Scham von der gesamten Persönlichkeit Besitz, führt sie meist zu Hilflosigkeit und zur Aufgabe der Persönlichkeit zugunsten einer dominierenden Instanz; oder aber sie artet in eine chronische Depression aus, sofern eine Charakteränderung einsetzt; schließlich kann sie auch einen perversen Ausgang nehmen und Scham- mit Lustempfindung verbinden. Die Möglichkeiten zur Überwindung der Scham liegen im Rahmen der Gefühle, die sie begleiten. Solche Gefühle sind vor allem dann vorhanden, wenn der Persönlichkeitskern intakt geblieben ist, d.h. wenn das Individuum nur partiell im Griff der Scham war.

Schambegleitende Gefühle

Das Individuum, das dank der Scham sein Selbst als psychische Hülle zurückgewonnen hat, kann sich nun einige der komplexen Gefühle, die mit der ursprünglichen Erfahrung der Scham verbunden sind, zu eigen machen: Diese Emotionen werden jetzt in Gestalt benennbarer Gefühle erlebt. In erster Linie geht es dabei um Zorn- (mit verschiedenen Varianten der Empörung) und Rachegefühle, aber auch um Schuldgefühl. Die Angst, verlassen zu werden, deren ausschlaggebende Bedeutung für die Erfahrung der Scham wir bereits genannt haben, kann nur selten als solche bewußt erlebt werden, da sie mit einem Höchstmaß an passiver Angst verbunden ist. Diese Gefühle bilden den Ausgangspunkt für den weiteren Umgang mit der Scham: um sie umzugestalten oder zu vergessen oder sie mit einer kreativen Haltung zu überwinden. Jede dieser Entwicklungsmöglichkeiten hängt ab von individuellen Fähigkeiten – den verinnerlichten Vorbildern des Betroffenen, die ihm die Richtung weisen – und den Bedingungen der gegebenen Situation, sofern diese bestimmte affektive Einstellungen und Verhaltensweisen erlauben, fördern oder behindern.

Ehe wir jedoch solche Fortentwicklungen verfolgen, wollen wir uns nach der Analyse der Scham in Hinsicht ihrer Entstehung erst einige konkrete Schamsituationen vornehmen und sie einer genaueren Betrachtung unterziehen.

3. Untersuchung schamerzeugender Situationen

Wir haben gesehen, daß Scham in zahlreichen Situationen entstehen kann, in denen die subjektiven und sozialen Orientierungen des Individuums schwer erschüttert werden. Praktisch ist es so, daß fast immer beide Bereiche in Mitleidenschaft gezogen werden. Im folgenden sollen erst einige schamerzeugende Situationen, teils alltäglicher, teils extremer Art, genauer beschrieben werden, ehe wir zur Analyse der einzelnen Komponenten eines komplexen Schambeispiels übergehen.

Die Erfahrung der KZ-Haft: die Scham, überlebt zu haben

Demütigung gehört zu den schlimmsten Erfahrungen überhaupt. Welche Folgen hat sie aber, wenn sie systematisch mit dem Ziel betrieben wird, die Auflösung der Persönlichkeit und den psychischen Tod des Opfers zu erreichen?

Im Zusammenhang mit der Befreiung der Überlebenden aus Konzentrationslagern hat Primo Levi (1990) einmal gesagt, die Betroffenen hätten auf dieses Ereignis fast immer mit Scham reagiert. „Daß viele, darunter auch ich, Scham, d. h. ein Gefühl, gegen etwas gefehlt zu haben, während und nach ihrer Gefangenschaft empfanden, ist unbestritten und wird durch viele Aussagen bestätigt.“ Primo Levi erklärt dieses Phänomen damit, daß den Gefangenen schlagartig bewußt wurde, wie sehr sie sich unter der Haft verändert hatten. Über Monate und Jahre war ihr Leben von Hunger und Erschöpfung, Kälte und Angst geprägt gewesen, so daß es für sie keine Zeit zum Nachdenken und nicht einmal für Gefühle gegeben hatte. Sie hatten alles vergessen: ihre Heimat, ihre Kultur, ihre Familie, ihre Vergangenheit und sogar die Zukunft, die sie sich vor ihrer Verhaftung ausgemalt hatten. Unter dem Lagerregime hatten sie um des Überlebens willen vieles hingenommen, was sie im normalen Leben nie gebilligt hätten. Alle waren zum Stehlen übergegangen, ob in den Küchen, in den Fabriken oder im Lager selbst. Mehr noch, jeder Überlebende habe, so betont

65

Primo Levi, sein Überleben nur Privilegien zu verdanken, die der Masse der Häftlinge abging. Das konnte eine bestimmte Berufsausbildung sein, die sich in den Lagern als nützlich erwies, oder eine auch nur rudimentäre Kenntnis der deutschen Sprache. Es überlebten auch solche, die besonders gerissen oder sich für Kompromisse nicht zu schade waren. Die Folge war das, was seither als „Syndrom des Überlebenden" bezeichnet wird: das Schuldgefühl, überlebt zu haben, während andere gestorben sind; zugleich aber auch die Scham, nicht über Ereignisse sprechen zu können, so als ob das eigene Überleben nur durch schändliche Zugeständnisse möglich gewesen sei.

Während der Gefangenschaft, so schreibt Primo Levi, hätten die Inhaftierten dank der Stumpfheit, in der sie lebten, relativ wenig unter der Erniedrigung und dem Widerspruch gelitten, der zwischen ihrem Verhalten und den Prinzipien bestand, die sie vor ihrer Inhaftierung vertreten hatten. Dagegen brachte die Befreiung aus diesem dumpfen Zustand einen tiefen psychischen Schmerz für die Opfer mit sich, die nun aus dem Abstand erst das ganze Ausmaß der Situation gewahr wurden. Während der Haft boten sich solche Gelegenheiten nur selten (Primo Levi nennt zum Beispiel manchmal den Augenblick vor dem Einschlafen). Der Grund, warum die Suizide im KZ so selten waren, lag seiner Meinung nach darin, daß die Häftlinge wie „zugerichtete Tiere" lebten, die sich zwar manchmal sterben ließen, aber sich nicht das Leben nahmen. Das änderte sich mit der Befreiung. Viele KZ-Häftlinge, die sich plötzlich mit ihrer Nichtswürdigkeit konfrontiert sahen, verfielen in tiefe Depressionen, die nicht selten mit Selbstmord endeten. Das Erscheinen der Befreier stürzte sie in eine Identitätskrise und löste Scham aus. Die Anwesenheit der Befreier zwang die Häftlinge, das zu sehen, was sie bis dahin um jeden Preis gemieden hatten. Nun schämten sie sich, daß sie die Sorge ums Überleben über alles andere gestellt und dafür in Kauf genommen hatten, sich zu nichtswürdigen Existenzen machen zu lassen. Die Häftlinge, die während ihrer Gefangenschaft nur darauf achteten, was sie von ihrer Menschenwürde bewahren konnten, merkten nun, was an Menschenwürde sie alles verloren hatten. Erst jetzt sahen sie den Abgrund, der sie vom Vergangenen trennte und merkten, wie dieser Abgrund immer tiefer geworden war. Die Scham kam für sie aus dem Verzicht auf ihre Bindungs- und ihre narzißtischen Besetzungen. Um zu überleben, hatten sie nicht nur ihre Ideale verleugnet, sondern auch mit ihrer Menschenwürde gebrochen. Nun fühlten sie sich aus der menschlichen Gesellschaft ausgeschlossen. Es hätte eines Blicks bedurft, der die Gefangenen mit sich selbst versöhnt, der ihnen die

Menschenwürde zurückgegeben hätte. Doch gerade daran fehlte es, wie uns Primo Levi berichtet. Angesichts der Greuel sprachen aus den Blicken der russischen Soldaten, die das Lager Auschwitz befreiten, nur Entsetzen und Scham. Die Soldaten, so Levi, „grüßten nicht, lächelten nicht; sie schienen bedrückt, nicht nur aus Mitleid, sondern wegen eines dunklen Vorbehalts, der ihnen die Sprache nahm und sie nur stumm auf diese düstere Kulisse starren ließ" (1963). Während ihrer Gefangenschaft hatten sich die Häftlinge gewissermaßen daran gewöhnt, im Blick der Wächter, die sie für eine Klasse von Untermenschen hielten, ihre eigene Erniedrigung als „normal" anzusehen. Nun lasen sie plötzlich Scham im Blick der anderen. Und diese Scham in den Augen ihrer Befreier ging auf sie selbst über, insofern als der Blick auf den Erniedrigten die Macht hat, dessen Scham noch zu verschlimmern oder aber ihm zu helfen, sie leichter zu ertragen. Die Scham der russischen Soldaten vor soviel Mißachtung der Menschenwürde fiel auf die Opfer zurück und verlieh ihren Peinigern einen Sieg über die Befreiung hinaus.

Pedro und Pepe: zwei mögliche Reaktionen auf Scham als Folge der Folter

Folter hat zwar noch andere Folgen als Scham, aber einige mit ihr auftretende Mechanismen der psychischen Vernichtung drehen sich um die Scham: die Scham, entwürdigende Foltern überlebt zu haben; Scham über den eigenen Körper; Scham, nicht standgehalten zu haben; Scham über die unmenschlichen Handlungen, zu denen die Peiniger fähig sind.

Maren und Marcelo Vinãr (1989) haben die Geschichte der beiden Widerstandskämpfer Pedro und Pepe erzählt, die während der Militärdiktatur in Argentinien in die Hände der politischen Polizei fielen und die auf ganz unterschiedliche Art auf extreme Erfahrungen reagierten. Beide erlitten die gleiche Folter: Man tauchte sie in eiskaltes Wasser, in dem Exkremente schwammen. Beide empfanden Scham über den eigenen Körper. Beide verloren daraufhin den Kontakt mit der Realität und glitten mehr und mehr in den Wahn. An dieser Stelle aber geschieht etwas Entscheidendes. Während Pedro versucht, sich an die Version der Wahrheit zu klammern, die ihm sein Peiniger scheinbar zu seiner Rettung anbietet, spinnt sich Pepe mehr und mehr in Halluzinationen ein, durch die er sich der Macht der Folterer völlig entzieht. Er halluziniert seine „Stammkneipe", den Wirt und seine Kampfgenossen, die nacheinander die Folter mit ihm durchmachen. „Der Schmerz ist verflogen, es ist wie bei einem Examen an der Universität." François Roustang (1990) hat auf der Suche nach einer Erklärung für die unterschiedlichen Reaktionsweisen der beiden Widerstandskämpfer die Beziehung untersucht, die jeder der beiden zum eigenen Körper und zum „Körper" der sozialen Umwelt unterhält. Nach der Beschreibung, die Maren und Marcelo Vinãr von Pedro geben, ist dieser ein liberaler Intellektueller, den es aus „naiver und romantischer Passion" in die Politik verschlagen hat. Ganz anders Pepe. Er ist ein Mann aus dem Volk, der wie die anderen Kampfgefährten gern seine Stammkneipe besucht, mit dem Wirt plaudert und sich in der Welt der kleinen Leute wohlfühlt, für die er kämpft. Die Vertrautheit mit einem bergenden sozialen Milieu hilft Pepe, sich mit jener „halluzinatorischen Welt zu umgeben, die die Maschinerie der Folter außer Kraft setzt" (Vinãr u. Vinãr 1989).

Die Verfasser sehen in der Art und Weise, wie Pepe Schutz in der Halluzination findet, eine Herausforderung an die Psychoanalyse. Tatsächlich ist nach der Freudschen Theorie die Halluzination rückwärts gewandt, ihr kann daher kein Prinzip für zukünftiges Handeln entspringen. Im vorliegenden Fall ist Pepes Halluzination aber gerade eine Reaktion auf die Forderung, seine Gefährten nicht preiszugeben und ihre Chancen für den weiteren Kampf gegen die Diktatur nicht zu gefährden. Darf man aber aus der Tatsache, daß die Halluzination Pepe hilft, nicht zum Verräter zu werden, auch schließen, daß gerade darin ihr Zweck besteht? Die Folter zielt darauf ab, die Bindung an den Körper als Garanten der narzißtischen Identität zu unterminieren. Pedro klammert sich an seinen Peiniger wie an einen neuen Garanten. Pepe hingegen halluziniert erst das bergende Milieu seines früheren Lebens, dann stellt er die Folter wie ein Examen dar, bei dem er die solidarische Bindung mit den Gefährten wiederfindet. Ich stelle die These auf, daß dies das Wirken des primären Narzißmus ist, der die Bilder seiner Existenz den destrukturierenden Tendenzen der Folter entgegenhält. Die Bildung der ersten Ich-Hüllen ist an den affektiven Austausch mit der Mutter gebunden. Die Gemütlichkeit der Stammkneipe, in der Pepe nicht nur seinen Durst, sondern auch sein Bedürfnis nach Wärme und Bindung stillt, ist ein kaum verschobenes Ersatzbild für die Mutter, die dem Säugling Nahrung und Zuwendung spendet. Das Heimisch-Sein an diesem Ort, die Vertrautheit mit dem Wirt, der ihm kühles Bier zu seiner Erfrischung einschenkt, die Kommunikation, die kein bloßer Austausch von Informationen ist, sondern ihn mit vertrauten Geräuschen und Gesten einhüllt, die Geborgenheit, die der Ort ausstrahlt, alles das beschwört das Bild der liebenden, nährenden und bergenden Mutter. Da aber die ursprünglichen Verhältnisse, unter denen sich die ersten psychischen Hüllen bilden, für das Denken nicht greifbar sind, hält sich Pepe an symbolische Ersatzbilder, die er in einem Milieu findet, das seinem Gedächtnis zugänglich ist. Seine Halluzination funktioniert wie ein anderes Körperbild, das die Stelle des unter der Folter leidenden Körpers einnimmt. Dieses Bild dient ihm als Hülle, d. h. als Träger einer neuen, von der gegenwärtigen Umwelt unabhängigen Identität. Was das „Folterexamen" betrifft, so will er damit weniger seine Befreiung vorwegnehmen, als vielmehr sich bewußt werden, daß auch seine Kameraden in die Gefahr kommen könnten, ein solches „Examen" ablegen zu müssen. Die Halluzination arbeitet also wie ein Traum, wenn auch nicht im Freudschen Sinn als Wunscherfüllung, sondern im Sinne Ferenczis als *Versuch* der Verwirklichung eines Wunsches. Angesichts der Gefahr, seine Identität zu verlieren, halluziniert Pepe die Verhältnisse, in denen sich seine erste Körperhülle gebildet hat. Nachdem es ihm gelungen ist, sich eine neue Hülle zu schaffen, gibt er dieser mit einem Verfahren, das der Traumarbeit nachgebildet ist, einen psychischen Inhalt: Er halluziniert ein Folterexamen, an dem seine Kameraden mit ihm gemeinsam (und nicht an seiner Stelle, was der Fall wäre, wenn er ihre Namen preisgäbe) teilnehmen. Durch die Halluzination erscheint die Szene in einem freundlichen Licht, statt tragisch oder makaber zu wirken.

Pedro und Pepe reagieren also ganz unterschiedlich auf die Folter. Beide werden schwer in ihrem Selbstwertgefühl getroffen und empfinden tiefe Scham. Pedro leiht sich eine Scheinidentität, indem er das Weltbild seines Peinigers übernimmt. Dieses Weltbild ist mehr als nur ein Inhalt, es wirkt wie eine psychische Hülle, die spezifische Einstellungen und Werte vorschreibt. An Pedro wurde mit Erfolg eine Gehirnwäsche vollzogen. Anders verhält es sich bei Pepe. An die Stelle des alten Körperbildes, das unter der Folter zerbrochen war, ist ein neues getreten, das Pepe halluzinatorisch gewonnen hat, indem er die Bedingungen des frühkindlichen Weltbezugs für sich neu erschuf. Wenn ihm unter der Folter noch die Möglichkeit blieb, sich in die Halluzination der freundschaftlich-herzlichen Kontakte mit den Kameraden zu retten, so deshalb, weil diese Kontakte durch die Erinnerung an die frühe Mutter-Kind-Beziehung gefärbt sind. Sicherlich war diese Beziehung für Pepe glücklich, während sie bei Pedro defizient gewesen sein dürfte. Die Halluzination erfüllt für Pepe also zwei grundverschiedene Funktionen: Zuerst verschafft sie ihm eine Körperhülle (die Stammkneipe), anschließend gibt sie ihm einen Inhalt (das „Folterexamen" im Beisein der Kameraden). Entgegen den Behauptungen der Autoren ist die Psychoanalyse durchaus in der Lage, Pedros und Pepes unterschiedliche Fallgeschichten zu erklären, wenn sie bei der genetischen Betrachtung die Aufmerksamkeit in erster Linie auf die psychischen Hüllen und nicht auf die Inhalte richtet.

Das Kind unter Druck:
Gewalt in der Familie und Scham

Daß man es in der Psychotherapie mit Menschen zu tun hat, die durch die Hölle der Konzentrationslager oder durch die Folter gegangen sind, ist eher die Ausnahme. Um so häufiger kommen Patienten, die psychische Gewalt erlebt haben. In den meisten Fällen handelt es sich um Menschen, die in ihrer Kindheit traumatische Erfahrungen gemacht haben. Diese Verletzungen haben für die Persönlichkeit der Betroffenen die gleichen Folgen wie die Folter, nämlich den Verlust der Außenorientierungen durch die Zerstörung der Ich-Hülle.

Die Familie ist das erste Substrat, auf dem sich die Psyche des Individuums entwickelt. Die Persönlichkeit des einzelnen hat ihre Wurzeln im Familienleben und in der psychischen Konstitution seiner Eltern. Wir haben bereits gesehen, daß sich das Ich des Kindes nicht allein in Symbiose mit der Mutter entwickelt, sondern sich auch an der Psychodynamik der Familie ausrichtet. Das „psychische Apparat" der Familie hat dreierlei Funktion: Er reguliert und schützt vor Reizen, die teils von innen (die Triebe des Kindes), teils von außen herandrängen; er zieht Grenzen, indem er in jedem Familienangehörigen psychische Instanzen ausbildet; er hat eine symbolische Funktion, die die übrigen Funktionen ergänzt. Diese stützenden Funktionen bringen andererseits das Risiko des Ausschlusses aus der Gruppe mit sich. Angesichts dieser Drohung für alle Familienangehörigen hängt die Abwehr nicht allein von jedem einzelnen ab, sondern auch von den besonderen Orientierungen, die ihm die Familie auferlegt. Der „intersubjektive" Charakter der psychischen Abwehrmechanismen nuanciert und ergänzt die individuell ausgeprägten Formen und ersetzt sie bisweilen sogar vollständig. Wir werden später noch sehen, welche Intensität diese Abwehr in Fällen von Familiengeheimnissen haben kann. Die Psychodynamik der Familie spielt eine ausschlaggebende Rolle, so daß dem Kind oft gar keine andere Wahl bleibt als den Platz einzunehmen, den ihm die Familie anweist, auch wenn damit die Gefahr verbunden ist, daß dieser Platz Anlaß zur Scham oder Angst sein kann.

Da dem Zusammenhang von Familiengeheimnis und Scham ein eigenes Kapitel gewidmet ist, kann ich mich hier auf fünf weitere Aspekte alltäglicher Gewalt in der Familie beschränken: wenn dem Kind die Möglichkeit genommen wird, selbst über Gefühle, die Scham und Verlegenheit auslösen, nachzudenken; wenn es die Eltern an Verständnis für die Probleme des Kindes fehlen lassen; wenn das narzißtische Selbstwertgefühl des Kindes unterminiert wird; wenn es zu Spaltungen in der Idealinstanz kommt; wenn das Kind von dem Erwachsenen, der sein Vertrauen besitzt, verführt wird.

Eingriffe in das freie Denken: Scham wegen Grenzverletzungen im Zusammenhang mit den Wahrnehmungen und Gefühlen des Kindes

Scham entsteht oft, wie wir gesehen haben, wenn das Individuum angesichts von Ungerechtigkeiten normale Gefühle wie Zorn oder Empörung nicht zeigen darf, weil es sich als Opfer oder Zeuge in das Geschehen verwickelt sieht. Nun gibt es aber Situationen, in denen die Gefühle selbst gar nicht zustande kommen. Wer von Anfang an auf Demütigungen reagieren konnte und Scham, Haß und Zorn empfunden hat, wird auch in Zukunft zu diesen Emotionen fähig sein. So wie ein nichtentwickelter Haß in eine Zwangsneurose münden kann, kann auch ein unterdrücktes Schamgefühl zu einer schweren psychischen Störung führen, oder aber die erlittenen Demütigungen werden an andere weitergegeben.

Wenn einem Kind nicht nur verboten wird, Zorn zu zeigen, sondern wenn schon der Gedanke daran unter das elterliche Verdikt fällt (weil es „böse Gedanken" sind), können solche Regungen verdrängt oder abgespalten werden. Am Ende verliert das Kind jede Erinnerung an die Gefühle und an die Situationen, in denen es sie hätte empfinden können. Manchmal hat sich ein Elternteil so sehr mit den Anweisungen, die er als Kind erhalten hat, identifiziert, daß er die Tendenz hat, seinen eigenen Kindern die gleichen Gewaltsituationen aufzudrängen, die er selbst erlebt hat (Miller 1994).

Ein andermal muß das Kind wählen zwischen eigenen Gefühlen und der verinnerlichten elterlichen Anweisung, solche Gefühle nicht zu entwickeln. Die hieraus entstehende Spannung – einerseits die spontane Äußerung vitaler Gefühle aus der konkreten Situation heraus, andererseits die elterliche Mahnung – bringt das Kind in Verlegenheit. Das Kind lernt, eine solche Gefühlslage als Scham zu empfinden, besonders wenn sie seitens der Eltern mit Aussagen wie „Du solltest dich schämen" begleitet wird. Nicht nur bringen die Eltern das Kind in Verlegenheit, sondern sie verbauen ihm auch durch die Mahnung, es solle sich schämen, jede Möglichkeit, die wahren Ursachen seiner Verlegenheit zu erkennen. Die Scham wirkt wie ein Fremdkörper in der Psyche des Kindes. Davon berichtet bereits Ferenczi in einer Eintragung in seinem klinischen Tagebuch unter dem Datum des 7. April 1932: „Die Erwachsenen setzen mit Gewalt ihren Willen bei den Kindern durch, vor allem führen sie unangenehme psychische Inhalte in die kindliche Psyche ein." Im Fall der Scham – aber auch in anderen Fällen – wird der Fremdkörper umso leichter angenommen, als er beim Kind in einem Moment der Verlegenheit auftritt. Wie der gefolterte Gefangene, der das Weltbild seines Peinigers annimmt, so empfängt auch das Kind die Scham mit Erleichterung.

Mangel an elterlichem Verständnis

Bestimmte Schamformen beim Kind und später beim Erwachsenen rühren daher, daß ein Elternteil oder beide gegenüber den Erwartungen und Leiden ihres Kindes nicht genügend Verständnis gezeigt haben. Die fehlende elterliche Reaktion auf normale emotionale Bedürfnisse des Kindes kann tatsächlich dazu führen, daß das Kind seine Gefühle für deplaziert hält und sich ihrer schämt.

Mirabelle

Mirabelle ist eine muntere junge Frau, die ein abwechslungsreiches soziales Leben mit Beruf, Kindern, Ehemann und gemeinsamen Freunden führt. Sie kommt zu mir mit der Bitte um therapeutische Hilfe, weil sie das Gefühl hat, sich für nichts wirklich begeistern zu können. Es zeigt sich, daß das lebensfrohe Verhalten ihr selbst als oberflächlich und ohne Bezug zu ihrer wahren Persönlichkeit vorkommt. Sie hat gelernt, mit dem zu leben, was der Psychoanalytiker Winnicott ein „falsches Selbst" nennt. Im Lauf der Psychotherapie wird deutlich, daß sich dieses falsche Selbst aus der Scham entwickelt hat, die sie für ihre wahren Gefühle empfunden hat. Und wirklich erinnert sie sich nach und nach, daß sie als Kind oft wenig Aufmerksamkeit bei ihrer Mutter fand. Ihre Mutter lebte sehr zurückgezogen, hing oft Träumereien nach und ließ sich von ihrer Arbeit erdrücken. Auf die Fragen der Tochter antwortete sie entweder gar nicht oder nur ausweichend. Mirabelle hatte daraus den Schluß gezogen, daß ihre Fragen und Gedanken unpassend waren. Daraus hatte sich eine hartnäckige Scham für spontane Gefühle und Reaktionen gebildet. Zu diesem Schamgefühl kam die Angst, verstoßen zu werden, wenn sie ihren wahren Gefühlen Ausdruck gäbe. Sie sah sich jeder Möglichkeit beraubt, so verschiedene Gefühle wie Liebe, Freude oder Zorn zu zeigen. So entstand sehr früh bei ihr eine Form unauthentischer Kommunikation, die den Anschein der Unbekümmertheit und Leichtigkeit verbreitete, in Wirklichkeit aber von ihr selbst als oberflächlich erlebt wurde. Sie konnte sich aber nicht davon lösen, weil sie fürchtete, abgelehnt zu werden, sobald ihre wahren Gefühle ans Licht kämen. Sie muß erst in der Übertragung auf den Therapeuten die Erfahrung machen, daß ihre Gefühle echt sind und daß sie sie gefahrlos artikulieren kann. Erst dann beginnt sie, ohne Verstellung zu kommunizieren.

Patricia

Patricia, eine knapp vierzig Jahre alte Psychologin, kommt wegen eines schwer definierbaren Unbehagens und wegen Eheproblemen zu mir in die Therapie. Was mir an ihr auffällt, ist die Abgehobenheit, mit der sie über sich und ihre Geschichte spricht. Der Eindruck ist so stark, daß ich manchmal glaube, sie liege nicht auf der Couch, sondern „schwebe" über ihr. Wir kommen nur mühsam voran, immer wieder habe ich Mühe, mich zurecht zu finden. Nach einem Jahr Therapie bewirbt sich Patricia mit Erfolg für eine andere Stelle. Sie ist sehr glücklich über ihre neue Arbeit, doch nach langem Insistieren verrät sie mir, was sie beunruhigt: Als sie vom Erfolg ihrer Bewerbung erfahren hat, war ihre erste Reaktion eine übergroße Freude – und eine tiefe Scham! Nicht daß der Erfolg einen Bruch mit ihrer sozialen Herkunft bedeutet und dadurch Anlaß zur Scham gegeben hätte. Ihre Eltern hatten beide einen Beruf, der größeres Sozialprestige besaß und besser bezahlt war, als ihre neue Stellung. Die Scham bezieht sich auch nicht auf den Wandel in ihrer sozialen Stellung, sondern auf die Begeisterung, mit dem sie ihn aufgenommen hat. Nach und nach entdecken wir gemeinsam, daß bei Patricia jedes Gefühl von Begeisterung Scham auslöst. Sie erinnert sich nun, daß sie als Kind immer, wenn sie großer Begeisterung Ausdruck gab, von ihrer Mutter mit eisiger Distanziertheit behandelt wurde. Aus der Haltung der Mutter schließt sie, daß sie sich bei Gefühlen, die aus dem Rahmen fallen, wie ein äffisches Wesen aufführe. In solchen Fällen wird man gewahr, daß die Eltern ihre Kinder aus Scham so lieblos behandelten. Sie selbst haben Scham gegenüber ihren eigenen Einstellungen empfunden, deren affektiver oder depressiver Charakter ihnen deplaziert erschien. Manchmal ist es auch wegen der Bedrohung, die jede zu heftige Emotion für ihre Psyche darstellt.

Formen der Herabsetzung des kindlichen Narzißmus

Eltern haben die Macht, mit ihrem Urteil dem Kind die narzißtische Freude an dessen Vergnügungen zu nehmen. Béatrice gibt folgende Zusammenfassung der Atmosphäre ihrer Kindheit, die vom Verhalten der Mutter maßgeblich bestimmt wurde:

„Ich schämte mich immer. Vor meiner Mutter mußte man jede unbändige Regung unterdrücken und das bißchen Lebensfreude tief in seinem Innern verbergen. [...] Ständig unter Druck, konnte ich mir nur ab und zu verstohlen eine kleine Freude gönnen."

Manchmal wird das Kind selbst von einem Elternteil herabgesetzt. Eine solche Herabsetzung kann auf vielfache Art geschehen: direkte Aussagen wie „Du taugst nichts", „Du bedeutest mir nichts", „Ich will dich nicht mehr sehen" usw. Oder ein Elternteil nimmt eine kühle, distanzierte und ironische Haltung gegenüber dem Kind ein und macht sich über dessen Verhalten oder Äußerungen lustig. Wegen der Abhängigkeit von diesem Elternteil – es sei denn, der andere Elternteil übt einen ausgleichenden Einfluß aus – zieht das Kind den Schluß, daß es wohl wertlos oder schlecht sein muß. Das ist aber auf Dauer unerträglich. Vier Entwicklungsmöglichkeiten zeichnen sich ab: Das negative Selbstwertgefühl bekundet sich in immer neuen Mißerfolgserlebnissen; es richtet sich gegen soziale „Sündenböcke" (das ständig drangsalierte Kind wird seinerseits aggressiv, später auch als Erwachsener); es wird durch Charaktermerkmale aufgehoben, die gerade das Gegenteil bedeuten, zum Beispiel ein übertriebener Altruismus, der von unerklärlichen suizidären Anwandlungen begleitet sein kann. Schließlich kann am Ende der Entwicklung auch eine Umkehrung der Werte stehen: Was ein Grund zur Scham war, kann nun gerade ein Anlaß zum Stolz werden. Eine solche Haltung tritt oft zusammen mit Ehrgeiz auf, der dem Stolz in nichts nachsteht.

Risse und Spaltungen im Ichideal: die angefochtene Idealinstanz

Wenn die elterliche Idealinstanz, die dem Ichideal als Grundlage dient, zusammenbricht, hat das ganz andere Auswirkungen, als wenn das Kind die Ansprüche dieses Ideals nicht erfüllen kann. Drei Fälle sind möglich: Entweder bringt sich ein Elternteil selbst um Ansehen und Würde, oder ein Elternteil setzt den anderen herab (oder sie tun es gegenseitig), oder die Herabsetzung geschieht durch das soziale Milieu (und betrifft einen Elternteil oder beide).

Ein Kind, das mit der moralischen „Vernichtung" eines Elternteils konfrontiert wird, fühlt sich zuerst selbst nichtig: Nichtigkeit seiner Liebe (weil sie nicht ausgereicht hat, um den anderen in seiner Rolle zu stützen) und Nichtigkeit der Idealisierung des Elternteils (das Objekt war falsch, das Kind hatte sich getäuscht). Um sich vor einer herabsetzenden Identifikation zu schützen, könnte das Kind nun Verachtung und Haß an die Stelle von Liebe setzen. Solche feindlichen Gefühle würden es gegen eine Identifikation mit dem herabgesetzten Elternteil schützen, seine eigene Fortentwicklung wäre nicht in Gefahr. Da aber die Identifikation mit dem anderen bereits teilweise vollzogen ist, kann das Kind nicht umhin, sich wenigstens unbewußt selbst zu verachten und zu hassen. Außerdem kann die Verachtung auf all jene übergreifen, die es auf die eine oder andere Weise an den verachteten Elternteil erinnern. Schließlich kann in manchen Fällen aus dem Haß und der Verachtung für den betreffenden Elternteil auch ein Gefühl der Schuld entstehen, das das Kind dazu führt, sich gegenüber allen, die eine gewisse Ähnlichkeit mit dem verachteten Elternteil haben, in Wiedergutmachung zu üben. In solchen Fällen ist die Rolle eines familiären oder sozialen Dritten (Großeltern, Onkel und Tanten, Lehrer, Nachbarn) von ausschlaggebender Bedeutung, besonders wenn sich beide Eltern um ihren Idealstatus gebracht haben. Ein solcher Dritter ermöglicht dem Kind, andere strukturierende Identifikationen aufzubauen. Es muß sich nicht selbst ebenfalls herabsetzen, sondern kann die Problematik des Scheiterns reflektieren oder sich sogar um Schadensbehebung bemühen.

Ferner kann es geschehen, daß der Vater des Kindes durch die

Mutter, die erste Bezugsperson des Kindes, herabgesetzt wird. Bei einem Kind, das erleben muß, wie sein Vater von der Mutter gedemütigt wird, besteht die hohe Wahrscheinlichkeit, daß es sich mit der Mutter identifiziert und Scham über das empfindet, was die Mutter als Grund für ihre Verachtung des Vaters angibt. (Das scheint bei „Denise" der Fall zu sein, deren Probleme ich im Zusammenhang mit der „Verschiebung der Scham" in Kapitel 6 behandle.). Es kann auch so kommen, daß von einem Elternteil, der die Rolle des Ichideals spielt, später bekannt wird, daß er sich schuldig gemacht oder schmählich gehandelt hat. Das ist vor allem bei sogenannten Familiengeheimnissen der Fall: schändliches Verhalten eines Elternteils, das vor dem Kind geheimgehalten wurde und nun von diesem entdeckt wird (siehe Kapitel 4).

Schließlich können Personen aus der sozialen Gruppe, die für das Kind vorbildhaft sind, den einen oder anderen Elternteil oder beide herabsetzen. Die Möglichkeit besteht immer, daß der Eltenteil, der die Rolle des Ichideals innehat, von Angehörigen oder nahestehenden Personen, die ebenfalls zur Bildung der Idealinstanzen beitragen, angegriffen wird.

In Anbetracht der Vielfalt der Fallgestaltungen hat Imre Hermann bereits 1929 erkannt, daß die Scham, die bei manchen Neurotikern das Symptom begleitet, den Psychologen dazu nötigt, seine Untersuchung der Bildung der Idealinstanzen nicht auf die Eltern allein, sondern auch auf die Rolle anderer Bezugspersonen auszuweiten. Bestimmten Personen aus der näheren Umgebung des Kindes ist eine wichtige Rolle übertragen worden, die, so führt Imre Hermann aus, „nicht ohne Zusammenhang mit dem Objektbezug ist; sie bestimmen ihn sogar näher." Hermann denkt hier an den Fall des Kindes, das ein Elternbild verinnerlicht hat, das es für schlecht hält. Dies nicht nur wegen ambivalenter Gefühle, sondern auch, weil der ursprüngliche Träger dieses Idealbildes – ein Elternteil – wirklich Straftaten begangen hat wie zum Beispiel Diebstahl, Betrug oder sexuelle Delikte. Das Kind sah sich genötigt, das Elternbild bei der Bildung des Ichideals zu spalten und die Hälfte, die in Opposition zum betreffenden Elternteil stand, auf eine Person aus seiner näheren Umgebung zu übertragen. So konnte eine andere Person bei der Idealbildung in Konkurrenz zum Elternteil treten. Die Idealinstanz ist nun gespalten, nämlich einerseits in ein Ideal, das aus dem Bild des schuldig gewordenen Elternteils entstanden ist, und in ein solches, das sich aus geachteten Personen aus seiner näheren Umgebung zusammensetzt. Das letztere fällt ein beschämendes Urteil über das erstere. Das Individuum muß

76

der Spaltung dadurch Ausdruck geben, daß es Handlungen begeht, die symbolisch die Vergehen des Elternteils wiederholen. Die tiefe Scham, die es über diese Handlungen empfindet, rührt nicht von den Handlungen selbst, sondern von der Scham, mit der die früheren Vergehen des Elternteils behaftet waren.

Zu einer ähnlichen Spaltung kann es meiner Ansicht nach auch kommen, wenn sich der Status der vorbildhaften Person durch soziale Umwälzungen ändert. Dies trifft vor allem für Gastarbeiterkinder zu. Der Vater, normalerweise das Vorbild bei der Ichidealbildung des Kindes, muß in den Augen dieser Kinder im fremden Land eine empfindliche Prestigeeinbuße hinnehmen. Aus dem starken und angesehenen Vater, den das Kind aus der „Heimat" kennt, wird ein schlechtbezahlter und gedemütigter Hilfsarbeiter, der das Leben eines verachteten Kulis führt, so kommt es ihm selbst vor, oder so erscheint er in den Augen seines Kindes. Das Gastarbeiterkind wächst mit einem Vaterbild auf, für das es sich schämt. So wird es hin- und hergerissen zwischen Zeiten, in denen es sich mit dem beschämten Vater identifiziert und solchen, in denen es sich innerlich gegen ihn auflehnt, worauf sich regelmäßig schwere Schuldgefühle einstellen.

Das sexuell mißbrauchte Kind

Immer wieder muß man feststellen, daß das von einem Erwachsenen sexuell mißbrauchte Kind sich über diese Gewalttat nicht beklagt. Und das umso weniger, als die Tat von einem ihm nahestehenden Menschen, oft von einem Angehörigen der Familie, begangen wurde. Erst sehr viel später, manchmal zehn, zwanzig Jahre danach, vertraut sich das mittlerweile erwachsen gewordene Opfer einem Psychiater oder Psychoanalytiker an. Daß das Kind nicht über die erlittene Gewalt sprechen kann, liegt an einem Abwehrmechanismus, der ein Schuldgefühl einsetzt. Das Kind fühlt sich schuldig und sucht nach einem Grund für sein Unglücklichsein. Zugleich versucht es, den schuldigen Familienangehörigen zu entlasten, damit es sich weiter auf ihn stützen kann. Das Schweigen des Kindes über erlittene Gewalt kann aber noch andere Gründe haben.

1. Die Geheimhaltung, die ihm der Erwachsene mit Drohungen einschärft wie: „Wenn du davon redest, schlage ich dir den Schädel ein" oder „Ich stoße dir ein Messer in den Bauch" usw.
2. Der Einbruch triebhafter Regungen, auf die das mißbrauchte Kind

in keiner Weise vorbereitet war, stürzt es in Verwirrung und Scham.

3. Der Erwachsene, der sich möglicherweise nach der Tat schämt, überträgt seine Scham auf das Kind, um es für das Geschehen verantwortlich zu machen. „Du hast bekommen, was du wolltest", „Das ist alles deine Schuld" usw. Mitunter kann es sich auch um eine ausdrückliche Drohung für die Zukunft handeln. So wiederholte ein Vater gegenüber seiner Tochter folgende Drohung: „Wenn du zur Polizei gehst, fällt die ganze Schande auf dich" (in: Le Monde vom 22. Juni 1991: „Ein Fall von Inzest vor dem Schwurgericht der Dordogne"). (Mit der Drohung hat der Täter sicherlich dazu beigetragen, den Inzest aufzudecken, weil die Tochter, als sie erwachsen geworden war, sich bewußt daran erinnern konnte und die Anzeige wahrmachte.)

Die verschiedenen Aspekte der Scham sind miteinander verbunden, wie der folgende Fall zeigt.

Monique

Monique ist eine sechsundzwanzig Jahre alte Krankenschwester. Als Kind ist sie oft medizinisch untersucht worden, weil ein Verdacht auf Epilepsie bestand. Lange Zeit fühlt sie sich in der Therapie unwohl, rutscht auf ihrem Stuhl hin und her und spricht sehr wenig. Angst und Schamgefühle wechseln bei ihr ab, und immer wieder Ausrufe wie: „Ich kann nicht, ich kann nicht" oder „Helfen Sie mir". Schließlich wird mir klar, daß Monique in solchen Augenblicken in eine Art zweiten Zustand verfällt (der glücklicherweise mit der Therapiesitzung aufhört), in dem sie ein verwirrendes, von Angst und Lust geprägtes Gemeingefühl erneut erlebt. Die Scham geht bei ihr mit übermächtig andrängenden Erregungen einher, die das Ich als der Situation völlig unangemessen erlebt und gegen die sie sich zu wehren versucht. Ihre Sprechhemmung hat ihre Ursache darin, daß sie all ihre Energie benötigt, um sich nicht völlig vom Geschehen in ihrer Innenwelt dominieren zu lassen. Damit aber verliert sie jeden Kontakt zur Außenwelt. Ihre dringende Bitte, mit ihr zu sprechen und sie nicht allein zu lassen, ist Ausdruck der Angst, von der Halluzination eines vergangenen Geschehens überwältigt zu werden. Im weiteren Verlauf der Therapie begleiten schließlich auch Bilder ihr Schamgefühl. Das Sprechen fällt ihr weiterhin schwer und ist immer mit Scham behaftet. Die ersten Bilder, die sich einstellen, sind Erinnerungen an Kindheitsträume.

„Als ich klein war, träumte ich immer, man würde mir ein EEG machen. Ich lag nackt auf einem Tisch. Ich konnte die Ärzte nicht sehen, aber ich hörte ihre Stimmen. Dann folterten sie mich." Monique lacht plötzlich auf: „Und was mich vor allem verstört, ist mein Verlangen, weiter davon zu träumen." Dann fährt sie fort: „Ich ging damals oft zum Arzt. Auch vor ihm mußte ich mich ausziehen … und er berührte mich überall."

Monique gelingt es nach vielen Übertragungsproblemen (u. a. wirft sie mir vor, ich würde ihr weh tun und mich an ihren Qualen weiden) mit meiner Hilfe schließlich doch, ihre Sekundärvorgänge zu stärken, der Gefahr einer halluzinatorischen Reproduktion und einer projektiven Identifikation zu entgehen und ansatzweise die traumatische Erfahrung zu verdrängen. Sie kann jetzt in das Stadium der Erinnerung eintreten: die Gewaltausbrüche und der Spott ihres Vaters, vor allem aber die Erinnerung an eine heftige sexuelle Erregung, in die sie ein Onkel durch Berührungen im Beisein ihres Bruders versetzt hatte. Danach hatte er sich noch über sie lustig gemacht, wohl weil er selbst über die sexuelle Reaktion des kleinen Mädchens überrascht gewesen war und sich schämte.

Die Scham, die Monique in den Sitzungen empfand, hatte also mehrere Ursachen. Da war die Scham über Erregungen, die ihrer Kontrolle entglitten; da war die Kindheitserinnerung an eine sexuelle Reaktion, die der Onkel verursacht und über die er sich lustig gemacht hatte; da war auch die Scham des Onkels, die sie zusätzlich zu der eigenen verinnerlicht hatte; da war schließlich die Scham, die sie als vorherrschendes Muster der familiären Kommunikation aus ihrer Kindheit kannte: Bei ihrem Vater wechselten Phasen, in denen er die übrige Familie unterdrückte, mit solchen, in denen er selbst von einer inneren Last niedergedrückt wurde, was seine Frau ausnutzte, um ihn zu verhöhnen.

Für Monique trat Scham gleichzeitig in verschiedenen Feldern ihrer Erfahrung auf: im Erlernen der grundlegenden Mechanismen der Familienbeziehungen, in der Identifikation (an beiden Polen der Scham, nämlich Scham zu verursachen und Scham zu empfinden) und in der psychischen Desintegration (als Folge eines Traumas, bei dem Scham über entglittene Triebbeherrschung und Verinnerlichung der Scham des Täters zusammenkommen). Schließlich gibt es noch eine weitere Form der Scham, die in Moniques Fall keine Rolle spielt, nämlich die Scham aus sozialer Stigmatisierung.

Nicht selten wird das Kind, das sich wegen eines traumatischen Ereignisses an einen Erwachsenen wendet, nicht ernst genommen. Die Reaktionen aus der nächsten Umgebung können von ausweichenden Antworten (wie „laß mich" oder „aber nein") bis zum Vorwurf der Lüge (in der Form: „Du lügst: Der Vater oder dein Onkel oder dein Bruder würden nie so etwas tun.") gehen. Bisweilen kann die Weigerung, die Aussage des Kindes ernst zu nehmen, auch soweit führen, daß keine Sanktion über den Angehörigen, gegen den das Kind Anklage erhebt, verhängt wird.

Solche Situationen sind besonders heikel. Wenn der Verführer nicht bestraft wird, fühlt sich das Kind verraten. Die Gefahr ist groß, daß es alles Vertrauen in die Gesellschaft und seine Vertreter verliert und in die Isolation oder gar in die Marginalität abrutscht. Aber auch die Verurteilung des Verführers enthält ein weiteres Risiko, nämlich daß sich das Kind für die Verurteilung eines Unschuldigen verantwortlich fühlt! Wie schon Sandor Ferenczi (1933) und nach ihm Nicolas Abraham und Maria Torok (1978) gezeigt haben, verinnerlicht das kindliche Opfer einer Verführung oft die ambivalenten Aspekte seines Verführers. Es übernimmt die Scham des Verführers und bildet sich ein, es selbst habe bei ihm die Erregung ausgelöst, die zur Gewalttat geführt habe. Die Bestrafung des Täters, vor allem wenn sie als Folge der Aussage des Opfers geschieht, vertieft noch dessen Scham, wenn es glaubt, einen Unschuldigen an seiner Stelle büßen zu lassen. Schwere Depressionen und Persönlichkeitsstörungen können die Folge sein. Wie immer auch der Fall juristisch ausgeht – Bestrafung des Erwachsenen oder nicht – nur durch eine Psychotherapie kann sich das Opfer aus diesem Dilemma befreien.

Ein Beispiel für eine komplexe Scham: Der Protagonist aus Dostojewskis Erzählung *Aufzeichnungen aus dem Kellerloch*

Der Ich-Erzähler aus Dostojewskis Erzählung (1864) stellt sich als ein Mensch dar, der in sich das Bedürfnis spürt, sich in beschämende Situationen zu bringen (wofür er ein unbestrittenes Talent hat). Vor allem gewinnt er diesen Situationen eine perverse Lust ab. Fast scheint es so, als wollte Dostojewski in dieser Erzählung einen Satz aus den *Dämonen* illustrieren:

„Jedesmal wenn ich im Lauf meines Lebens in eine besonders peinliche, demütigende und obendrein auch noch lächerliche Situation geraten bin, habe ich neben grenzenlosem Zorn auch eine unglaubliche Wollust verspürt." (1871, 186)

Obwohl der Ich-Erzähler der *Aufzeichnungen aus dem Kellerloch* unter dem Bewußtsein leidet, schäbig gekleidet zu sein, wählt er an Feiertagen gerade die Straße für seinen Spaziergang, auf der die feine Gesellschaft der Stadt promeniert.

„Ich schlängelte mich wie ein Aal, ganz und gar unansehnlich, zwischen den Fußgängern hindurch und machte bald Generälen, bald Gardekavallerieoder Husarenoffizieren, bald eleganten Damen Platz; in diesen Augenblicken fühlte ich einen schmerzhaften Krampf in meinem Herzen und Schauer im Rücken schon bei dem einzigen Gedanken an die Schäbigkeit meiner Kleider, an die Schäbigkeit und Trivialität meiner herumschleichenden Figur. [...] Es zog mich nun einmal bei jeder Gelegenheit dorthin."

Doch aus der Tiefe seiner Demütigung behauptet er seine Überlegenheit: „Für einen gewöhnlichen Menschen ist es sozusagen eine Schande, sich zu beschmutzen, der Held jedoch steht viel zu hoch, um sich überhaupt beschmutzen zu können, folglich darf er sich ruhig beschmutzen."

Die Überlegenheit, die sich der Ich-Erzähler zuschreibt, macht ihn in seinen Augen eher zum Demütigenden und weniger zum Gedemütigten. Das geschieht zumindest einmal:

„Einmal hatte ich sogar einen Freund, aber in meinem Herzen war ich schon ein Despot; ich wollte unbeschränkt über seine Seele herrschen; ich wollte ihm Verachtung für seine Umgebung einpflanzen; ich verlangte von ihm einen hochmütigen und endgültigen Bruch mit dieser Umgebung; ich erschreckte ihn mit meiner leidenschaftlichen Freundschaft. Ich brachte ihn bis zu Tränen, zu Krämpfen; er war eine naive und hingebungsvolle Seele, doch als er sich mir ganz ergeben hatte, begann ich ihn sofort zu hassen und verstieß ihn." (209)

Ganz offensichtlich kommt in diesem Eifer, sich den Freund zu unterwerfen, die Vergeltung für die Kränkungen seiner Kindheit zum Ausdruck. Das sind die Kränkungen, die er mit seinen Schulkameraden erlebt hat, und solche, die ihm in noch jüngeren Jahren von Verwandten angetan wurden, die ihn in ein Internat abgeschoben hatten. „In diese Schule war ich von meinen entfernten Verwandten abgeschoben worden, von denen ich abhängig war und die ich seither völlig aus den Augen verloren habe." Wer sind diese entfernten Verwandten? Warum ist er ihnen anempfohlen worden? Was ist aus seinen Eltern geworden? Ist er Waise? Wir wissen es nicht. Was geschehen war, bevor er abgeschoben wurde, deutet der Erzähler nur mit einem einzigen, freilich vielsagenden Satz an: „Ich wurde einfach abgeschoben, *durch ihre Vorwürfe schon verschüchtert, schon nachdenklich, schweigsam und scheu um mich blickend* (207, Hervorhebung vom Verfasser).

Dieses verschüchterte Kind, das sich selbst als aus der Realität vertrieben bezeichnet, ruft rasch den Spott und die Hänseleien der anderen Schüler hervor, als ob sich die vorhergehende Beziehung zu den Eltern wiederholen müsse. So zieht es sich in sich selbst zurück: „Ich verschanzte mich vor ihnen hinter einem scheuen, tödliche verwundeten und unbändigen Stolz." Wie selbstverständlich führt dies den Protagonisten zu der Ansicht, die anderen für unter ihm stehende Geschöpfe zu halten.

Das ist auch der Grund, weshalb er sich später in Situationen, wo sich Fremde ihm gegenüber gleichgültig verhalten, einbildet, nur Verachtung könne ihr Verhalten erklären.

„… daß ich in den Augen aller Welt nur eine Fliege war, eine gemeine, unnütze Fliege, wenn auch klüger als alle, […] so doch eine allen fortwährend ausweichende Fliege, von allen erniedrigt und von allen beleidigt." (199)

Solche Ansichten sind die unauslöschlichen Spuren von Demütigungen in der Kindheit. Zugleich geben sie eine Ahnung von der schrecklichen Einsamkeit des Kindes, sonst würde das Ich nicht den Haß der Gleichgültigkeit vorziehen und hinter allem Haß vermuten. Auch spricht es von seinem eigenen Haß, der verhüllt, unterdrückt, abgespalten und teilweise gegen es selbst gewendet wird. Für den Ich-Erzähler gibt es den Haß nur, wenn er ihn selbst am eigenen Leib erfährt. Da er aber einmal in der Situation war, „in der er niemanden hatte, gegen den er aufbegehren konnte", hat er den Schluß gezogen, daß es auch nie jemanden geben wird.

Die Eigentümlichkeit, die aus der Scham ein „soziales" Gefühl macht, das stets einen Dritten voraussetzt – und durch die sie sich von der Schuld unterscheidet – erscheint hier in aller Deutlichkeit. Während das Schuldgefühl den Haß tilgt und sich gegen den einzelnen wendet, ist dies bei der Scham nicht unbedingt der Fall. Der Protagonist des „Kellerlochs" sucht zwanghaft jene Personen auf, die er haßt, um sich vor ihnen zu erniedrigen – zumindest in seinen Augen, denn es kommt vor, daß niemand Notiz von ihm nimmt. Der Haß richtet sich übrigens nicht gegen die, die sich ihm gegenüber aggressiv benommen haben. Hat er sich ein Objekt auserwählt und zeigt dieses Gleichgültigkeit ihm gegenüber, fühlt er sich dadurch unerträglich gekränkt. Das Tragische an einem solchen Verhalten gipfelt in der Episode, in der der Protagonist versucht, die Aufmerksamkeit eines Offiziers zu erzwingen. Dieser behandelt ihn aber mit Gleichgültigkeit, was der Situation vollkommen entspricht, da sie sich nicht kennen. Die verzweifelten Versuche des Ich-Erzählers, Aufmerksamkeit zu erregen, und das heißt, für voll genommen zu werden, werfen ein bezeichnendes Licht auf das Kastensystem im zaristischen Rußland, zugleich aber auch auf die psychische Verfassung eines Erwachsenen, der seine in der Kindheit tief gekränkte Würde wiederherstellen möchte.

Diese Erklärung, die auf einen in früher Kindheit gekränkten Narzißmus abhebt, paßt jedoch eher auf ein Verhalten, daß die anderen demütigt, als auf die Tendenz des Protagonisten, sich selbst immer wieder in demütigende Situationen zu bringen. Wenn Kindheitstraumen dazu führen können, daß der Betreffende sich in Situationen begibt, in denen er sie erneut erfährt, dann vor allem als zufällige Folge von gängigen Verhaltensweisen und nicht als Folge zwanghaften Suchens. Und die Tendenz zur Wiederholung mit Vertauschung der Rollen (anderen ein Verhalten aufzwingen, das man selbst ertragen mußte) ist viel häufiger als die Tendenz zur Wiederholung ohne Rollentausch. Die Wiederholung mit Rollentausch ist Teil einer Strategie, mit der, wie schon Freud gesehen hat, Situationen aktiv beherrscht werden sollen, die man bisher passiv erduldet hat. Der Ich-Erzähler der „Kellerlochaufzeichnungen" ist sich allerdings nie sicher, daß seine Demütigungen den imaginären Verfehlungen entsprechen. Das macht seine Haltung, die darin besteht, demütigende Situationen aufzusuchen, darunter zu leiden und ebenso zwanghaft Vergebung zu erlangen, so bezeichnend für eine Persönlichkeit mit gespaltenem Ichideal. Ein Teil des Ideals gilt als schändlich, nicht nur wegen der Ambivalenz der Gefühle, sondern auch weil das Vorbild für dieses Idealbild tatsächlich strafwürdige Handlungen begangen hat; der andere Teil des Ideals tritt als Ankläger auf, bis er schließlich nachgibt und in Schuldgefühle verfällt. Nur Schwankungen zwischen gespaltenen Ichidealen geben eine schlüssige Erklärung für das widersprüchliche Verhalten des Protagonisten der „Kellerlochaufzeichnungen". Erst sucht er zwanghaft nach einer realen Demütigung – die nichts mit der Phantasietätigkeit des Neurotikers zu tun hat –, dann durchlebt er nach erfolgreicher Suche tiefste Scham.

Identifiziert sich der Ich-Erzähler mit dem heruntergekommenen Teil des Ichideals (eine Vaterfigur?), suchte er eine stets unzureichende Scham, die er dem schuldig gewordenen Ideal zuschreibt. Seine

83

Selbstvorwürfe entsprechen also den Anklagen gegen das Ideal in ihm. „Nun, ich aber weiß, daß ich ein gemeiner Kerl, ein Schurke, ein Egoist, ein Faulpelz bin." Dann wieder gibt es Augenblicke, in denen er sich mit dem Teil des Ichideals identifiziert, der diese verbotenen Gedanken bestraft und ihn beschämt. Was der Ich-Erzähler in einer Situation sagt, in der er glaubt – übrigens zu Unrecht –, von einer Frau verachtet zu werden, könnte Wort für Wort umgedreht werden. Nicht, wie er behauptet: „Ich wütete gegen mich, aber natürlich mußte sie dafür herhalten", sondern umgekehrt: „Ich wütete gegen sie (oder ihn), aber natürlich mußte ich dafür herhalten". Es sieht so aus, als ob die Idealfigur dem Ich-Erzähler das deutlich machte, was er selbst der Frau sagte, gegenüber der er sich zum Ideal aufwerfen wollte. „Solltest du wirklich auch jetzt noch nicht auf den Gedanken kommen, daß ich dir niemals verzeihen werde, daß du mich in diesem Schlafröckchen angetroffen hast, als ich mich wie ein bösartiger Kläffer auf Apollon [= seinen Diener] stürzte?" Ein Echo des Falls der Idealfigur zittert in einer Formulierung nach wie: „Wir sind Totgeborene, werden wir doch schon lange nicht mehr von lebendigen Vätern gezeugt." Daß er sein Ziel erreicht hat – die Lust der Schmach zu kosten – verschafft ihm doch keine Ruhe. Eine namenlose Wut verdirbt ihm sogleich den Triumph, und eine Scham anderer Art kommt hinzu. Nämlich die Scham darüber, den Vertreter der Idealinstanz beschämt zu haben. Hierbei handelt es sich nicht mehr um Scham aus der Identifikation mit dem Schuldigen, sondern um Scham, die der Betreffende wegen seines Angriffs auf die Idealfigur selbst zu tragen hat.

Wir sehen, daß dieser Ansatz für die Scham, die stellvertretend für einen anderen empfunden wird, sowohl die Schwankungen im Ich-Erzähler der „Kellerlochaufzeichnungen" erklärt, als auch die Lust, die in dieser Scham liegt. Was als Lust empfunden wird ist die Fähigkeit, durch die eigene Scham die Idealfigur zu schmähen, die das Subjekt in seinem Innern in einer Weise verurteilt hat, wie es niemals nach außen dringen darf. Entweder in Situationen, in denen es selbst Zeuge des Niedergangs, der Entthronung des Ideals geworden ist, oder in Situationen, von denen es über Dritte erfahren hat. Auch Verhaltensweisen mancher Patienten, die den Eindruck erwecken, als ob ein „Masochismus" oder eine „Lust an der Scham" dahinter stehen könnte, finden eine ganz andere Erklärung, wenn man die Möglichkeit einer Spaltung der Idealinstanz in Betracht zieht. Allgemein gesagt bildet der Begriff des Masochismus keine Erklärung für Situationen, in denen wir ihn antreffen, sondern dient der Erhellung der Frage, was ein Individuum wohl motiviert haben könnte, sich in solche Situationen zu begeben. Was die Scham betrifft, so bringt jeder Erklärungsansatz, der „masochistische" Tendenzen unterstellt, die Gefahr mit sich, jene nur noch mehr zu stigmatisieren, die bereits Opfer der Spaltungen ihrer Idealinstanz sind. Berücksichtigt man hingegen die Möglichkeit solcher Spaltungen, ist der Weg dafür geebnet, daß verschiedene Stimmen im Innern des Individuums in Schamsituationen zusammenspielen.

4. Die Weitergabe der Scham in der Familie

Scham ist der dominierende Affekt des Geheimnisses. Ein Geheimnis ist nicht einfach etwas, über das man nicht spricht. Man kann niemals alles sagen, und jeder Mensch behält einen bestimmten psychischen Raum für sich. Es ist auch nicht etwas, das lediglich verborgen bleiben soll. Vielmehr soll über etwas Schweigen bewahrt werden, weil die Verbreitung des Geheimnisinhalts jemandem schaden würde. Das muß nicht in jedem Fall der Geheimnisträger sein. Die Person, die an erster Stelle betroffen wäre, ist oft jemand, den der Geheimnisträger durch sein Schweigen schützen möchte. Das Entscheidende am Geheimnis ist wohl, daß etwas verborgen bleiben muß, damit jemand vor der Scham geschützt wird. Daß dieser Schutz unnötig oder illusorisch ist, ändert nichts an seiner Notwendigkeit. Darum sind Familiengeheimnisse harmlos und doch dramatisch: harmlos wegen der oft banalen Ausgangssituation, weswegen sie bisweilen auch offene Geheimnisse genannt werden; und dramatisch wegen ihrer weitreichenden Folgen. Ich habe in einer früheren Publikation (1990a) gezeigt, wie ein Ereignis, über das ein Elternteil Schweigen bewahrte, die psychische Entwicklung eines Kindes und damit auch sein soziales Schicksal, ja sogar das seiner Nachkommen bestimmt hat. Dennoch löst ein Geheimnis, hinter dem sich eine soziale Schande verbirgt, nicht in jedem Fall psychische Störungen bei den Nachkommen aus, wenn das Ereignis von den Geheimnisträgern innerhalb der Familie verbal und emotional an ihre Kinder vermittelt worden ist. Das ist freilich eher die Ausnahme. Im Regelfall wird ein Geheimnis, das etwas sozial Beschämendes verbirgt, von den Eingeweihten auch vor den eigenen Kindern verborgen. Vor dem Hintergrund dieses Familiengedächtnisses muß das Problem des individuellen Gedächtnisses gesehen werden. Es ist an psychische Bedingungen geknüpft worden, die andere Mechanismen als nur die Verdrängung umfassen. Die Verdrängung ist zwar die Hauptursache persönlicher Gedächtnisstörungen – weswegen ihr Freud den größten Platz einräumte –, doch die Frage des Familiengedächtnisses und im weiteren diejenige der generationenübergreifenden Weitergabe fordert, daß Störungen, die im Zusammenhang mit Scham erzeugenden Ereignissen aufgetreten sind und die deshalb aus dem Gedächtnis des Betroffenen getilgt wurden, auf mehr oder weniger gravierende Spaltprozesse zurückzuführen sind. Das Individuum muß diese Ereignisse tief in sich begraben, um sich gegen den Schmerz zu schützen, der mit der Erinnerung an sie verbunden ist. Freilich lastet die Scham eines Vorfahren ganz anders auf dem Individuum als persönliche Schamgefühle, denn der einzelne hat keine Möglichkeit, mit sich selbst ins reine zu kommen. Die Scham, die ihn quält, stammt ja nicht aus seiner eigenen Psychodynamik, sondern ist das Erbe eines anderen in ihm. Mehr darüber zu erfahren ist ihm verboten, und doch kann er nicht umhin, über das Verborgene zu phantasieren.

Jedes Kind steht von Geburt an in regem Austausch mit seiner Umgebung. Ein Teil dieser verbalen und nonverbalen Kommunikation kommt seinen Erwartungen unmittelbar entgegen. Ein anderer Teil spricht es in geordneter, systematischer Weise an, auch wenn er nicht die unmittelbaren Bedürfnisse des Kindes befriedigt (das sind alle Praktiken und Kenntnisse, die über Erziehungsarbeit vermittelt werden). Schließlich gibt es Kommunikationsinhalte, die mit den Phantasien der Eltern, mit deren Aneignung der Familiengeschichte – der sie manchmal keinen symbolischen Ausdruck verleihen konnten – und mit den unbewußten Phantasien zusammenhängen, die vorangegangene Generationen ihnen mitgegeben haben. Diese Kommunikation läuft ungeordnet und zusammenhanglos ab. Solange die Eltern sie auf das Kind übertragen, ohne selbst Unbehagen oder Unlust dabei zu empfinden, bilden sie für das Kind im Denken und Fühlen eine Stütze beim Aufbau seiner inneren Welt. Das Kind macht aus allen Eindrücken und Haltungen das Beste für sich, es nutzt sie zum Aufbau eines strukturierenden Zugangs zur Welt des Belebten und Unbelebten, zur Aufeinanderfolge der Generationen und zum Unterschied der Geschlechter. Nicht zuletzt erhält es auch einen Ausgangspunkt für die Gestaltung seines individuellen Ursprungsmythos.

Nun kann es aber geschehen, daß das Familiengedächtnis im ungeordneten Andrang der Eindrücke eine geheimnisvolle, unbenennbare Figur zeichnet, die im Kind wie eine Fixierung wirkt. Das ist der Fall, wenn die nicht mitteilbare Erfahrung eines Vorfahren – nicht mitteilbar, weil mit übergroßer Scham behaftet – polarisierend in das Denken und Kommunizieren eingreift. Solche Störungen können ein Kind oder das sensibelste von mehreren Kindern einer Familie bis in den Wahn treiben. In seltenen Fällen können sie allerdings auch die Kreativität wecken, wenn es nämlich dem Individuum gelingt, vom blinden Fleck zu sprechen, den das Ungesagte in ihm hinterlassen hat

(Tisseron 1990a). Ich habe auch gezeigt (1990a), inwiefern sich das Geheimnis in Familien mit dem Ungesagten aus Erfahrungen kollektiven Terrors überlappt. Tatsächlich entwickeln Familien, in denen ein oder mehrere Angehörige Terror oder extreme Demütigungen erleben mußten, repressive Mechanismen, die mit einem tabuisierten Geheimnis zusammenhängen.

Im Lauf meiner Erfahrungen als Therapeut bin ich zu der Auffassung gekommen, daß es keine pathologischen psychischen Entwicklungen gibt (vor allem Angst- oder Zwangsneurosen), bei denen neben ungelösten Konflikten aus verschiedenen Entwicklungsphasen nicht auch eine generationenübergreifende Pathologie mitspielt, die sich verstärkend auf die erstgenannten Entwicklungen auswirkt. Anders gesagt, das von der Freudschen Psychoanalyse bereitgestellte Begriffsinstrumentarium hilft uns, die Symptombildung zu verstehen, erklärt aber nur sehr unzureichend, warum ein Symptom in manchen Fällen mit einem normalen psychischen Leben vereinbar ist, in anderen hingegen zu einer großen Belastung wird. Hier spielen die Familiengeheimnisse eine wesentliche Rolle. Sie bestimmen nicht nur den Symptomgehalt, sondern blockieren jene Symptome, denen mit an der individuellen Psychodynamik ausgerichteten psychoanalytischen Verfahren nicht beizukommen ist. Familiengeheimnisse gehören zu den Faktoren, die Kinder daran hindern, wichtige Etappen ihrer Entwicklung erfolgreich abzuschließen, machen es ihnen schwer, in die symbolische Welt einzutreten, und bewirken Störungen in der narzißtischen Sphäre oder andere Fehlentwicklungen in der analen, phallischen oder ödipalen Phase. Und da der Patient, der unter einem Familiengeheimnis zu leiden hat, eigentlich nichts davon wissen soll, stimmt er darin bestens mit dem Analytiker überein, der ebenfalls nichts davon wissen will, so daß ein Familiengeheimnis für immer unentdeckt bleiben kann.

Verschiedene Arten des Familiengeheimnisses

Schamgefühle im Zusammenhang mit Familiengeheimnissen können verschiedene Gestalt haben. Ich schlage vor, ein jedes unter drei Gesichtspunkten zu betrachten.

Geheimnisse in Verbindung mit Ereignissen
aus dem Privat- oder Kollektivleben

Manche Geheimnisse betreffen das Privatleben wie zum Beispiel ein Diebstahl, eine Vergewaltigung oder eine uneheliche Geburt. Andere sind Teil eines kollektiven Geschehens, wie etwa die Judenverfolgung im Zweiten Weltkrieg. Übrigens ist wegen unerklärlicher Störungen, an denen Kinder von Verfolgten litten, erstmals der Begriff der „generationenübergreifenden psychischen Übertragung" geprägt worden (Bergmann u. Jucouy 1982).

Die Unterscheidung nach privaten oder kollektiven Quellen berücksichtigt die Rolle der vom Familiengeheimnis nicht tangierten Dritten. Zwar hat der Geheimnisträger stets eine gestörte Kommunikation mit seinem Kind, aber andere, ihm nahestehende Personen – Großeltern, Nachbarn, Lehrer, Erzieherinnen usw. – können die Störungen durch ihre von keinem Geheimnis entstellte Kommunikation zum Teil ausgleichen. Je privater das Geheimnis, desto größer ist die Wahrscheinlichkeit, daß das Kind eine solche störungsfreie Kommunikation mit Dritten erhält. Anders sieht es bei Geheimnissen aus, die im Gefolge kollektiver Katastrophen entstanden sind. Hier kann ein Kind auf eine „Mauer des Schweigens" stoßen. Aber es kann auch einen indirekten Zugang zum Geheimnis finden, etwa durch Bücher oder Zeitungen, in denen über die Ereignisse berichtet wird, über die die Eltern und Verwandten nicht sprechen können.

Geheimnisse, die sich auf den Inhalt eines Ereignisses beziehen, und Geheimnisse, die die Existenz des Geheimnisses selbst zum Thema haben

In manchen Familien wird von allen Mitgliedern über ein Geheimnis geredet, dessen Inhalt geheim bleiben muß. Ebenso besteht Einigkeit, daß auch den kommenden Generationen die Überzeugung vermittelt werden muß, daß dieses Geheimnis zu hüten ist. Der Inhalt des Geheimnisses ist also tabu, während seine Existenz jedem eingeschärft wird. Der Inhalt mag in bestimmter Hinsicht schimpflich sein (eine uneheliche Geburt), in anderer wiederum Anlaß zum Stolz (wenn die uneheliche Geburt auf eine hochgestellte Persönlichkeit zurückgeht).

In anderen Familien sind die Existenz des Geheimnisses und sein Inhalt gleichermaßen tabuisiert. Eine Familienschande, über der das

Siegel der Verschwiegenheit liegt, wird oft zur Quelle schwerer pathologischer Störungen teils psychischer, teils physischer Art. Schnappen Kinder der Geheimnisträger dennoch hin und wieder Fetzen dieses Geheimnisses auf, entwickeln sie daraus bizarre, manchmal sogar delirierende Vorstellungen.

Geheimnisse im Zusammenhang mit einem vorstellbaren, aber unsagbaren Ereignis und solche, die an ein unvorstellbares Ereignis geknüpft sind

Ein Ereignis, das vorstellbar, d. h. Bestandteil der symbolischen Welt des Individuums ist, kann doch aus mehreren Gründen „unsagbar" – also nicht mitteilbar – sein. In weniger gravierenden Fällen hält ein Elternteil etwas vor dem Kind geheim, damit dieses keinen Schaden nehmen soll. Mir persönlich ist der Fall eines Vaters bekannt, der den Verlust seines Arbeitsplatzes vor seinem Sohn verheimlichte, indem er jeden Morgen zur gewohnten Zeit aus dem Haus ging und abends nach Feierabend wieder heimkam. Das Kind zeigte plötzlich einen rapiden Abfall in den schulischen Leistungen. Aus unerfindlichen Gründen arbeitete es nicht mehr! Die Schulleitung, die den familiären Hintergrund des Kindes nicht kannte, hatte es wegen dieses Leistungsabfalls in die psychologische Beratung geschickt. Tatsächlich steht hinter der Sorge, dem Kind zu schaden, bei den Eltern immer auch die Furcht vor Schaden am elterlichen Idealbild und darüber hinaus am idealisierten Bild der Eltern des Geheimnisträgers.

Gravierender sind Fälle, in denen einer der Beteiligten dem anderen ein Schweigegebot auferlegt hat. Dies ist häufig der Fall in Situationen, in denen ein Individuum, ob Kind oder Erwachsener, an einer heimlichen sexuellen Eskapade teilgenommen hat oder Zeuge davon geworden ist; oder es hat eine nicht mitteilbare, leidvolle Erfahrung in einem kriminellen Zusammenhang erlebt, auch hier wieder entweder als Beteiligter oder Zeuge. Zimmermann zeigt in seinem Buch *Nouvelles de la zone interdite* (1992), das den Algerienkrieg behandelt, wie französische Rekruten tiefe Scham wegen Grausamkeiten der französischen Armee empfanden, obwohl sie an den Erschießungen, Verstümmelungen und Vergewaltigungen nicht direkt beteiligt gewesen waren. Die jungen Männer schämten sich, weil sie damals geschwiegen hatten. In solchen Situationen ist die Möglichkeit, sich durch ein befreiendes Wort zu erleichtern und mit der Abspaltung der bedrückenden Erfahrung aufzuhören, keine bloße Frage der individuellen Psychodynamik, sondern sie hängt von der „Erlaubnis" des anderen ab.

Solche nicht mitteilbaren Geheimnisse, die schon für den einzelnen schwer erträglich sind, werden vollends unlösbar, wenn einer der Protagonisten (oder auch mehrere) stirbt. Das ist der dritte Grad der Geheimnistiefe, wenn ein Individuum, das durch ein schambehaftetes Geheimnis an einen anderen gekettet ist, nach dessen Tod alle Hoffnung aufgeben muß, jemals von dieser Bürde befreit zu werden. Anders als in den vorangegangenen Fällen warten solche Geheimnisse nicht mehr auf „Lösung", sondern sind endgültig versiegelt. (Für diesen psychischen Zustand haben Nicolas Abraham und Maria Torok (1978) den Begriff der „Verkapselung" (Krypte) geprägt.)

Schließlich kann es sein, daß das traumatisierende Ereignis im Opfer so tiefe Verletzungen hinterlassen hat, daß jedes Nachdenken oder Verarbeiten auf der symbolischen Ebene unmöglich ist. Das Ereignis bleibt namenlos und ist in kein Bedeutungssystem integrierbar. Man kann daher nicht sagen, daß der Elternteil, der einen solchen namenlosen Schrecken erlebt hat, ihn als Geheimnis bewahrt. Ein Geheimnis zeichnet sich ja dadurch aus, daß das Wissen um etwas von einer sehr begrenzten Zahl von Individuen geteilt und allen anderen vorenthalten wird. Hier aber steht die Möglichkeit, die Bedeutung eines Ereignisses überhaupt mitteilbar zu machen, auf dem Spiel. Die Judenverfolgung während des Zweiten Weltkriegs ist ein solch extremes Beispiel. Als nach und nach das ganze Ausmaß der in den KZs begangenen und erlittenen Grausamkeiten ans Licht kam, fragten die Kinder und Enkel der Überlebenden, wie es damals gewesen sei. Primo Levi (1990) berichtet, daß viele, die Zeugen der schlimmsten Greueltaten geworden waren, nun bestritten, daß so etwas geschehen sei, solche Grausamkeiten seien doch unmöglich! Tatsächlich gingen die Greuel auch für jene, die dabei gewesen waren und darunter gelitten hatten, über alle Vorstellung. Jede Erinnerung an die damaligen Umstände hätte unweigerlich das Grauen selbst wieder heraufbeschworen. Die Verfolgten hatten aber psychisch und physisch nur dadurch die schlimmsten Demütigungen überlebt, daß sie keine Vorstellung und keine Erinnerung an sie aufkommen ließen. Wir haben es hier mit einer extremen Form der Abspaltung zu tun, wenn nämlich ein Ereignis so traumatisierend gewirkt hat, daß der Betroffene es sich weder vorstellen noch symbolisch verarbeiten kann. Wenn sich aber ein Elternteil aus Mangel an symbolischer Darstellungskraft über ein Erlebnis in Schweigen hüllt, besteht immer die Gefahr, daß das Kind das Schweigen des Erwachsenen so deutet, als habe dieser etwas zu verbergen, *weil es nicht gut ist* oder, *weil es eine Schande ist.* So können Situationen, die mit großem Leid beladen und daher nicht mitteilbar sind, zu schambesetzten Geheimnissen werden, die über mehrere Generationen weitergegeben werden, und zwar auch dann, wenn die Situation ursprünglich gar keinen Anlaß zur Scham gegeben hatte, wie etwa wenn die ursprünglichen Geheimnisträger Opfer der Verfolgung aus rassistischen, politischen oder religiösen Motiven geworden waren.

Aus diesen Gründen ziehe ich es vor, die Probleme des „Familiengeheimnisses" in einem breiten Spektrum zu untersuchen und auch solche Situationen zu berücksichtigen, über die die Betroffenen nicht sprechen können, auch wenn es sich um namenlose Ereignisse handelt, über die kein Schweigen vereinbart worden ist (Tisseron 1990a).

Die generationenübergreifende Scham

Es kann keine Rede davon sein, alle Ereignisse aufzählen zu wollen, die in den Familien geheimgehalten werden. Zudem hat jede Gesellschaft und jede soziale Gruppe ihre eigenen Begriffe davon, was „schändlich" ist. Unsere Aufzählung schamerzeugender Ereignisse ist also nicht erschöpfend. Am häufigsten findet man wohl: heimliche Abtreibungen und Kindstötungen, unrechtmäßig erworbenes Vermögen oder Fälle beispielloser Verschwendung; Ehebrüche, Gefängnisstrafen, Aufenthalte in psychiatrischen Anstalten; uneheliche Kinder, Kinder aus inzestuösen Verbindungen oder aus Vergewaltigungen; Kinder, die vor dem Eheschluß geboren wurden oder die mit einer Mißbildung auf die Welt kamen und deswegen von den Eltern im Verborgenen gehalten wurden; Kinder, die von der Fürsorge zur Adoption freigegeben und die von ihren Adoptiveltern als eigene Kinder ausgegeben wurden, meist in der Absicht, die Unfruchtbarkeit der Ehe zu kaschieren. Insgesamt ist die Zahl der Ereignisse, die eine gesellschaftliche Ächtung nach sich ziehen und damit Schande bedeuten, wohl kleiner als vor hundert oder noch vor fünfzig Jahren, weil sich Lebensstile und -einstellungen erheblich gewandelt haben. Andererseits können jederzeit neue Situationen auftreten, wie dies zum Beispiel bei einer Ansteckung mit Aids der Fall ist. Um die „Schande" zu vermeiden, die mit einem positiven HIV-Befund und den Umständen der Ansteckung einhergeht, verlegen sich die Betroffenen auf Geheimhaltung. Ebenso versuchen Familien, wenn beim Ehemann oder Vater die ersten Zeichen der Krankheit auftreten, das Geheimnis zu wahren, da eine mögliche Homosexualität zu sehr mit Schuldgefühlen belastet ist, als daß sie offen eingestanden werden könnte.

Schließlich sei daran erinnert, daß jede gesellschaftliche Situation, die dramatische Auswirkungen auf Individuuen hat, auch Familiengeheimnisse zur Folge haben kann. Was die Judenverfolgung und -vernichtung für Konsequenzen für die nachfolgenden Generationen hat, ist mittlerweile wohlbekannt (Bergmann u. Jucouy 1982). Doch bei anderen geschichtlichen Ereignissen, die auf ähnliche Weise Tabus und Geheimnisse in den betroffenen Familien erzeugt haben, wie der Völkermord an den Armeniern (Altounian 1991) oder der Algerienkrieg (Sigg 1989), hat die Erforschung gerade erst begonnen.

Die Scham des Geheimnisträgers

Ob der Träger eines schambesetzten Geheimnisses Scham zeigt, hängt davon ab, wie tief das Geheimnis in ihm verborgen ist. In Situationen, in denen der Inhalt des Geheimnisses im Raum steht, wird die Scham bei vielen Anlässen hervortreten. So zum Beispiel bei Gesprächen, die sich um vergleichbare Situationen drehen, oder bei Darstellungen des Themas im Kino oder im Fernsehen. In anderen Fällen steht nicht die Scham im Mittelpunkt, sondern die sie begleitenden Gefühle wie Zorn, Haß, Angst und Schuldbewußtsein. Es kann auch passieren, daß die Scham nie zum Ausdruck gekommen ist, weil sie der Geheimnisträger nie als solche erlebt hat, nämlich dann, wenn er sich bereits in der Ausgangssituation mit einer Spaltung seiner Persönlichkeit gegen sie gewehrt hat. Von einem solchen Geheimnis kann man sagen, daß es nicht schambesetzt ist, da sein psychischer Ort für alle, auch das Subjekt selbst, hermetisch abgeriegelt ist. Der Ausschluß des unakzeptablen Erlebnisses aus der subjektiven Wahrnehmung des Individuums wirft jedoch seinen Schatten auf die ganze Psyche. Alles, was sich in irgendeiner Form auf das traumatisierende Ereignis bezieht, ist ebenfalls nicht assimilierbar. Wird die Symbolisierungsfähigkeit so beeinträchtigt, schlägt sich dies auch im übrigen Kommunikationsverhalten nieder: Ein Individuum, das seine Scham abgespalten hat, kann unbewußt versuchen, eine Situation herbeizuführen, in der ein anderer seine Scham empfindet. Dieser fühlt sich gedemütigt, ohne zu wissen warum, und wird zum Träger der namenlosen Scham des Angreifers. Eine solche Entwicklung kann man zum Beispiel bei mißbrauchten Kindern beobachten, die später als

Erwachsene ihrerseits zu Eltern werden, die ihre Kinder mißbrauchen. Doch unabhängig von solchen Haltungen übt der Geheimnisträger durch sein Verschweigen eine Macht aus. Einerseits möchte er die Dinge klarstellen, d. h. das tabuisierte Ereignis in seine Geschichte und seine Persönlichkeit aufnehmen. Dazu müßte er es freilich seiner Familie mitteilen. Andererseits würde er sich des ganzen Problems am liebsten entledigen, ohne sich die Mühe machen zu müssen, es in Worte zu kleiden. Dies um so mehr, als er Gefahr läuft, mit der Erzählung seiner Schande das idealisierte Bild, das die übrigen Familienmitglieder von ihm haben, unwiderruflich zu beschädigen und damit eine schwere Krise auszulösen. Im übrigen ist die Familie oft nicht bereit, sich einer solchen Konfrontation zu stellen. Ehemalige KZ-Häftlinge haben berichtet, daß bei ihrer Rückkehr aus den Lagern kaum einer aus der Familie Neigung zeigte, sich ihre Erzählungen anzuhören. Wenn die Heimkehrer von den erlittenen Schrecken zu erzählen begannen, hieß es zum Beispiel: „Hier war das Leben auch nicht so einfach, weißt du, Lebensmittel gab es nur auf Karten" (Rousseau 1987). Aus dem Algerienkrieg Anfang der 1960er Jahre ist bekannt, daß die französischen Rekruten, die man zur „Aufrechterhaltung der Ordnung" in die ehemalige Kolonie geschickt hatte, nach ihrer Heimkehr nach Frankreich zum Schweigen verpflichtet waren (Sigg 1989). Ihre Angehörigen wollten von den Grausamkeiten nichts wissen, die die Rekruten selbst begangen hatten oder bei denen sie Zeuge gewesen waren. Sie sahen sie lieber als Opfer eines schmutzigen Krieges und nicht als Schergen und Folterknechte. Derjenige, der eine schändliche Situation durchlebt hat, kann sich abwechselnd mit der Seite seines Selbst identifizieren, die ihr Gewissen im Sprechen über das Erlebte erleichtern möchte, oder aber mit der anderen Seite, die am liebsten alles verschweigen würde. („Das hat nichts zu bedeuten, das muß man einfach vergessen", oder „man muß das Positive sehen und sich ans Aufbauen machen", mit solchen und ähnlichen Worten beschwichtigt sich der von Erinnerungen Geplagte selbst.) Innerlich hin- und hergerissen zwischen diesen konträren Positionen, zeigt der Betroffene ständig wechselnde Stimmungen und ein Verhalten, das Außenstehenden, die von dem verschwiegenen schändlichen Ereignis nichts wissen, völlig unverständlich bleiben muß. Ihnen erscheinen Stimmungsschwankungen nur als Ausdruck psychischer Turbulenzen. Zu diesen Phänomenen tritt noch ein rätselhaftes, bizarres Kommunikationsverhalten, das ich an anderer Stelle genauer untersucht habe (Tisseron 1990a). Solche Kommunikationsstörungen haben nur geringen Einfluß auf Personen, die nur gelegentlich mit dem Geheimnisträger zusammenkommen. Anders verhält es sich mit den Kindern, die unter seiner Autorität stehen und die ohne ihn nicht ihre eigenen Symbolisierungsmechanismen entwickeln können.

Die Scham bei den Nachkommen des Geheimnisträgers

Weil das Kind des Geheimnisträgers etwas weiß und etwas spürt, was es eigentlich nicht wissen und nicht spüren sollte, wird es seinerseits dazu gebracht, seine Persönlichkeit zu spalten. Doch der Versuch, das Widerstreitende zu versöhnen, hat alle Aussicht, schwere Symptome hervorzurufen (Tisseron 1990a). Was die Scham des Kindes betrifft, treten hier alle bereits besprochenen Besetzungstypen auf.

Scham und Bindungsbesetzung

Die phantasierte Teilhabe des Kindes an der Scham des Elternteils gehört zur Bindung an den Erwachsenen. Die Scham zu empfinden, die die Eltern empfunden haben, stärkt die Bindung an diese (Tisseron 1990a). Die Artikulierung von Scham und Verwirrung erhellt sich auch aus der Tatsache, daß die nachfolgenden Generationen einbezogen werden. Der ursprüngliche Geheimnisträger schützt sich durch sein Schweigen vor der Gefahr, in Verwirrung gestürzt zu werden. Entweder ist er nicht in der Lage, dem Ereignis sprachlichen Ausdruck zu geben oder er würde sich schämen, das, was er für sich symbolisiert hat, auszusprechen. Das Kind, das unter der Obhut eines Geheimnisträgers aufwächst, bewahrt Schweigen, weil es den Eltern Verlegenheit und Scham ersparen möchte.

Scham und narzißtische Besetzung

Das Kind, das, wenn auch nur sehr undeutlich, spürt, daß ihm etwas verheimlicht wird, neigt immer zu der Annahme, es werde von einem Geheimnis ausgeschlossen, weil man es für unwürdig hält, daran teilzuhaben, oder weil es selbst die unwürdige Ursache des Geheimnisses ist, wie ihm Fall einer unehelichen Abstammung. Die Scham aus dem Bewußtsein des Unwürdigseins entspricht dem Gewicht, mit dem das bereits ausgebildete Ichideal das Ich des Kindes belastet. Das Ichideal verurteilt das Ich, um den Elternteil, der das Geheimnis trägt, freizu-

96

sprechen. Außerdem kann diese Scham – wie übrigens alle Schamgefühle rund um Familiengeheimnisse – nicht artikuliert werden, denn das hieße, daß man sich um Zugang zu einem Geheimnis bemüht, also das Verbot nicht respektiert oder zumindest das So-tun-als-ob nicht beachtet.

Ferner ist die Scham, die den einzelnen unter Umständen sein Leben lang nicht verlassen wird, an die Anweisung gebunden, nicht zu versuchen, den Inhalt des Geheimnisses herauszubekommen. Nach der Identifikation des Ich des Kindes mit dem Ich des Elternteils, hinter dessen Fassade es etwas Schändliches vermutet, steht nun die teilweise Identifikation seines Ichideals mit den Geboten des geheimnistragenden Elternteils auf dem Spiel. Der Wunsch des Kindes, das Geheimnis zu ergründen, wird Anlaß zur Scham. Aus dem gestörten Ichideal kann sich eine Scham entwickeln, die sich auf jeden Erkenntniswunsch legt und die Lernbereitschaft allgemein erheblich hemmt. Bei manchen Kindern, die das Geheimnis eines anderen tragen, hat man eine bezeichnende Haltung gegenüber dem Wissen festgestellt: Sie weigern sich, von wem auch immer zu lernen, und können nur als Autodidakten zu Kenntnissen kommen (Brenot u. Brenot 1985).

Schließlich gibt es noch eine letzte Ursache zur Scham in Verbindung mit einem Familiengeheimnis. Es geht um eine Spaltung der Idealinstanz, wie weiter oben schon erwähnt wurde. Ein Teil des Ichideals ist dem Elternteil verbunden, ein anderer Teil stimmt der Verurteilung zu, die die Umgebung oder das Kind selbst über den Elternteil spricht. Zu einer solchen Spaltung der Idealinstanz kann es kommen, wenn ein Elternteil in Verruf gerät. Es kann sich aber auch um einen mehr oder weniger entfernten Familienangehörigen oder sogar um einen Außenstehenden handeln, vorausgesetzt, er hat eine wichtige Rolle für die Familie gespielt und seine Taten werden von ihr gedeckt.

Scham und Objektbesetzung

Dieser Schamtypus tritt in zwei Ausprägungen beim Kind des Geheimnisträgers auf. Je nach Situationen und beteiligten Personen gewinnt die Scham unterschiedliche Bedeutung.

Da ist erstens die Scham, die sich aus den kindlichen Fragen nach dem Geheimnis speist: Scham, die Integrität des betroffenen Elternteils in Frage zu stellen, ihn der Lüge zu verdächtigen, ihm wegen seines Schweigens übel zu wollen; ferner Scham wegen der Vorstellungen, die sich der Phantasie des Kindes aufdrängen, ohne daß Worte sie korrigieren: Phantasien von Kindesentführung, böswilligem Verlassen, Mord und Vergewaltigung ... Das Kind hat keine Hoffnung, jemals über diese Vorstellungen reden zu dürfen, weil es damit den Geheimnisträger in Gefahr bringen würde.

Da ist ferner die Schande, die das Kind bei den Eltern vermutet. Das ist seine Art, sich das Vorhandensein eines Geheimnisses zu erklären. Aus seinem eigenen psychischen Erleben schließt das Kind, daß alles, was vor ihm geheimgehalten wird, schändlich sein muß, da es sich ein Geheimnis nicht anders als unter dem Zeichen der Schande vorstellen kann. Das Kind denkt so, auch wenn das Geheimnis der Eltern eher aus übergroßem Leiden rührt, wie zum Beispiel das Schicksal der Verfolgung. Es wird dann seinerseits diese Schande auf sich nehmen aus dem Bestreben eines Teil-Ich, sich mit dem, wie es meint, heimliche Schande tragenden Elternteil zu identifizieren. Diese Identifikation – oder besser gesagt, Einverleibung – ist nichts Spontanes wie die Verinnerlichung eines Liebesobjektes. Vielmehr stammt sie aus dem Wunsch des Kindes, den Elternteil, dem es in Liebe verbunden ist, von dessen Scham zu heilen. Es bildet sich ein, unumschränkte Macht und Kontrolle über den anderen auszuüben. Dies ist nicht ganz uneigennützig gedacht, denn es möchte nach gelungener Heilung den libidinösen Austausch, dem die Scham des anderen entgegenstand, wieder intensivieren.

Selbstverständlich kann diese gleichsam magische Heilung nicht gelingen. Vieles spricht dafür, daß das Kind, das nun die Scham eines anderen in sich trägt, bis an sein Lebensende nicht mehr von ihr loskommt. Das Individuum verbindet diese Scham oft mit einem Gegenstand, der einen wenn auch noch so entfernten Bezug zu dem hat, was es als Kind von dem Geheimnis der Erwachsenen glaubt begriffen zu haben. Aus einer solchen Verschiebung kann sich eine Phobie entwickeln. Das Objekt erzeugt beim Individuum Angst und zugleich Scham, vor einem solchen Objekt Angst zu haben. Wir werden dieses Phänomen im Fall von Frau R. noch genauer untersuchen.

Die drei beschriebenen Schamtypen unterscheiden sich nicht nur durch ihren Ursprung, sondern auch durch ihre Entwicklung. Während der letztgenannte Typus sich an das spezifische Objekt der Scham der Eltern zu binden sucht, um sie auf der imaginären Ebene davon zu befreien, können die beiden ersten nicht auf eine bestimmte Ursache festgelegt werden, wohl aber charakterisieren sie die ganze Persönlichkeit in ihrer alltäglichen Erscheinung. Neben Schamgefühlen, die genau definiert sind, tritt eine ganze Palette von verschobenen Affekten auf, die im Gewand von Angst- und Zwangssymptomen auftreten, auch als Lernhemmungen oder als „grundlose" Scham, für die der Betroffene im Nachhinein persönliche Motive sucht. Bei letzterer empfindet das Individuum in banalen Situationen intensive Scham, wie zum Beispiel jene Patientin, die wegen geringfügiger Impulsdiebstähle in abgrundtiefe Scham versank. Erst später erkannte sie, daß hinter diesem Affekt eine Anklage wegen Diebstahls stand, die ihre Mutter auf tragische Weise erlebt und die sie vor ihrer Tochter verheimlicht hatte.

In der dritten Generation gehen die Spuren der Familiengeheimnisse meist in solche Persönlichkeitsbereiche ein, die als „sekundär" gelten, wie zum Beispiel bestimmte Geschmacksvorlieben oder Freizeitaktivitäten. Allerdings kommt es auch vor, daß der Geheimnisträger in der dritten Generation bewußt auf die Weitergabe des Lebens verzichtet, um das Risiko zu vermeiden, die Erblast der Scham auch noch den kommenden Generationen mitzugeben. Das dürfte bei dem belgischen Comic-Zeichner Hergé der Fall gewesen sein. Das Geheimnis seiner Familienschande hat er seinem zeichnerischen Werk eingeschrieben (Tisseron 1990a). Obwohl er zweimal heiratete, blieben beide Ehen kinderlos.

Scham aus unerledigter Trauer: der Fall Paul

Ich habe an anderer Stelle das Beispiel einer Patientin angeführt, die scheinbar grundlos die Teilnahme an der Bestattung ihres Ehemanns ablehnte und sich deswegen abgrundtief schämte. Später stellte sich heraus, daß sie auf diese Weise eine Situation wiederholt hatte – die Patientin war damals sechs Jahre alt –, in der ihre Mutter verhindert gewesen war, bei der Bestattung ihrer eigenen Eltern zugegen zu sein (Tisseron 1990a). Die Mutter empfand wegen dieser Pflichtverletzung solche Scham, daß sie ihrer Tochter den Tod der Großeltern verschwiegen hatte. Damit hatte sie dieser aber jede Möglichkeit genommen, die Depression, die Angst und den Zorn zu verstehen, die bei ihrer Mutter im Zusammenhang mit dem Ereignis auftraten. In solchen Fällen kommt es häufig vor, daß das Kind, wenn es erwachsen geworden ist, Gefühle und Verhaltensweisen reproduziert, die eigentlich einem Elternteil zukamen. Die Scham, die eine solche Wiederholung begleitet, ist umso heftiger, als das Opfer dieser Weitergabe elterlicher Reaktionsweisen selbst gar nicht versteht, warum es sich so verhält.

Im Fall von Paul lag der Kern der Scham im Tod seines älteren Bruders Pierre. Paul hatte ihn nicht richtig betrauern können, zum einen weil das Ableben seines Bruders ihn in tiefe Einsamkeit und Verzweiflung gestürzt hatte, zum anderen weil seine Mutter solche Scham über diesen Trauerfall empfand, daß sie nicht darüber sprechen konnte. Die Scham der Mutter und die eigene unerledigte Trauer bildeten den Hintergrund für Pauls Symptome.

Paul ist fünfzehn Jahre alt, als er zum ersten Mal zu mir in die Sprechstunde kommt. Er betont gleich zu Beginn, daß er die Psychotherapie nur macht, weil ihn seine Mutter dazu gedrängt habe. Mir scheint das Symptom, weswegen er kommt – ein leichtes Stottern – weder seine tiefe Scham noch das Drängen der Mutter zu rechtfertigen, sich behandeln zu lassen, um wieder „normal sprechen zu können". Mit Pauls Einverständnis lade ich die Mutter ein, ebenfalls in die Therapie zu kommen. Sie wird dieser Einladung aber nie nachkommen.

Gleich in der ersten Stunde macht Paul mich darauf aufmerksam, daß er nach dem Tod seines Vater zu stottern begonnen hat, damals war er fünf Jahre alt. Dann gibt er mir einen entscheidenden Hinweis: Er stottere nicht, wenn er von seinem älteren, vor einigen Jahren gestorbenen Bruder spreche. Nach einigen Stunden, in denen sich das Gespräch um die Mutter dreht (besonders um ihre beruflichen Probleme, von denen sie ihrem Sohn ausgiebig berichtete), spricht Paul plötzlich von seinem jüngeren Bruder, dem dritten Jungen in der Familie. Er sagt zu mir: „Ich bin sechs Monate älter als mein jüngerer Bruder." Dann, auf meine verwunderte Miene hin, verbessert er sich rasch: „Nein, neun Monate natürlich." Dann fügt er versonnen hinzu: „Aber ich habe immer gedacht, sechs Monate älter zu sein ..." Ich frage ihn daraufhin, welcher Altersunterschied zwischen Pierre und ihm bestanden habe: Sein Bruder Pierre war sechs Jahre älter als er! Und Paul beeilt sich hinzuzufügen: „Wenn meinem kleinen Bruder etwas zustoßen sollte, wäre das meine Schuld, ich bin für ihn verantwortlich." Doch wer spricht hier und über wen? Paul, der für seinen jüngeren Bruder verantwortlich ist, oder Pierre, der durch Pauls Mund über seine Beziehung zu Paul spricht? Die Frage führt uns zu folgenden Problemen: Wie kann ein Mensch ohne sein Wissen zum Träger eines Toten werden, mit dem er sich identifiziert, weil er mit ihm keine symbolische Verbindung eingehen konnte? Welche Lösung kann es für eine solche Situation im Lauf einer Psychotherapie geben, immer vorausgesetzt, der Analytiker hat Sensibilität für solche Probleme entwickelt? Wie kann die Therapie einen Verlust in einen „Aktivposten" verwandeln, d. h. die verborgenen Werte dieser Beziehung bewahren, auch wenn sie unvermittelt und tragisch zu Ende gegangen ist?

Zu Beginn der Therapie hatte Paul sein Stottern mit dem Tod des Vaters in Zusammenhang gebracht; nun tritt der Tod des älteren Bruders in den Vordergrund. Dieser Bruder, der sich nach dem Tod des Vaters geradezu väterlich um Paul kümmerte, starb seinerseits wegen eines ärztlichen Kunstfehlers. Man hatte ihm eine Penizillinspritze verabreicht, obgleich er gegen dieses Medikament allergisch war. Der Kunstfehler konnte auch als der tragische Schluß einer ganzen Reihe von Lieblosigkeiten gedeutet werden. Pierre und Paul waren auf dem Land auf einem Bauernhof untergebracht worden. Die Pflegefamilie war aber nur daran interessiert, die Arbeitskraft der Jungen auszubeuten. Paul hatte gewissermaßen vom Tod seines Bruders „profitiert", denn erst nach diesem tragischen Ende hatte die Mutter eingesehen, daß die Jungen auf dem Land schlecht behandelt wurden, wovon sie vorher nichts hatte hören wollen. Der Tod ihres ältesten Sohnes hatte die Mutter mit tiefer Scham erfüllt. Ohne Aussicht auf Wiedergutmachung fühlte sie sich nicht nur an seinem Tod schuldig, sondern auch an allem Leid, das den beiden Brüdern in der Pflegefamilie zugefügt worden war. Den damals neunjährigen Paul hatte sie weder zur Beerdigung seines Bruders mitgenommen noch hatte sie später mit ihm Pierres Grab besucht. Dieses befand sich nun fern von ihrem Wohnort. Nie hatte die Mutter die Gelegenheit gefunden, ihn dorthin zu führen, und immer wieder aufgeschoben, was ihr als unerträgliche Prüfung erschien. Ich erfuhr auch, daß Pierre bei seinem Tod fünfzehn war, also genau das Alter hatte, in dem Paul von seiner Mutter gedrängt wurde, sich einer Therapie zu unterziehen! Aus der Haltung der Mutter ging hervor, daß für sie die beiden Brüder zu einer Gestalt verschmolzen waren (sie sorgte sich gerade zu dem Zeitpunkt um Pauls Gesundheit, als dieser das Alter erreichte, in dem Pierre gestorben war); zugleich zeigte sie das Bestreben, die tragische Konsequenz aus dieser Verschmelzung zu vermeiden, zu der sie nicht wenig beitrug, indem sie ihren verstorbenen Sohn Pierre in ihrem lebenden Sohn Paul suchte: Sie schickte also Paul zum Psychotherapeuten.

Wir sind in der zwölften Sitzung. Paul gelingt es nicht, den Vornamen seines Bruders auszusprechen. Immer wenn der Name des Bruders fallen müßte, rettet er sich in ein Husten. Ich versuche deshalb, das Problem seiner Beziehung zu Pierre so zu stellen, daß ich mich nicht direkt an Paul wende (denn er ist ja, wie wir gesehen haben, manchmal er selbst und manchmal sein verstorbener großer Bruder), sondern eine Formulierung wähle, in der ihrer beider Vornamen vorkommen, um sie dann zu differenzieren.

Therapeut: Als Pierre nicht mehr da war, brauchte Paul ihn immer noch.
Paul: Ja.
Therapeut: Aber heute ist das anders. Heute kann Pierre gehen, ohne daß Paul ihn braucht.
Paul (energisch): Nein, nein, ich brauche ihn immer noch, er darf nicht verschwinden. Ich brauche ihn als meinen Halt. Sonst wäre ich ja allein mit meiner Mutter, und die versteht mich nicht.

Aus Pauls energischem Widerspruch erkennt man, daß er sich Pierre bewußt als Stütze in sein Ich einverleibt hat, es ist keine bloße Reminiszenz an die Vergangenheit. Durch sein Geständnis, daß er sich von seiner Mutter nicht verstanden fühlt, setzt er aber den Therapeuten an die Stelle, die lange Zeit Pierre für ihn eingenommen hat: Halt und Stütze in schwierigen Lagen zu sein, wie Pierre dies in den schweren Jahren fern von ihrer Mutter gewesen war. Für Paul ist das nicht ohne Ambivalenz. Sich jemand anderem als Pierre anzuvertrauen bedeutet in gewisser Hinsicht, ihn zu verraten. Paul hat wegen dieses Verrats intensive Schuldgefühle, wie sich in der folgenden Sitzung zeigt.

Paul: Seit Pierre tot ist, verstehe ich nicht, warum wir immer noch am Leben sind.
Therapeut: Vielleicht würde es ja Pierre gerne sehen, daß Paul glücklich ist.
(Zu diesem Zeitpunkt bin ich mir noch nicht der Übertragung auf mich bewußt, deswegen deute ich nichts in diesem Sinne, vielleicht zu Recht...)

In der restlichen Sitzung geht es um seine Fragen zum Tod des Bruders. In der darauffolgenden Sitzung (die vierzehnte) spielt sich folgendes ab:

Paul: Ich habe die ganze Nacht an meinen Bruder gedacht. Ich habe kein Auge zugemacht. Ich weiß, wie es mir ergangen ist, aber wie es für meinen Bruder war, das weiß ich nicht [...]. Ich würde gern seine Klassenkameraden kennenlernen, wissen, was sie über ihn zu sagen haben, was sie über ihn denken [...]. Je mehr ich darüber nachdenke, desto klarer wird mir, daß ich meinen Bruder nicht kenne ...
Therapeut: Pierre ist zu unvermittelt aus deinem Leben gegangen, als daß du ihn richtig kennen könntest.
Paul: Ich dachte, er würde immer für uns da sein. Mir war nie der Gedanke gekommen, daß ich ihn einmal ersetzen müßte. Er ist einfach zu früh von uns gegangen.

In dieser Sitzung berichtet Paul von einer regelrechten Totenwache. Zum ersten Mal spricht er von seinem Bruder als jemand, der von ihm und seinen Sorgen losgelöst existiert. Mit anderen Worten, bei Paul macht die Einverleibung des Bruders allmählich einer echten Identifikation Platz. In der fünfzehnten Sitzung schlägt das Pendel allerdings wieder ins andere Extrem um.

Ich glaube nicht, daß er tot ist [...]. Meine Familie hilft mir nicht, wenn ich in Schwierigkeiten bin. Ich brauche aber jemanden, auf den ich mich stützen kann. Manchmal gelingt mir etwas, von dem ich nicht geglaubt hätte, es jemals zu schaffen. Ich sage mir dann, daß mir jemand unter die Arme gegriffen hat. Irgend etwas hilft mir und verläßt mich nie. Wenn ich vor einer schwierigen Aufgabe stehe, sage ich mir, daß mein Bruder mit ganz anderen Sachen fertig geworden ist. Neben ihm zähle ich nicht viel, und so habe ich viele Schwierigkeiten überwunden.

Man erkennt, wie Pierre nach und nach von Paul an die Stelle des Ichideals gerückt wird. Paul sagt noch: „Ich würde gern einige seiner Stärken erwerben."

Eine Sitzung später spricht Paul den Tod des Vaters an, der bisher ganz von dem des Bruders verdeckt war. Gleichzeitig ändert sich der Inhalt der Übertragung. Paul setzt mich in einer ödipalen Beziehung matt. „Ich werde immer stottern." Man muß sich an dieser Stelle erinnern, daß der Vater gestorben ist, als Paul fünf Jahre alt war, also auf dem Höhepunkt des ödipalen Konflikts.

Ich bin bereit, Pauls Aggressivität gegenüber Vater und Bruder, die ihn so unvermittelt verlassen haben, auf mich zu ziehen, damit die innerpsychische Kommunikation zwischen ihnen wieder in Gang kommt. In der darauffolgenden Sitzung spreche ich von Pauls möglicher Aggressivität mir gegenüber.

Paul: Ich habe mit fünf Jahren geschwiegen, weil ich meiner Mutter keinen Kummer machen wollte, ich wußte ja, daß sie genausoviel Kummer hatte wie ich. Also habe ich meinen Kummer für mich behalten.
(Er teilt mit, daß sein Vater an einem Herzanfall gestorben ist.)
Therapeut (auf das Stottern anspielend): Da hast du sicherlich vieles nicht aussprechen können.
Paul: Wenn man Kummer hat, weiß man nie, ob man nicht dadurch, daß man sich das Herz erleichtert, dem anderen noch mehr Schmerz bereitet.

Hinter einer Trauer kann sich noch eine andere verbergen (hier die Trauer um den Bruder, hinter der noch die Trauer um den Vater steckte; ferner die Rücksicht auf die Mutter, die Schwierigkeiten hatte, mit beiden Trauerfällen fertig zu werden). Einmal bewußtgemacht, kann Paul nun beginnen, die Einverleibung seines toten Bruders wieder zu lösen. In der darauffolgenden Sitzung entdeckt Paul, der wegen eines Stotterns in die Behandlung kam, daß „die Worte aus mir herausprudeln", wenn Sympathie mit im Spiel ist. Zwei Wochen später sagt er: „Ich arbeite jetzt für mich selbst." Ferner erklärt er während des Gesprächs gleich zweimal: „Ich will ein neuer Mensch werden." Die Ablösung vom Bruder setzt sich in den nächsten Sitzungen fort, so zum Beispiel mit der Bemerkung, Pierre habe keine Zeit zum Lernen gehabt (er mußte arbeiten, damit es seine Brüder leichter hatten), aber Paul sei glücklich, in die Schule gehen zu können. Damit erkennt Paul nicht nur, daß sein Schicksal sich von dem seines Bruders unterscheidet, sondern auch, daß er sich darüber freut und sich nicht schuldig fühlt.

Das war der Stand nach einer halbjährigen Therapie, als Paul mir mitteilte, seine Mutter habe ihn gedrängt, an einem Auswahlverfahren teilzunehmen, um eine finanzielle Unterstützung vom Staat für seine weitere Ausbildung zu erhalten. Sie begründete das damit, daß sie dann leichter für die Bedürfnisse des jüngeren Bruders aufkommen könne. Das aber bedeutete, daß Paul in ein Internat weit weg von Paris käme, daß er die Therapie abbrechen müßte und, vielleicht das wichtigste, daß der Weggang Pierres in gewisser Hinsicht an ihm noch einmal vollzogen würde, denn auch Paul verließ die Familie im gleichen Alter wie damals Pierre. Leider konnte ich über diese Dinge nicht mit Pauls Mutter sprechen, weil sie sich hartnäckig weigerte, zu mir in die Sprechstunde zu kommen. Immerhin bedankte sie sich schriftlich bei mir, daß ich ihren Sohn von seinem Stottern geheilt hätte. Obwohl ich Paul darum gebeten hatte, doch von sich hören zu lassen, habe ich seither keine Nachricht mehr von ihm. Da das Thema dieser Untersuchung die Scham ist, wollen wir nun zusammenfassen, welche Etappen Paul im Hinblick auf die Scham zurückgelegt hat.

Als erstes fällt die Spaltung im klinischen Bild auf: „Ich weiß, daß er tot ist, und doch glaube ich nicht, daß er tot ist." Damit einher geht eine Teil-Identifikation, die Pauls Ich mit der einverleibten Imago Pierres vornimmt. So kann Paul das verlorene Objekt in sich selbst künstlich am Leben erhalten, auch wenn das auf Kosten eines Teils seiner eigenen Persönlichkeit geht. Paul tut dies aber auch wegen seiner Mutter. Pierres Tod hatte ihr so viel Leid bereitet, weil sie Scham und Schuld empfand wegen ihrer Entscheidung, die beiden Brüder in einer Pflegefamilie unterzubringen, wo sie schlecht behandelt wurden. Eine solche Ich-Spaltung mit Teil-Identifikation mit dem Verstorbenen ist häufig Ursache von Verhaltensweisen und Gefühlen, die das Individuum wie etwas ihm Fremdes erlebt und zu denen sich noch die Scham gesellt.

Im Verlauf der Psychotherapie verliert Pierre dann seinen Status des ins Ich einverleibten Objektes und nimmt für Paul die Stelle des Ichideals ein. Damit ist die Voraussetzung für eine symbolische Beziehung geschaffen: „Ich setze fort, was mein Bruder begonnen hat", sagt Paul.

Schließlich merkt Paul, daß er nicht in der Lage ist, der Mutter aus ihrer Depression zu helfen. Er hört auf zu stottern. Dieser Sprachfehler war das Zeichen, das er sich bemühte, seinen Bruder zu ersetzen, und zugleich der Beleg für sein Scheitern in diesem Bemühen. Zeigte er nicht mit seinem Stottern, daß er die Geschichte nicht aufrechterhalten konnte? Mit dem Verzicht auf das Stottern stößt Paul auch die Scham ab, die ursprünglich die Scham der Mutter war, die diese beim Tod Pierres empfunden hatte. Paul hatte diese Scham in sich aufgenommen, um damit die Mutter zu entlasten.

Scham wegen eines unsagbaren Ereignisses aus der vorangegangenen Generation

Marguerite

Das Fallbeispiel wird von Maren Ulriksen-Vignar (1989) mitgeteilt. Dabei geht es um eine neunundzwanzigjährige Patientin namens Marguerite, die kurz vor Behandlungsbeginn nach Frankreich gekommen war. Sie war in Argentinien geboren, wohin ihre Eltern vor dem Zweiten Weltkrieg ausgewandert waren. Dort erlebte sie die Zeit der Militärdiktatur mit. Ihr Freund gehörte dem politischen Widerstand an und wurde verhaftet. Anfangs besuchte sie ihn alle zwei Wochen im Gefängnis. Dann, nach drei Jahren, geriet sie über seinen physischen Verfall so sehr außer sich, daß sie aufhörte, ihn zu besuchen.

Nach allem, was Marguerites Analytikerin über die Haftbedingungen der Oppositionellen und über die Organisation des Widerstands im damaligen Argentinien eruieren konnte, deutet sie den plötzlichen Beziehungsabbruch und die Scham ihrer Patientin als Symptome, die auf eine andere Realität verweisen, als die Haftbedingungen des Freundes. Es versteht sich von selbst, daß damit die Unmenschlichkeit der Haft keineswegs verharmlost werden soll! Marguerites Angst und Scham haben ihre Wurzeln in einem düsteren Kapitel ihrer Familiengeschichte. Sie stammt aus einer jüdischen Familie, ihre Vorfahren lebten in Polen. Ihre Großeltern mütterlicherseits, ihre Großmutter väterlicherseits und weitere Angehörige sind im KZ umgebracht worden. Ihre Eltern, die durch rechtzeitiges Auswandern nach Argentinien dem Holocaust entkommen waren, haben über ihre Vergangenheit, ihre Kindheit und ihre Eltern nie reden können. Jede Darstellung der Familiengeschichte ist ihnen unmöglich, so sehr lastet der Schrecken der Vergangenheit auf ihnen. Sicherlich haben sie auch Scham- und Schuldgefühle, weil sie überlebt haben, während die übrige Familie umgekommen ist.

Die Scham, die Marguerite vor ihrem inhaftierten Freund empfindet, scheint also zu einem Gutteil die Wiederholung einer anderen, älteren Scham zu sein: die Scham ihrer Eltern angesichts einer grundlosen Gewalt, für die sie keine symbolische Darstellung gefunden haben; und die Scham, die Marguerite als Kind empfunden hat, als Folge des Schweigens, das ihre Eltern über die gesamte Familiengeschichte gebreitet hatten. Die Scham anderer, die, obwohl sorgfältig verborgen, doch auf Marguerite überging, ist Ursache für die intensive Scham, die sie vor dem durch die Gefängnishaft gezeichneten Freund empfindet. Seine Haft erinnert sie an die Lagerhaft ihrer Großeltern und sonstigen Verwandten während der Nazi-Zeit, an deren Ende für alle ein grauenvoller Tod stand. Die Vereinigung einer familiären, generationenübergreifenden Scham und einer persönlichen, aktuellen Scham steigert sich in Marguerites Fall so sehr, daß sie schließlich dem Freund nicht mehr unter die Augen treten mag und auf weitere Besuche verzichtet. Die Gefängnishaft macht ihn für sie schon zu einem „Toten". Unter diesen Umständen wandert sie nach Frankreich aus und beginnt hier eine Psychotherapie bei einer Frau, die übrigens ebenfalls vor der Diktatur in Argentinien geflohen ist. Schließlich sind die drei Jahre, an deren Ende Marguerite den Verfall ihres Freundes gewahr wird, ebenfalls nicht ohne Bezug zur Familiengeschichte. Von der Familie überlebten nur drei Mitglieder den Krieg. Marguerite ist drei Jahre nach Kriegsende geboren.

Wir sehen daran, daß die soziale Wirklichkeit allein das ganze Ausmaß der empfundenen Scham nicht erklären kann, denn die aktuelle Scham spielt mit einer überkommenen Familienscham zusammen. Nicht daß eine individuelle phantasierte Vorstellung auf die Wirklichkeit gestoßen und „bestätigt" worden wäre – mit einer schweren psychischen Krise als Folge –, sondern das Familiengeheimnis mit allen verstörenden Folgen für das Kind hat in der Wirklichkeit eine Entsprechung gefunden. Daraus ergibt sich die Notwendigkeit, ergänzende, nicht ausschließende Erklärungen für die Scham zu suchen. Sie liegen in den nicht verarbeiteten Erfahrungen der Eltern und Großeltern.

Frau R.

Für Frau R., sechsundvierzig Jahre alt, bestand das auslösende Trauma offensichtlich im Tod ihrer kaum sechs Monate alten Schwester, als sie selbst sechzehn war. (Diesen Fall habe ich aus anderen Gründen auch in mein Buch über die Familiengeheimnisse (1990a) aufgenommen.) Der frühe und unerwartete Verlust der Schwester, nennen wir sie Lysie, war aus mindestens drei Gründen sehr schmerzhaft für die junge Frau R. Erstens war die kleine Schwester, die an Verdauungsproblemen litt, nicht nur von den Ärzten, sondern auch von der Mutter aufgegeben worden. Diese kümmerte sich nicht mehr um das Baby und ließ Frau R. die Rolle der Mutter gegenüber der Schwester übernehmen. Der Tod der Schwester bedeutete für Frau R. also auch ein persönliches Scheitern... Ferner war die Schwester nur kurze Zeit nach dem Tod einer vielgeliebten Großmutter geboren worden. Lysie hatte also in gewisser Hinsicht den Platz dieser Großmutter eingenommen. Schließlich hatten die Eltern der jungen Frau R. nach dem Tod Lysies vorgeworfen, sie habe sich nicht richtig um ihre kleine Schwester gekümmert, womit sie sicherlich von ihrer eigenen Verantwortung ablenken wollten.

Seit dem Tod Lysies litt Frau R. an funktionellen Verdauungsstörungen. In ihren Symptomen wiederholte sie die Krankheit, die zum Tod der kleinen Schwester geführt hatte. Außerdem entwickelte sie nach und nach eine Phobie: Frau R. lebte in der ständigen Angst, keinen Ort zur Defäkation zu finden. Bei meiner ersten Begegnung mit ihr war diese Störung zu einer beträchtlichen Behinderung in ihrem Leben geworden. Sie verreiste schon seit langem nicht mehr und entfernte sich nie weit von ihrem Zuhause.

Es dauerte ein Jahr, bis die Konfusion geklärt war, die sie zwischen sich und ihrer jüngeren Schwester angerichtet hatte. Frau R. war gewissermaßen mit Lysie verschmolzen. Weil sie Lysie nicht lieben konnte, wie man jemanden liebt, dem man nahe ist, hatte sie sich mit ihr identifiziert und liebte sie, als wäre sie Lysie. Indem sie unbewußt und auf Kosten ihrer eigenen Gesundheit die kleine Schwester wieder zum Leben erweckte, befreite sie sich auch von den Schuldgefühlen, die ihr ihre Eltern eingeredet hatten. Nachdem die Identifikationsproblematik geklärt war, kamen in der Phobie psychische Spuren zum Vorschein, die auf das Vorhandensein eines Geheimnisses seitens der Mutter deuteten.

In der darauffolgenden Sitzung kam Frau R. auf ein Geheimnis aus der Jugend ihrer Mutter zu sprechen. Sie hatte von der Existenz dieses Geheimnisses über eine andere Schwester erfahren, die es selbst unter dramatischen Umständen beim Horchen an der Wand mitbekommen hatte. Die Mutter war als zwanzigjährige, noch ledige junge Frau schwanger geworden. Sie hatte dann heimlich und vermutlich in einem sehr späten Stadium abtreiben lassen und den Fötus im Garten ihres Hauses vergraben. Nachbarn müssen jedoch davon erfahren haben, jedenfalls drohte man ihr mit einer Anzeige. Ihre Mutter, Frau R.'s Großmutter, konnte nur durch die Zahlung einer beträchtlichen Geldsumme diese Drohungen abwenden und ihre Tochter vor Verurteilung und Gefängnistrafe bewahren. Frau R.'s Phobie hatte gerade zu dem Zeitpunkt begonnen, als sie anfing, die Außentoilette im Garten des elterlichen Hauses zu benutzen, d. h. in unmittelbarer Nähe des Ortes, an dem das schändliche Geheimnis ihrer Mutter vergraben lag! Frau R.'s phobische Angst entsprach also der Angst ihrer Mutter, als diese schwanger war und nicht wußte, wo sie den Inhalt ihres Schoßes „ablegen" sollte. Hinzu kam das Schuldgefühl im Zusammenhang mit ihrer Tat und die ständige Sorge, daß ihre Töchter hinter ihr schändliches Geheimnis kommen könnten. Die Gleichung, die Frau R. unbewußt zwischen Kind und Fäzes aufgestellt hatte und die bei ihr den Kern der Vereinigung von Schwangerschaft und Stuhlverstopfung bildete, fand ihre Bestätigung am Tag ihrer einzigen Entbindung. Sie ließ zuerst Stuhl in die Hände der Hebamme abgehen, ehe sie ihr das Kind anvertraute! Obwohl so etwas gar nicht so selten vorkommt, schämte sich Frau R. deswegen fürchterlich. Auch hierin zeigte sich die unbewußte und mit strenger Zensur belegte Verbindung, die für sie zwischen Entbindung und Defäkation bestand. Und obwohl ihr das Geheimnis ihrer Mutter zum Zeitpunkt, als sie es mir anvertraute, schon seit Jahrzehnten bekannt war, hatte sie doch nie den Mut aufgebracht, ihrer Mutter gegenüber auch nur die kleinste Andeutung zu machen.

Herr F.

Herr F. schreibt Drehbücher für Film und Fernsehen. Er ist unverheiratet, hat aber mit einer Freundin ein gemeinsames Kind, ein

Mädchen. Die Freundin hat ihn in der Zwischenzeit verlassen. Seine nicht anerkannte Vaterschaft bedrückt ihn und läßt ihm keine Ruhe, deshalb hat er sich entschieden, sich einer Psychotherapie zu unterziehen. Außerdem „weiß" Herr F. seit seiner Teenagerzeit, daß sein Vater einen älteren Sohn aus einer früheren Ehe hat. Diese Tatsache hat man ihm die gesamte Kindheit über verheimlicht. Er selbst hat nie versucht, seinen gut zehn Jahre älteren Halbbruder kennenzulernen. Welche Folgen dieses Familiengeheimnis hatte, kommt erst allmählich im Lauf der Therapie an den Tag. Herr F. war zwar schon vierzehn Jahre alt, als man ihn über den Inhalt des Familiengeheimnisses in Kenntnis setzte, aber dieses Geheimnis hat schon viel früher seine psychische Entwicklung und damit sein Verhalten geprägt. Insbesondere wurde deutlich, daß seine Schwierigkeiten mit der Vaterrolle und seinem nicht anerkannten Kind, in gewisser Weise also die nicht eingestandene und schambehaftete Vaterschaft, sich direkt aus diesem Geheimnis herleiteten. Die verheimlichte Vaterschaft des Vaters war für das Kind, das eine dunkle Ahnung von diesen Verhältnissen besaß, ein Grund zur Scham. Als Erwachsener zeigte Herr F. dadurch sein Verständnis und Mitgefühl für den Vater, daß er sich in eine vergleichbare Lage brachte: Er wurde Vater eines Kindes, um das er sich nicht kümmerte und dem er nicht einmal seinen Namen gab.

Doch mir geht es hier um einen anderen Punkt. Herr F. litt an einem Mangel an Aggressivität, der durch nichts in seiner Entwicklung gerechtfertigt schien. Er verfügte über reiche intellektuelle Fähigkeiten, und auch sein sexuelles Verhalten lag in dem Bereich, den man als normal bezeichnet. Dennoch fürchtete sich Herr F. vor der Gefahr einer handgreiflichen Auseinandersetzung mit einem Mann. Das ging soweit, daß er verschiedene Kampfsportarten wie Judo und Karate erlernte, trotz der Risiken, die er damit einging (tatsächlich hatte er mehrere Unfälle während des Trainings). Doch auch mit den erworbenen Verteidigungskünsten verlor er seine Ängstlichkeit nicht. Herr F. litt auch weiterhin an der Vorstellung, in männliche Rivalitätskämpfe verwickelt zu werden. Vieles spricht dafür, daß diese Ängste ihren Ursprung in der frühen Mutterbeziehung haben, die von starken aggressiven Komponenten bestimmt war. Die Mutter hatte stets wenig Verständnis für die Ängste ihres Sohnes gezeigt, was diesen sehr früh veranlaßt hat, seine aggressiven Züge abzuspalten. Aber nicht die Analyse der Mutterbeziehung brachte den aggressiven Anteil seiner Persönlichkeit an den Tag. Erst als er seine fehlende Aggressivität gegenüber dem Vater mit dem Geheimnis aus dessen erster Ehe in Beziehung setzte, fiel es ihm wie Schuppen von den Augen. Die Frage, die sich Herr F. als Kind in allen Beziehungen zu seinem Vater stellte, lautete: Was hat der erste Sohn dem Vater nur getan, daß dieser ihn verlassen hat? Und was war Schlimmes zwischen den beiden vorgefallen, daß man es ihm so sorgfältig verheimlichte? Lief Herr F. nicht auch Gefahr, verstoßen zu werden, wenn er sich aggressiv gegenüber seinem Vater benahm? Das Familiengeheimnis gab den normalen Schuldgefühlen, die jeder Junge aus dem ödipalen Konflikt mit dem Vater davonträgt, ein geradezu fürchterliches Gewicht.

Wir sehen also, und mit diesem Ergebnis wollen wir das Kapitel schließen, daß uns die Betrachtung der Scham unter dem Aspekt des Familiengeheimnisses zu drei verschiedenen verinnerlichten Instanzen führt, von denen aus sich Scham entwickeln kann.

1. Die Scham in Bezug zum Ichideal, das sich mehr oder weniger mit dem Über-Ich überschneidet. Das Schamgefühl stellt sich immer dann ein, wenn diesem Ideal in keiner Weise entsprochen werden kann. Freilich hat das Individuum ein einfaches Mittel, sich dagegen zu wappnen: die Überzeugung, alles getan zu haben, was es glaubt, überhaupt tun zu können (selbst wenn es nicht an die Wirksamkeit seines Tuns glaubte), um mit den psychischen Instanzen „in Einklang" zu sein.

2. Die Scham in Bezug zu verinnerlichten Figuren. Es handelt sich dabei immer um die Scham eines anderen, die das Individuum verinnerlicht hat. Diese Sichtweise zwingt dazu, das Subjekt als heterogenes Gebilde zu betrachten, welches von den Spuren der anderen ebenso bestimmt wird wie durch seine Reaktionen auf sie. Für jeden – und nicht nur für den Psychotiker – stellt sich, wenn er glaubt, selbst zu reden oder zu handeln, die Frage: „Wer spricht und wer handelt?"

3. Die Verinnerlichung der ersten Orientierungen, die die subjektive Identität aufbauen und die nach Winnicott von der primären Mutter-Kind-Beziehung ihren Ausgang nehmen. Der affektive Austausch zwischen Mutter und Säugling ist ausschlaggebend für den Aufbau der ersten psychischen Schutzhülle. Leider ist diese innige Beziehung auch Quelle von Verlegenheit und Scham. Das Kind nimmt bei diesem Austausch auch die Scham der ersten Bezugspersonen auf. Deren Scham „klebt" nun an ihm, wie vorher an der Bezugsperson, und zwar unabhängig von den Ursachen der eigenen Scham als Reaktion auf ihr Schweigen oder ihre Verlegenheit.

Wir sehen also, daß die Intimität, die das Kind mit den Eltern sucht, um sich eine eigene Schutzhülle und innere Orientierungen aufzubauen, gerade das verursachen kann, wogegen es eigentlich schützen sollte. Die Intimität nötigt es, sich die Scham der Eltern zu eigen zu machen.

5. Der Umgang mit der Scham

Jedes Individuum entwickelt gegenüber der Scham gewisse *Anpassungsstrategien,* die genauso wichtig sind wie die Scham selbst. Ferner hat die Scham ihre *eigene Dynamik,* deren Phasen wir zunächst näher bestimmen wollen, ehe wir zu den Strategien ihrer Beeinflussung übergehen.

Scham als Symptom und Scham als Warnsignal

Scham kann „lähmen": Sie überflutet die ganze Persönlichkeit und nimmt ihr jede Möglichkeit, sich über das eigene Erleben Klarheit zu verschaffen. Das ist ihre bekannteste, vielleicht auch häufigste Erscheinungsform. An sie denkt jeder, wenn das Wort „Scham" fällt, denn jeder fürchtet sich vor ihr. Doch die Scham kann auch als Warnsignal für die Persönlichkeit auftreten: Sie macht auf ein inneres Ungleichgewicht aufmerksam und ermöglicht dem Subjekt, im distanzierten Blick auf dieses Ungleichgewicht sich von ihm zu lösen. Das mag Marie Cardinal im Sinn gehabt haben, als sie in *Les mots pour le dire* (dt. „Schattenmund") schreibt: „Ich schämte mich für das, was in mir vorging, für diese Kakophonie, dieses Chaos, diesen Tumult, von dem niemand wissen durfte, auch nicht der Arzt. Ich schämte mich für meinen Wahn." Die Scham über den Wahn ist eben nicht der Wahn, sondern der letzte Schutzwall gegen die anbrandende Krankheit, die die ganze Persönlichkeit zu überfluten droht. Scham als Warnsignal weist das Individuum darauf hin, daß es den Konflikt, der am Ursprung der Scham steht, (noch) nicht lösen kann, aber verantwortlich für seinen Ausgang bleibt. Bisweilen kann die Warnung auch schon in Formulierungen auftreten wie: „Das werde ich nicht tun, dafür müßte ich mich ja schämen". Die Reaktion auf die Scham ist in diesem Fall von der Scham selbst nicht zu trennen, denn das Individuum muß, um die vorweggenommene Scham nicht spüren zu müssen, einen Symbolisierungsversuch unternehmen, der sein Selbstbild und die Vorstellungen betrifft, die es von seiner Beziehungsgruppe hat. Die Scham signalisiert auch Widerstand. Das Ich wehrt sich gegen eine Situation, in der es Kräften, die seine Auflösung betreiben, ausgesetzt ist.

Daß die Scham für die einen zum Warnsignal, für die anderen hingegen zum Symptom wird, kann man sehr gut an der heutigen Einstellung zum Sterben sehen. Seit die Apparatemedizin solch enorme Fortschritte gemacht hat, trifft man immer häufiger Ärzte, die das Interesse an Patienten verlieren, deren Krankheit nicht mehr therapierbar ist. Für solche Ärzte sind unheilbare Patienten – besonders Krebskranke im finalen Stadium – ein Beweis für das Scheitern ihrer Idealvorstellung von einer allmächtigen Medizin. Beim Anblick dieser Kranken, für die es keine Heilung mehr gibt, empfinden die Ärzte keine Schuldgefühle (denn sie wissen, das sie als Ärzte zur Hilfeleistung, aber nicht zum Erfolg verpflichtet sind), sondern Scham, weil sie hinter ihr Ideal zurückfallen. An dieser Stelle kann man eine interessante Beobachtung machen. Aus dem Eingeständnis der Ohnmacht, das sich alle Mediziner machen müssen, die in den letzten fünfzehn Jahren ausgebildet worden sind, ziehen nicht alle die gleichen Konsequenzen. Manche setzen alles auf die Karte des technologischen Fortschritts und lassen keine Therapiemöglichkeit unversucht. Andere hingegen nehmen die Erfahrung der Scham zum Anlaß, ihr Verständis von Krankheit und medizinischer Hilfe neu zu überdenken. Aus dieser Reflexion ist der neue Zweig der Palliativmedizin entstanden. Darunter versteht man medizinische Maßnahmen, die nicht auf das Ausmerzen der Krankheit – oder, wenn dies nicht möglich ist, ihrer Symptome – zielen, sondern dem Kranken größtmögliche Lebensqualität für die ihm noch verbleibende Lebenszeit sichern. Das umfaßt sowohl Schmerzfreiheit als auch die optimale Nutzung aller körperlichen Fähigkeiten, über die unheilbar Kranke noch verfügen.

Der Unterschied zwischen Scham als Warnsignal und Scham als Symptom zeigt sich auch daran, ob und wie der Betroffene von der Scham spricht. Derjenige, der darüber spricht, befindet sich in einer der beiden folgenden Situationen: Entweder hat er sich aus der schamerfüllten Situation bereits gelöst, oder er erlebt die Scham als Signal, sein Verhalten zu ändern. Wer sich hingegen weigert, über seine Scham zu sprechen, ist noch ganz in der Schande gefangen. Für ihn ist die Scham zum Symptom geworden, mit anderen Worten, sie hilft ihm nicht, sich aus den Zwängen zu befreien, sondern trägt zu deren Fortbestehen bei. Wenn die Scham ohne den Willen zur Befreiung erlebt wird, macht sie den Betroffenen handlungsunfähig, damit aber wird der Teufelskreis von Scham und Ohnmacht perpetuiert. Je „katastrophaler" die Scham war, d. h. je tiefer das Individuum in seiner

Identität erschüttert wurde und zu Gegenmaßnahmen unfähig blieb, desto aufwendiger und langwieriger sind die Maßnahmen zur Wiederherstellung der inneren Orientierung. Wenn die Scham zum dauerhaften Symptom wird, bedeutet das immer, daß das Individuum keine Stütze gefunden hat, die ihm bei der dringend nötigen Verhaltensänderung helfen könnte. Die Hilfe kann im Innern gefunden werden – eine innerpsychische Figur, an der sich das Individuum orientieren kann –, oder sie kann von außen kommen, etwa eine reale Person aus der Umgebung des Individuums, die ihn bei seiner Symbolisierung unterstützt und ihm aus der Scham heraushilft.

Maßnahmen der „Anpassung" an die Scham

Während die Formen sozialen Verhaltens, mit denen der Scham begegnet werden kann, auf einige wenige beschränkt sind – im wesentlichen geht es darum, sich gegen die Scham aufzulehnen oder sich in sie zu fügen –, sind die sie begleitenden psychischen Haltungen vielfältiger und das aus wenigstens zwei Gründen.

Einerseits lösen schamerzeugende Situationen neben der eigentlichen Scham zahlreiche andere Gefühle wie Zorn, Schuld, Haß oder Verzweiflung aus. Der Betroffene versucht zuerst, mit diesen Gefühlen seine subjektive und soziale Identität wiederherzustellen. Das ist der Grund, weshalb die Scham, sofern sie sich nicht zum Symptom verfestigt, selten eine deutliche Erinnerung hinterläßt. Es erklärt auch, warum die Analytiker so selten von ihr hören. Das Individuum übersetzt die begleitenden Gefühle der Scham, um dieser zu entkommen, sei es, daß diese Gefühle höher bewertet werden als die Scham (wie Zorn oder Rachsucht), sei es, daß sie sich leichter in die Persönlichkeit des Individuums einfügen, ohne dessen grundlegende Struktur zu erschüttern.

Andererseits kann das Schamgefühl selbst eine Umwandlung von innen erfahren. So kann die Scham bis zur selbstzerstörerischen Resignation führen. Das Individuum hat den Eindruck, keinen Platz mehr in der Gemeinschaft zu haben, und zieht die äußerste Konsequenz: Es begeht Selbstmord oder gibt sich völlig auf. Ohne letal zu enden, kann sich auch eine Depression einstellen und Verstörung und Orientierungsverlust kaschieren, die sonst charakteristisch für den Schamaffekt sind. Solche depressiven Entwicklungen beschränken die Wirkungen der Scham bis zur Unkenntlichkeit. Umgekehrt kann der Betroffene aber auch all seine Energie mobilisieren, um sich und die anderen davon zu überzeugen, daß ihn die Scham gar nicht betrifft, mit anderen Worten, er verneint sie. Oder aber er begegnet der Scham mit einer narzißtischen Allmachtshaltung, d. h. er tut so, als habe er keinen Grund zur Scham, als sei er größer als alle anderen usw. Das kann ihn zu beispielloser Aktivität antreiben, bis er mit seiner Strategie schließlich wirklich Erfolg hat! Die einzelnen Anpassungsmaßnahmen wollen wir im folgenden genauer untersuchen.

Resignation

Wer in der Gewalt der Scham ist, für den ist die Gefahr groß, in Resignation zu versinken. Da er sich außerstande sieht, irgend etwas an seiner Lage zu ändern, akzeptiert er die neue Identität des Schamerfüllten und lernt, damit zu leben. Doch dadurch, daß der Betroffene auf jede Änderung einer Situation verzichtet, die seinen Mitmenschen als unwürdig erscheint, verfällt er bald in Apathie. Mit den Werten, die die Würde begründen, geht schließlich auch alles andere verloren: Begriffe wie Permanenz und Identität und am Ende auch der Lebenssinn. Die Resignation kann mehr oder weniger selbstzerstörerische Formen annehmen, von risikoreichem Verhalten im Straßenverkehr, über ein Sich-Sterben-Lassen bis zum energischen Selbstmordversuch.

Es kommt allerdings auch vor, daß die Haltung, sich mit der Scham abzufinden, eine intersubjektiv akzeptierte Lösung findet. Wir haben in Kapitel 2 gesehen, daß es in einer Gruppe einen „Sündenbock" geben kann, der die abgespaltenen gefährlichen Persönlichkeitszüge anderer Gruppenmitglieder auf sich nimmt. Diese Rolle kann sogar schon feststehen, bevor der Betreffende überhaupt geboren ist, wenn zum Beispiel schon im Augenblick der Zeugung feststeht, daß das Kind einmal den Geist eines wahnsinnigen Vorfahren aufnehmen soll, dessen Wahn Gegenstand eines Familiengeheimnisses ist (siehe Kapitel 4). Wer sich der zugedachten Rolle verweigert, dem droht der Entzug der Gruppenbindung und der Verlust des affektiven Austausches mit ernsten Problemen für seine narzißtischen und Objektbesetzungen. Das sind zweifellos Gründe, die den Betroffenen in seiner Resignation bestärken. In solchen Fällen ist der „Masochismus", wenn vorhanden, nicht der eigentliche Antrieb, sondern eher ein Versuch, die Situation erträglich zu gestalten.

Ehrgeiz

Das genaue Gegenteil der Resignation ist der Ehrgeiz. Freud gibt uns dafür ein Beispiel in der bereits zitierten Kindheitserinnerung, in der er den Eltern, die ihm wegen seines Bettnässens Vorhaltungen machen, die selbstbewußte Antwort gibt, er werde ihnen „ein neues schönes rotes Bett kaufen". Auf die Beschämung folgt der Entschluß, nicht nur den Schaden zu beheben, sondern mit dem Kauf von etwas Neuem zu blenden. Manchmal fehlt jede Absicht der Wiedergutmachung, statt dessen verdrängt der Wille zum Erfolg massiv die Scham, von anderen geringgeschätzt zu werden. Auf die Ablehnung durch die Mutter reagierte der Dramatiker Jean Genet mit schrecklichem Ehrgeiz. Er ging sogar soweit zu behaupten, die Hinwendung zum Bösen, die ihm die Mutter zum Vorwurf machte, stelle für ihn gerade das höchste Gut dar.

Wird die Scham von archaischen Ängsten begleitet oder wird sie sehr früh oder sehr intensiv erlebt, kann sie zum prägenden Muster für eine Reaktionsbildung werden. Bei dieser Form der Anpassung wird die Besetzung eines Vorstellungs- und Verhaltenskomplexes durch einen Komplex mit gegenteiligem Sinn ersetzt. Die ganze Persönlichkeit ändert sich in solcher Weise, daß die Scham nie wieder empfunden wird. Das Individuum wird fortan in allen Situationen, die Scham auslösen könnten, immer wieder nach diesem Muster reagieren. So wirft es sich in Pose, sobald es die Gefahr einer Beleidigung wittert. Es hat gewissermaßen früh gelernt, auf jede mögliche Scham mit verdoppeltem Ehrgeiz zu antworten.

Verneinung und Verleugnung

Wer mit Scham konfrontiert wird, kann zur Abwehr versuchen, sie zu leugnen. Diese Reaktion ist besonders häufig in Situationen, in denen eine ganze Gruppe von Schande betroffen ist. Manche Mitglieder können versuchen, sich dadurch von der Gruppe zu distanzieren, daß sie die Schmach den anderen zuschieben und sich selbst für nicht betroffen erklären. Zum Beispiel versuchen einige Krankenschwestern aus einer Pflegegruppe, die sich zu einem Gespräch darüber versammelt hat, welche Schwierigkeiten im Umgang mit unheilbaren Patienten auftreten können, sich von der übrigen Gruppe zu distanzieren. Es heißt dann: „Ich habe in einer Zeitschrift gelesen, daß manche Schwestern sich schämen, in die Zimmer bestimmter Kranker zu gehen. Ich stelle mir die Frage gar nicht." Oder: „Ich bin erstaunt darüber, daß manche in der Gruppe Probleme damit haben."

Was die Verleugnung der Scham betrifft – die es nicht dabei beläßt, sich von der schamerzeugenden Situation zu distanzieren, sondern die die traumatisierende Wahrnehmung schlankweg ablehnt –, so ist es für ihren Erfolg unerläßlich, daß sich die ganze Gruppe daran beteiligt. Alles, was den Zusammenhalt der Gruppe bedroht, kann Gegenstand der Verleugnung werden. Ein Beispiel hierfür ist das Verhalten im Märchen von des Kaisers neuen Kleidern. Zwei Betrüger ziehen dem Kaiser angeblich unsichtbare Kleider an, und keiner der Anwesenden „sieht", daß der Kaiser nackt ist. Durch den kollektiven Willen zur Verleugnung, dem sich auch der Kaiser anschließt, ist es allen möglich, der Scham zu entgehen. Vermutlich hat kollektive Schamverleugnung auch die Opfer der Judenverfolgung zusammengehalten. Wer hingegen Scham zeigte, wurde als Gefahr für das Überleben der Gruppe ausgeschlossen. Freilich kann Scham, die verleugnet und abgespalten wird, zu Störungen bei Angehörigen der folgenden Generation führen, wie wir im Kapitel über die „Familiengeheimnisse" gesehen haben.

Projektion und projektive Identifikation

Das Individuum, das die Scham in sich abwehrt, kann sich darauf verlegen, den Affekt als von außen kommende Projektion zuzulassen. Jacques, ein Student, der sich der Probleme von Gastarbeitern in Frankreich durchaus bewußt ist, aber weder offene Empörung über Mißstände zeigt noch Schuldgefühle kennt, löst das Problem für sich, indem er seine Scham auf die Haltung der Gastarbeiter selbst projiziert. Begegnet er Gastarbeitern, die untereinander Arabisch sprechen, stellt er sich vor, sie könnten über ihn reden oder sich gar über ihn lustig machen (unveröffentlichtes Interview, Lyon 1971). Damit vermeidet Jacques mögliche Schamgefühle wegen des traurigen Schicksals, das seine Landsleute manchen Gastarbeitern bereiten, zugleich vermeidet er auch das Risiko, seinem Wunsch nach Demütigung nachzugeben. Das unheimliche und unwürdige Verlangen, sich über diese Menschen lustig zu machen, von denen er im übrigen meint, daß die Gesellschaft sie in vielen Situationen geringschätzig behandelt, wird bei ihm in die Scham verwandelt, von ihnen verächtlich gemacht zu werden.

Eine solche Projektion nimmt manchmal die Form einer projektiven Identifikation an. Die Scham wird dann nicht als solche empfunden. Mehr noch, das Individuum gibt durch sein Verhalten gegenüber einem anderen seine Scham an ihn weiter. Dieser muß dann an seiner Stelle die Scham tragen. So wird zum Beispiel in bestimmten Gruppen – vor allem in Familien – ein Mitglied zum Träger von Schamgefühlen, die ein oder mehrere andere Mitglieder nicht akzeptieren können. Der Betreffende wird zur Verkörperung dieser Projektion. Solche Projektionen unterscheiden sich von dem von Bion (1997) beschriebenen Typus. Während die projektive Identifikation im Sinne Bions ein wechselseitiges Verhältnis zwischen Kind und Umgebung begründet, funktioniert die pathologische Variante einseitig und undialektisch. Das Kind wird daran gehindert, im Gegenzug die bergenden Fähigkeiten des Erwachsenen zu nutzen, und verliert seine Subjektrolle. Diesen Mechanismus kann man häufig bei Familiengeheimnissen beobachten. In solchen Situationen entledigt sich ein Elternteil dadurch der Bürde eines schambesetzten Geheimnisses, daß es gegenüber einem oder mehreren seiner Kinder ein Verhalten an den Tag legt, das diese zu einer vergleichbaren Schamreaktion nötigt (siehe Kapitel 4). In einer solchen Situation hat das Kind nicht nur die Opferrolle. Es beteiligt sich an dem Mechanismus in der geheimen Hoffnung, auf diese Weise die Fäden in der Hand zu halten (Tisseron 1990a).

Das Schuldgefühl: „die psychische Geschichte"

Anders als die Scham, von der Freud nur wenig spricht, spielt das Schuldgefühl eine zentrale Rolle in seinem Werk. Bereits in den *Studien über Hysterie* (1895) wird es an die Existenz eines psychischen Konflikts geknüpft. Freud stellt an seinen Patientinnen fest, daß sie bestimmte Vorstellungen, die ihnen unerträglich sind, verdrängen und daß aus dieser Verdrängung ein Gefühl der Schuld entsteht. An dieser Annahme hält Freud bis zum Schluß fest, für ihn ist die Verdrängung die Ursache des Schuldgefühls und nicht umgekehrt. Je mehr das Individuum auf die Befriedigung seiner Libido verzichtet, desto tiefer verstrickt es sich in Schuldgefühle. Die Therapie kann, wie Freud 1895 schreibt, nur über die Erinnerung einsetzen. „Man muß ihnen die Erinnerung entreißen", schreibt er sogar und unterstellt, daß allein schon das Wort befreit. Für Freud besitzt das Schuldgefühl zwei wesentliche Eigenschaften: Es kann verschoben und es kann übertragen werden.

Die Verschiebung hängt mit der Wirkungsweise der psychischen Abwehr zusammen. Haftet ein libidinöser Inhalt an Vorstellungen, die für das Ich unerträglich sind, werden diese verdrängt und verbinden sich mit anderen Vorstellungen. Die neuen Vorstellungen können aber wegen der Herkunft des libidinösen Inhalts ebenfalls Schuldgefühle wecken und so weiter. Die Übertragbarkeit von Schuldgefühlen erklärt sich aus der Beziehung zum Über-Ich, das, wie Freud sagt, von den Eltern „vererbt" wird. Die Schuldgefühle der Eltern können zum Schuldgefühl des Kindes werden.

Zu diesen beiden von Freud genannten Eigenschaften können wir noch eine dritte hinzufügen, durch die sie sich von der Scham unterscheidet. Das Schuldgefühl verleiht dem Individuum ein anderes Bild von sich selbst und ein anderes Bild von seinem Platz in der Gemeinschaft. Das Spezifische am Schuldgefühl ist also, daß es Raum für Wiedergutmachung läßt, es ist eine Form der sozialen Integration. Anders die Scham: Sie destabilisiert das Individuum psychisch und drängt es in eine Außenseiterrolle. Daher stellt der Wandel von der Scham zum Schuldgefühl eine Anpassungsmaßnahme dar, mit der das Individuum versucht, wieder Fuß zu fassen. Es bemüht sich um Selbstvertrauen (indem es den Wunsch in ihm akzeptiert) und um soziale Anerkennung (indem es an die Stelle der destabilisierenden Verlegenheit der Scham das Schuldgefühl setzt, mit dem sich die Aussicht auf Wiedergutmachung eröffnet). Das ist auch der Grund, weshalb jede Kultur Praktiken entwickelt, um die desintegrierende Scham in integrierende Schuld zu verwandeln. Die Institution der Beichte in der katholischen Kirche kann als ausgezeichnetes Beispiel für dieses Bestreben gelten. Durch sie kann der Gläubige die Last der Scham gegen die der Schuld eintauschen, um dann nach akzeptierter Buße wieder unbelastet weiterzuleben.

Das Schuldgefühl wird aber nicht allein durch die Sozialorganisation „produziert", indem das Individuum das Bild des Schuldig-Seins verinnerlicht, das ihm die Gesellschaft anbietet, um weiterhin seinen Platz in ihren Reihen zu behalten. Daß auf eine Notsituation mit einem phantasierten Schuldgefühl reagiert wird, liegt in der Natur des Menschen und überschreitet bei weitem das Problem der Scham. Ein durchgehender Zug der menschlichen Psyche besteht darin, daß das Individuum in einer Situation, die es nicht beherrscht, sich in der Phantasie zum Verantwortlichen aufschwingt. Durch das Schuldgefühl entgeht das Individuum gewissermaßen dem Blick des anderen und bekennt sich in seinen eigenen Augen schuldig. Es sagt sich: „Wenn ich das verdient habe, muß ich wohl wirklich schuldig sein" oder: „Da muß ich mir selbst die Schuld geben" oder: „Ich allein bin schuld daran", bis zu: „Ich muß wirklich bescheuert sein, sowas gemacht zu haben" oder: „einen größeren Dummkopf als mich gibt es nicht". Je tiefer die Scham, d. h. je größer der narzißtische Zusammenbruch, desto stärker ist die Neigung zu allumfassenden Schuldgefühlen. Im Schuldgefühl bewahrt das Individuum seinen Glauben, daß die Dinge von ihm abhängen und es sie gewissermaßen in der Hand hat.

Dennoch bedeutet der Ersatz von Scham- durch Schuldgefühle nicht immer eine solche Entwicklung. Schuldgefühle können auch die Scham kaschieren, ohne ihr Wesen zu ändern. Eine Person, die an einer Aufgabe scheitert, kann versuchen, durch Schuldgefühle der Scham zu entgehen und sich damit die Anpassungen zu ersparen, die aus dem Eingeständnis folgen würden, sich zuviel vorgenommen zu haben. Der Betreffende könnte sich vorwerfen, seine Bemühungen schlecht organisiert oder nicht die erforderlichen Hilfsmittel zu haben, statt sein Unvermögen einzugestehen. Eine Auseinandersetzung mit der Scham würde hingegen für das Individuum bedeuten, seine Fähigkeiten neu einzuschätzen, sich seine Möglichkeiten, trotz begrenzter Talente geliebt zu werden, klarzumachen und übertriebene narzißtische Ansprüche aufzugeben. Auch hier können Schuldgefühle, die Scham kaschieren, letztlich doch einen positiven Einfluß ausüben, wenn sie nämlich dem Individuum die Möglichkeit geben, seine Strategien und Techniken zu verbessern, um dann später erfolgreich zu beenden, was anfangs mißlungen war.

Das Schuldig-Fühlen: „die soziale Geschichte"

So wie die Verinnerlichung der Scham zu depressiven Schuldgefühlen oder zu Bemühen um Wiedergutmachung führt, kann das Gefühl, daß die Scham von den anderen kommt, entweder Resignation oder Aufbegehren bedeuten. Im ersten Fall denkt das Indidviuum, es werde von der Gesellschaft ungerechtfertigterweise bedrückt; im zweiten Fall tritt Aggressivität an die Stelle der Scham. Die schamerzeugende Situation wird als „objektiv erniedrigend" angeprangert. So könnte man eigentlich, ausgehend von jedem individuellen Lebensschicksal, zwei „Geschichten" entwickeln: eine „soziale" und eine „psychische" Geschichte, die beide von denselben Ereignissen ihren Ausgang nehmen, aber sie verschieden verstehen. In der „sozialen" Geschichte wird das Individuum als Objekt gesellschaftlicher Einflüsse gesehen, während in der „psychischen" Geschichte die Verantwortlichkeit des Individuums für alle Ereignisse seines Lebens betont wird. Ohne Soziologe oder Psychoanalytiker zu sein, hat jeder Mensch je nach psychischer Gestimmtheit oder nach den Erfordernissen des Augenblicks die eigene Scham in die „soziale" oder „psychische" Kategorie einzuordnen. Der Rechtfertigungsdiskurs, der auf der Ebene eines „inneren Monologs" bleiben kann, zeugt von der Art und Weise, wie das Individuum die Welt sieht, bestimmt aber auch in erheblichem Maß, wie es in dieser Welt handelt. So kann ein Sozialhilfeempfänger sich seiner Bedürftigkeit schämen, während ein anderer gerade diese Abhängigkeit als demütigend anprangert. Mit der Kritik wehrt sich der Betreffende gegen die Verinnerlichung eines negativen Bildes seiner selbst, doch läuft er Gefahr, damit nur Klischees aneinanderzureihen und unglaubhaft zu werden. Der andere Fall wäre freilich der Verzicht auf jede Artikulation. Meist schwankt das Individuum jedoch zwischen Resignation, aggressiven Schuldzuweisungen und eigenen Schuldgefühlen.

Humor

Unter den Anpassungsstrategien gebührt dem Humor ein besonderer Platz. Einerseits bewahrt er das Schamgefühl und verdrängt es nicht, wie bei den anderen Strategien. Andererseits kleidet er dieses Gefühl aber in eine Form, die es mitteilbar macht und die zugleich das Subjekt mit sich selbst aussöhnt. Sie setzt allerdings einen Abstand voraus, zu dem nicht viele Menschen fähig sind. Außerdem geschieht diese Distanzierung im wesentlichen durch die Sprache. Wer aus der Sprache die Funken des Humor schlagen kann, braucht ein gerütteltes Maß an Bildung und vor allem auch einen Gesprächspartner, der in einigen schamerzeugenden Situationen wie Gefängnis und Folter fehlt.

Der Bildhauer Tchang Tchong Jen (1990) berichtet, wie er unter der Kulturrevolution in China zur Zwangsarbeit in ein Umerziehungslager für Intellektuelle gesteckt wurde. Gemeinsam mit seinen Mitgefangenen durchlebte er viele demütigende Situationen, die der Erziehung zu einer neuen Geisteshaltung dienen sollten. Die Gefangenen verwendeten gemeinsam die Waffe des Humors als Mittel im Kampf gegen die Knechtung. Ein Scherzwort wurde wochenlang immer wieder in Erinnerung gerufen, nicht so sehr um die Mitgefangenen zum Lachen zu bringen, sondern um die Distanz gegenüber den

Peinigern zu halten. Auf der Ebene des individuellen Widerstands eingesetzt, zeigt sich der Humor oft darin, daß in der Rede über die demütigende Situation der sprachliche Ausdruck zwischen tragischem und komischem Register changiert. Die Scham ist im Übergang von einem Register zum anderen spürbar. Der Künstler, der wohl am besten das Spiel mit doppeltem Register beherrschte, wir reden von Charlie Chaplin, war darin so virtuos, daß er uns über die gleiche Szene zum Weinen und zum Lachen bringen konnte. Chaplin erzählte selbst, wie tief die Scham seinen Lebenslauf geprägt hatte. Er schrieb u. a.: „Anders als Freud glaubte ich nicht, daß die Sexualität der wesentliche Antrieb unseres Lebens ist. Kälte, Hunger und Scham aus Armut sind geeigneter, unserer Psyche ihren Stempel aufzudrücken" (1964). In seinen Filmen finden sich viele Szenen, die man als Darstellung der Scham bezeichnen könnte: So kann der Tramp aus Armut nicht schenken, was er gerne möchte; er muß sich mit Tieren um das Essen balgen; er ist schäbig gekleidet; er ist betrunken (oder tut nur so, tatsächlich ist er aber nur verlegen oder krank); er ist arbeitslos und damit aus der Gesellschaft ausgeschlossen; von Polizeibeamten wird er mißtrauisch beobachtet, obgleich er nichts verbrochen hat; ohne Begründung wird er vom Bürgersteig verscheucht, wo er glaubte, ein Plätzchen für die Nacht gefunden zu haben usw.

Die Scham artikulieren: den anderen zum Zeugen aufrufen

Scham, das haben wir bereits gesehen, ist „ansteckend". Die Schwierigkeit, nicht ebenfalls Scham zu empfinden, wenn man Zeuge der Scham eines anderen wird, ist daher der Hauptgrund, weshalb der Schamerfüllte nicht so leicht sein Gefühl anderen gegenüber gesteht. Die Schamreaktion des Zeugen der Scham eines anderen bedeutet für denjenigen, der seine Scham gesteht: „Du hast recht, dich zu schämen, denn schon beim Zuhören empfinde ich ebenfalls Scham". Das Schamgeständnis birgt also immer das Risiko, den Zeugen, auf dessen Teilnahme man zählt, in einen Ankläger wider Willen zu verwandeln. Weil aber die Scham dem Betroffenen durch einen Dritten aufgezwungen wurde, ist das Bestreben, den anderen zum Zeugen zu nehmen, unausbleiblich. Genauer gesagt ist es das Bestreben, sich an jemanden zu wenden, der die Scham annimmt, ohne sie selbst zu empfinden und ohne dem Hilfesuchenden die Scham nur zurückzuspiegeln. Nur ein solcher Zeuge ist fähig, dem Schamerfüllten einen Platz in der Gemeinschaft zurückzugeben.

Es gibt allerdings Formen der Scham, bei denen die Suche nach einem Beichtvater auf eine Schwierigkeit stößt, dann nämlich, wenn ein Individuum sich nicht eigener Taten schämt, sondern solcher, die Kameraden oder Gleichgesinnte begangen haben. Es kann sich dabei um Ereignisse handeln, bei denen es nur Zeuge gewesen ist oder bei denen es gezwungenermaßen eine aktive Rolle gespielt hat. Die Scham ist dann nicht die Folge gesellschaftlicher Zurückweisung, sondern die Drohung einer solchen Zurückweisung. Solange das Individuum Stillschweigen über das Geschehen bewahrt, behält es seinen Platz in der Gemeinschaft; wenn es hingegen seine Scham artikulierte, würde es Zurückweisung und Ausschluß riskieren. Das ist zum Beispiel bei Soldaten der Fall, die gegen ihr Gewissen an Tötungen von Zivilisten beteiligt waren. Anschließend sind die Liquidierungen auf Befehl der Vorgesetzten vertuscht oder verschwiegen worden.

Solche Formen der Scham rufen besondere Anpassungsmaßnahmen hervor. Der Weg über das Schuldgefühl hat keinen Sinn, denn hier ist es gerade die Scham, die dem Individuum die eigene Natur und womöglich sogar die Menschenwürde bewahrt. Die häufigste Haltung ist daher eine Abspaltung und ein auf Vermeidung zielendes Verhalten. Eine solche Schamform, ob sie nun an ein kollektives oder ein privates Geschehen geknüpft ist, kann ein belastendes Geheimnis darstellen, daß auch noch die Psyche der Nachkommen bedrückt.

Heutzutage haben Menschen, die ein lange verschwiegenes schändliches Geschehen bedrückt, die Möglichkeit, sich in den Medien zu artikulieren. Das Geständnis findet dann vor einem zahlreichen, aber anonymen Publikum statt. Viele Männer, die den Algerienkrieg als Wehrpflichtige mitgemacht hatten, haben später ihre Erlebnisberichte auf Autorenkosten publiziert. Zweifellos haben ihnen ihre gedruckten Geständnisse geholfen, sich von einer schweren Gewissenslast zu befreien. Die Entscheidung für die Publikation zeigt aber auch, daß sie ein Gegenüber gesucht haben, mit dem die Schande geteilt werden kann, ohne auf Ablehnung zu stoßen. Schließlich betrifft die Schande ja nicht sie allein, sondern auch ihre Regimentskameraden, die Armee und letztlich ihr Land. In der gleichen Situation befindet sich auch jemand, der zu einer Rundfunk- oder Fernsehsendung über das Thema Verfolgung und Kriegsverbrechen eingeladen ist oder der im Rahmen einer solchen Sendung telefonisch Aussagen macht und dann von Ereignissen spricht, die er bisher jahre- oder jahrzehntelang verschwiegen hat, weil er andere (vor allem den Ehepartner oder die Kinder) nicht mit seiner Scham anstecken wollte. Ein Geständnis vor anonymem Publikum löst das heikle Problem der

„Aussprache" über die Scham. Da der Betroffene die Reaktionen der Zuhörer oder Zuschauer nicht sehen kann, entgeht er der Gefahr, seine Scham gespiegelt zurückzuerhalten. Zugleich entlastet er sich von der Gewissenslast auf Kosten der Gemeinschaft. Es ist, wie wenn er sagen wollte: „Zum Zeitpunkt des Geschehens habe ich mich geschämt. Heute weiß ich aber, daß ihr euch hättet schämen müssen." Fehlt dem einzelnen aber sowohl die Vertrauensperson für ein Geständnis als auch ein repräsentativer Vertreter der Gemeinschaft, der seine Scham zur Kenntnis nimmt und anerkennt, dann sind unlösbare Schuldgefühle die Folge.

Kollektive Scham und die Sackgasse der Schuldgefühle

Victor ist ein zweiundzwanzigjähriger Student (unveröffentlichtes Interview, Lyon 1971). Zur Lage der Gastarbeiter befragt, gibt er an, es sei „mies", daß solche Leute aus ihrer Heimat in ein fremdes Land wie Frankreich kommen müssen. Er fügt, gleichsam in Anerkennung seiner Zugehörigkeit zum Gastgeberland Frankreich, an: „Die werden von uns doch bloß ausgenommen." Angesichts dieser Situation fühlt sich Victor beschämt und mitschuldig. Er schämt sich, da es eine Schande ist, einer solchen Ausbeutergesellschaft anzugehören, obgleich er sich mit ihr nicht identifiziert. „Ich ertrage es nicht, mit diesen Leuten in einen Topf gesteckt zu werden", sagt er von sich. Die Scham enthält aber ein Risiko, denn sie ist nicht ohne Aggressivität gegenüber der eigenen Gemeinschaft. Würde Victor seiner Aggressivität in Taten Ausdruck geben, müßte er eine Verurteilung durch die Gesellschaft, der er angehört, gewärtigen, wie sie damals Studenten erlebten, die aus Protest in Feinkostgeschäfte einbrachen und dann die Delikatessen in den Gastarbeitervierteln verteilten. Nicht nur stieß ihre Aktion in der Öffentlichkeit auf Ablehnung, sondern die jungen Leute wurden auch noch von der Justiz verurteilt. Victor fürchtet, er könnte sich, „wenn er den Standpunkt der Gastarbeiter einnimmt", am Ende von seiner eigenen Gesellschaft abschneiden. In dieser Situation bietet das Schuldgefühl für ihn einen Ausweg. Die Scham über die eigene Gesellschaft, mehr noch die feindselige Haltung ihr gegenüber, birgt das Risiko, von ihr ausgeschlossen zu werden. Durch sein Schuldgefühl „rettet" er die Herkunftgesellschaft und bleibt weiterhin ihr Mitglied. Das Schuldgefühl hängt also insofern mit der Scham zusammen, als es den Versuch darstellt, die Verlegenheit über Mißstände nicht zu verleugnen und dennoch die Marginalisierung zu vermeiden. Victor versucht, in seinen Sozialkontakten die soziale Schuld, einer Ausbeutergesellschaft anzugehören, abzutragen. Zwar sei er bei der ersten Begegnung mit Gastarbeitern immer „verlegen", aber im weiteren übe er sich in „Achtung" ihnen gegenüber. Es gelingt ihm aber nicht, sich ganz von der sozialen Schuld zu befreien. „Ich lasse es dabei bewenden, wobei ‚es dabei bewenden lassen' schon wieder zum Spott Anlaß gibt ... Ich habe schließlich noch mein Studium. Eigentlich berührt mich das Problem ja nicht so", sagt er am Schluß ein wenig verlegen.

Eine Studentin, die zum gleichen Problem befragt wird, teilt mit: „Immer wenn ich mit Gastarbeitern zusammenkomme, versuche ich mir klarzumachen, was ich da eigentlich tue, ob ich vielleicht zu viel oder zu wenig gebe. Eine entspannte Beziehung habe ich nie zu ihnen. Das ist es, was mich am meisten stört" (unveröffentlichtes Interview, Lyon 1971). Die Scham als Warnsignal führt bei ihr zu einer Haltung ständiger Selbstbefragung, um einem Schuldgefühl zu entgehen, das wiederum den Verzicht auf sozialen Protest rechtfertigt. Doch das Schuldgefühl gerinnt zu einer Haltung zwanghaften Wiedergutmachens: Ein solches Verhalten ist ineffizient, wenn das Individuum in einem größeren kollektiven Schuldzusammenhang eingebunden ist.

Gaël, ein junger Arzt, ist ein weiteres Beispiel dafür, wie Schuldgefühle in eine Sackgasse führen können, wenn die Scham aus einer kollektiven Situation rührt. Wie Victor schämt sich Gaël, einer Gesellschaft anzugehören, deren Machenschaften er ablehnt. Doch mehr noch als bei Victor stellt sich bei ihm die Frage der Grenzen der Wiedergutmachung. Wenn ein nordafrikanischer Gastarbeiter in seine Praxis kommt, versucht er, besonders freundlich zu sein. Er fügt aber gleich hinzu: „Das ist keine spontane Geste. Ich muß mir dazu erst einen Ruck geben, und das ist doch beschämend." Und weiter: „Ich habe den Eindruck, zu freundlich zu ihnen zu sein, mich zur Freundlichkeit zu zwingen. Das gefällt mir überhaupt nicht." Auf die Frage des Interviewers, ob er nicht deshalb so „nett" sei, weil er manchmal die Neigung verspüre, mit solchen Patienten „böse" zu sein, antwortet Gaël: „Das glaube ich eigentlich nicht. Ich würde aber gern natürlich sein. Wenn mir ein französischer Patient auf die Nerven geht, sage ich es ihm. Wenn aber ein tunesischer, algerischer oder marokkanischer Patient mir gegenüber sitzt und meine Geduld strapaziert, wage ich ihm das nicht zu sagen. Warum? Ich kann es einfach nicht."

Aufgrund der Einsicht, daß Schuldgefühle in dieser Situation keinen Erfolg bringen, nimmt Gaël schließlich eine gewöhnlichere und weniger anstrengende Haltung ein: die Vermeidung. „Ich versuche den Kontakt mit Gastarbeitern wenn möglich zu vermeiden. Das wäre meine Lösung."

„Den absoluten Tiefpunkt erreichen"

Die psychische Destrukturierung im Gefolge bestimmter Schamformen kann manchmal beim Betroffenen zu der Überzeugung führen, er müsse erst den „absoluten Tiefpunkt erreichen", eher sei nicht an Heilung zu denken. Diese Haltung ist gewissermaßen das Gegenstück zu einer anderen weitverbreiteten Ansicht, wonach Schuld nach Sühne rufe und erst dann das Schuldgefühl aufhöre. Wer sich schuldig und deprimiert fühlt, muß „sühnen", um seinen Platz in der Gemeinschaft wiederzufinden; wer deprimiert und zugleich verstört und orientierungslos ist, also die Zeichen tiefer Scham trägt, muß erst den absoluten Tiefpunkt erreichen, um wieder aufsteigen zu können. Die Haltung findet ihren Ausdruck in Formulierungen wie „Ich bin noch nicht tief genug gesunken, um wieder aufzusteigen" oder „Erst wenn ich den Tiefpunkt erreicht habe, komme ich auch wieder hoch". Die Vorstellung erinnert an jenes Kinderspielzeug, bei dem eine Figur in einem wassergefüllten Gefäß, das mit einer Membran verschließbar ist, auf den Grund sinkt, wenn die Membran heruntergedrückt wird, und wieder aufsteigt, wenn der Druck im Glas nachläßt. Die Betroffenen sagen übrigens gern von sich, sie seien Spielball von Zufällen. Die Vorstellung erweckt den Eindruck, es gebe tatsächlich einen solchen Tiefpunkt, den man erreichen müsse, um sich dann wie ein Taucher vom Grund abstoßen zu können. Ausdrücke wie „den Tiefpunkt erreichen" und „wieder Grund unter den Füßen haben" erinnern an einen körperlichen Sturz. Wir sehen daran, daß die Vorstellung des Stürzens und Fallens weit eher auf die Scham als auf die Schuld angewendet wird. Gemeint ist der Verlust jedweder Orientierung. Die Vorstellung hat verheerende Folgen für den Betroffenen, denn sie kann ihn für eine bestimmte Zeit dazu bringen, jeden Versuch, sich an irgend etwas festzuhalten, aufzugeben. Andererseits ist sie aber auch aufbauend: Sie nährt die Hoffnung, daß irgendwann doch Hilfe kommt. In dieser Hinsicht schützt sie gegen suizidäre Neigungen. Das Verdikt lautet nicht wie in der Depression, dem Leben ein Ende zu setzen, sondern ein Leben „ohne Ehre" am Rand der menschlichen Sphäre überhaupt zu führen. Schließlich kommt der Fall dann doch an ein Ende, allerdings nicht, weil das Individuum den absoluten Tiefpunkt erreicht hätte. Im praktischen Leben stellt man oft fest, daß der Mensch, der im Fallen ist, sich in dem Augenblick wieder fängt, wo er einen anderen Menschen erreicht. Der Kontakt kann manchmal die Form einer materiellen Hilfe annehmen (zum Beispiel zu lernen, sich schriftlich auszudrücken oder Briefe zu schreiben). Ausschlaggebend ist dabei nur, daß durch die mitfühlende Haltung eines anderen ein neuer Blick auf die eigene Person eröffnet wurde. Die Vorstellung, den absoluten Tiefpunkt zu erreichen, um wieder aufzusteigen, beinhaltet zwar die Absicht, Tabula rasa mit der Vergangenheit zu machen, impliziert aber nicht die Forderung, der Wiederaufstieg müsse ganz aus eigener Kraft geschehen. Wer sich von allen verlassen sah, lernt durch die Anerkennung, die ihm ein anderer entgegenbringt, wieder Vertrauen in sich zu fassen. Hinter der genannten Vorstellung könnte daher bei manchen Menschen die Notwendigkeit stehen, sich selbst beweisen zu müssen, daß die Mutter, mag sie auch wenig oder kein Interesse für ihr Kind zeigen, doch nie soweit gehen würde, ihr Kind sterben zu lassen. „Den absoluten Tiefpunkt erreichen" bedeutet in gewisser Hinsicht, die narzißtische Besetzung des Selbstbildes an dem Punkt zu berühren, wo es sich mit der Besetzung schneidet, die ursprünglich von der Mutter gegenüber dem Kind vorgenommen wurde. Wer den absoluten Tiefpunkt erreichen will, bricht mit allen und allem und hält nur noch an der verinnerlichten Beziehung zur Mutter fest: die Suche nach Nahrung und Wärme als einzig verbleibendes Bestreben. Ein Mensch, der sich so „fallen läßt", seinen beruflichen und sozialen Ruin bewußt in Kauf nimmt, Beziehungen abbricht und auch räumlich auf Distanz geht, setzt alles auf eine Karte in der Hoffnung, nach dem Tiefpunkt wieder nach oben zu steigen. Er möchte in sich erneut die Hilfsbereitschaft der Mutter erfahren, indem er sich vergewissert, daß sie ihn nicht umkommen lassen wird. Weil diese Hilfsbereitschaft aber in ihm selbst existiert, klammert er sich schließlich doch an das Interesse, das ihm ein anderer entgegenbringt. Er ist gerührt von dem anderen, weil dieser sich durch ihn hat rühren lassen.

6. Die Verschiebungen der Scham

Eine Scham anstelle mehrerer

Nach Freud kann man ein psychisches Element daran erkennen, daß es „verschiebbar" ist. In seiner Studie über den Zusammenhang von Eifersucht und unbewußter Homosexualität hat er gezeigt, daß der Eifersüchtige, der scheinbar alles „wissen" will (die Wahrheit über die Untreue des oder der Geliebten), eines gerade nicht wissen will (nämlich seine Neigung zu Wesen, die das gleiche Geschlecht haben wie er). Dieses Paradox gehört zu einem Phänomen, das Freud „Verschiebung" genannt hat: Der Eifersüchtige will tatsächlich nichts von seiner Homosexualität wissen. Der Mechanismus der Verschiebung – der libidinösen Besetzung einer Vorstellung oder eines Vorstellungskomplexes auf eine andere – spielt in Freuds Werk eine zentrale Rolle. Alle Gefühle und Affekte sind der Verschiebung fähig. Vor allem das Schuldgefühl ist verschiebbar. So fühlt sich ein Patient schuldig, weil er den Wasserhahn nicht zugedreht oder einen bestimmten Gegenstand nicht an seinen Platz zurückgelegt hat. Nach eingehender Analyse des Symptoms stellt sich heraus, daß er sich schuldig fühlt, einem Liebesobjekt durch unbewußte Aggressivität Schaden zugefügt zu haben. Sogar die Depression ist verschiebbar, wie der Fall einer ins Krankenhaus eingelieferten Patientin zeigt, die sich beklagt, daß ihre Tochter sie nicht besuchen komme, um im nächsten Augenblick in Tränen auszubrechen, weil die Tür des Krankenzimmers so schlecht schließe und niemand daran denke, sie reparieren zu lassen.

Manchmal schließt die Verschiebung auch die Umgebung ein. Jemand empfindet erst Scham wegen seiner Homosexualität, die in der Familie nicht toleriert wird, und schämt sich dann wegen seiner Hautfarbe, die er als soziales Stigma erlebt. Solche Verschiebungen sind deshalb so problematisch, weil sie nie spontan entstehen, d. h. die vom Betroffenen als Ursache angeführten sozialen Faktoren sind tatsächlich in seinem Leben vorhanden. Dennoch muß man zu den wahren Ursachen der Scham vordringen, denn nur so kann das Individuum seine eigene Geschichte im Geflecht aus erlittenen Kränkungen persönlicher, familiärer und sozialer Natur rekonstruieren. Doch die Ursachenforschung wird manchmal dadurch sehr erschwert, daß Verschiebungen von Schamgefühlen bei Schamerlebnissen auftreten, die noch aus der Kindheit stammen. Das Kind kann sich das schamerzeugende Ereignis nicht einmal vorstellen, sonst wären ihm vorzeitig die Bindungen zu den verinnerlichten Idealgestalten genommen worden. Ihm bleiben nur zwei Möglichkeiten: entweder alles zu vergessen (Abspaltungen mit gravierenden Konsequenzen, zu denen noch Verdrängungen kommen) oder die Szene anders zu deuten (das eben sind die Verschiebungen der Scham). Je früher nun solche Verschiebungen stattgefunden haben, desto tiefer sind sie in ein Ensemble von Haltungen, Charakterzügen und Verhaltensweisen eingegangen, aus dem sie nur schwer herauszulösen sind. Wir haben im Fall von Paul bereits solch ein Beispiel gesehen. Hier ist ein weiteres.

Céline

Céline, vierundzwanzig Jahre alt, berichtet im Verlauf einer Sitzung von einem Schamerlebnis aus ihrer Kindheit. Ihre Mutter hatte sie genötigt, sich für eine Röntgenaufnahme der Lunge auch das Höschen auszuziehen, weil der Arzt gesagt hatte, die junge Patientin solle sich für die Aufnahme „ganz frei machen". Céline bezieht die Scham zuerst auf die zu große körperliche Nähe zur Mutter. Oftmals hat sie sich darüber beklagt, daß ihre Mutter, die für ihre Tochter selbst schneiderte, sie oft Kleider anprobieren ließ und sie bei der Gelegenheit gern an den Brüsten oder am Bauch berührte. Nach einiger Überwindung teilt sie mit, daß sie die Verlegenheit über den Zwang, sich entblößen zu müssen, einer ganz anderen Ursache zuschreibt: sie habe sich schrecklich gedemütigt gefühlt, weil sie einer Anordnung gehorcht hatte, von der sie glaubte, ihre Mutter habe sie falsch verstanden, und weil sie nicht den Mut aufgebracht hatte, ihrer Mutter die Stirn zu bieten, bis der Arzt gekommen wäre und die Situation geklärt hätte. So gesehen, verbirgt sich hinter ihrer Scham auch Zorn über eine Mutter, die sie gezwungen hat, sich ganz zu entkleiden, während Céline zu Recht glaubte, dies sei gar nicht nötig gewesen. Doch Célines damalige Scham kann noch auf einer dritten Ebene verstanden werden. Céline schämt sich dann nicht mehr über sich selbst, sondern für ihre Mutter, die die Anordnung des Arztes wörtlich genommen hatte, ohne sich zu fragen, was denn mit „ganz freimachen" in diesem Fall gemeint sei. Céline hatte wahrscheinlich schon in der Schule an Röntgenreihenuntersuchungen teilgenommen und wußte daher, daß es nicht nötig war, für eine Thoraxaufnahme das Höschen auszuziehen. Wenn sie es dennoch tat, so deshalb, um ihrer Mutter zu gehorchen und um sich nicht für sie schämen zu müssen. Sich vollständig entkleiden zu müssen war für sie ein Grund, sich zu schämen. Hätte sie es aber nicht getan, hätte sie ihre Mutter in eine lächerliche Situation gebracht. Hätte sie ihr widersprochen, hätte sie sich für die Dummheit ihrer Mutter schämen müssen. Anfangs hatten wir gehört, daß Célines Erinnerung an eine Kindheitsscham auf eine ganz andere Ursache bezogen war, nämlich eine zu große körperliche Nähe zu ihrer Mutter. Es wäre vorstellbar, daß ein anderer für eine ähnliche Scham in einer anderen Situation nur die dritte, von Céline angeführte Ursache gelten läßt. Der Betreffende könnte dann von der Scham sprechen, die er wegen der „Dummheit" oder „Unbedarftheit" seiner Mutter empfunden hat. Wir sehen also, daß man sich in einer komplexen Situation gleich auf mehrfache Weise schämen kann, daß aber nur eine Ursache für das multiple Gefühl angegeben wird. Wir wollen das Problem nun anhand eines literarischen Beispiels weiter untersuchen.

Denise: die Protagonistin der Romane von Annie Ernaux

Die Schriftstellerin Annie Ernaux hat sich in mehreren Büchern mit der Scham auseinandergesetzt, die sie lange Zeit wegen ihrer Herkunft aus der Unterschicht empfunden hat. Dazu hat sie die Gestalt der Denise geschaffen, die sie in der freieren Welt der Fiktion mit ihren Erfahrungen und Reflexionen ausstattet. (*Les armoires vides*, Paris 1974. Der Titel wird im folgenden mit L. A. V. abgekürzt. Die Autorin hat das Thema in einem weiteren Buch *La place*, Paris 1984 noch vertieft.) An der Gestalt der Denise zeigt Annie Ernaux dem Leser, welche persönlichen und sozialen Ursachen für die Scham verantwortlich sind und wie schwierig es sein kann, sich von ihr zu befreien.

Die Schwierigkeiten beginnen für Denise, und darauf beruht vermutlich der Erfolg des Romans, mit den unterschiedlichen Identitätsmustern, die im Milieu ihrer Herkunft und in dem ihres sozialen Aufstiegs Geltung haben. In ihrer Jugend wird Denise mit zwei unversöhnlichen Rollenvorbildern konfrontiert: auf der einen Seite ihre Eltern, die sie als „Prolos" bezeichnet, und auf der anderen Seite die jungen Bürgersöhne, mit denen sie Umgang hat. In dem Konflikt treten zwei Rollen der Selbstachtung einander gegenüber: Man kann sich sowohl als „Proletarier" als auch als „Bürger" wohl in seiner Haut fühlen. Daß man sich auch als „Proletarier" achten kann, macht Denises Vater ihr deutlich, wenn er ihr ihre „Intellektuellenallüren" vorwirft und ihr sagt, er selbst brauche das nicht, um glücklich zu sein.

Hinter dieser ersten Ebene eines narzißtischen Identitätskonflikts gibt es noch eine zweite, auf der es um die Befriedigung von Bedürfnissen in beiden Milieus geht. Welche Formen der Anerkennung und Belohnung lernt Denise in jedem der beiden Milieus kennen und welche Hoffnungen darf sie sich machen?

Auf einer dritten Ebene geht es schließlich nicht mehr um Bestand oder Lösung der Besetzungen, sondern um die psychische Ökonomie der Heldin, wie sie sich in der primären Sozialisation ihrer Familie entwickeln konnte. Die Frage, die sich hier stellt, lautet nicht mehr, was Denise an ihrem Familienleben so beschämend und schrecklich fand, daß sie sich schließlich von ihrer Familie abwandte, sondern was sie unbedingt brauchte, um ihre psychischen Entwicklungsmöglichkeiten zu wahren. Die Scham ist dann nicht mehr die Ursache ihrer Entfremdung vom Elternhaus, sondern deren nachträgliche Rechtfertigung.

Die erste Ebene in diesem komplexen Sachverhalt betrifft den *qualitativen Aspekt* (welches Bild von sich selbst soll sie lieben?); auf der zweiten Ebene geht es um den *quantitativen Aspekt* (die Wahl eines Vorbilds ist mit den Befriedigungen verknüpft, die das jeweilige Milieu demjenigen bietet, der die Rolle erfolgreich ausfüllt); die dritte Ebene betrifft die Möglichkeiten des *psychischen Überlebens*.

Armut, Scham und fehlende Intimsphäre

Wenn Denise von der sozialen Scham spricht, meint sie tatsächlich die Scham über den Körper. In *Les armoires vides* werden die ärmlichen Verhältnisse als Hauptursache der Scham bezeichnet. Ihr auffälligster Zug ist jedoch das Fehlen einer Intimsphäre. Daß es für Denise keine Intimität gibt, ist mehr als nur ein Element in dem Zusammenwirken von Armut und Scham. Es ist zuallererst Form und Inhalt dieser Scham, ehe durch eine spätere Verschiebung die Armut zur Ursache der Scham, und durch Verallgemeinerung die Scham zu einer unumgänglichen Folge der Armut wird.

Im Roman bilden die räumliche Enge und das schrankenlose Nebeneinander von Privatsphäre und Öffentlichkeit (die Wohnküche einerseits und das Café mit angeschlossenem Krämerladen andererseits) den Hintergrund für die Ungeschiedenheit zwischen dem Selbst und den anderen. Von dieser Ungeschiedenheit erhält der Leser einen Eindruck durch die vielen Verstöße gegen die Intimsphäre, die sich Denise gefallen lassen muß. Übrigens beginnt der Roman mit der Schilderung eines solchen Verstoßes. Die erwachsene Denise muß abtreiben lassen. Ihre körperliche Intimität wird aufs gröbste durch die Sonde der „Engelmacherin" verletzt. Damit setzt uns Denise sogleich auf die Spur der vielen Verletzungen, denen sie in ihrer Kindheit ausgesetzt war.

Denise hat keinen Ort, wo sie ihre Blöße verbergen könnte. Kunden schauen ihr bei der Morgenwäsche zu und machen ihr zweideutige Bemerkungen, die das sexuelle Interesse des Erwachsenen durchscheinen lassen. Umgekehrt muß sie den Anblick der „alten Schweine" aus dem Café erdulden, die ihr, von der Toilette kommend, ihr „schlaffes Glied" präsentieren. Da die Schlafzimmer der Familie im ersten Stock liegen, kann Denise dem Stimmenlärm aus dem Café nicht entkommen. Von oben hört sie das Getuschel zwischen ihrer Mutter und Kundinnen, sie hört ihr halbersticktes Gelächter, auch die Rülpser der Kunden im Café dringen zu ihr herauf, und sie bleibt nicht vor Anzüglichkeiten verschont. Ferner ist Denises Bett nur durch eine dünne Trennwand vom Ehebett der Eltern getrennt. Akustisch erlebt das Kind jeden intimen Austausch mit. Dieser Geräuschkulisse täglich ausgesetzt zu sein ist nach Denises Worten der Hauptgrund für ihren Haß auf die Eltern, so als wollte sie sich mit einem Akt, der nur gewaltsam sein kann, von ihnen losreißen. „Ich hasse meinen Vater dafür, daß er jeden Morgen in den Nachttopf uriniert und ich nebenan das plätschernde Geräusch bis auf den letzten Tropfen mitbekomme" (L. A. V., 117). In diesem engen Zusammenleben werden auch die Gerüche jedes einzelnen bald zur Qual: Die Kundschaft hinterläßt den Geruch von Schweiß, Urin und Erbrochenem; die Ausscheidungen der Familie werden in einer Jauchegrube gesammelt. Sogar das Wasser, mit dem sich jedes Familienmitglied gewaschen hat, wird vor aller Augen aufbewahrt und dann zum Säubern des Fußbodens verwendet. So kann die im Wasser gelöste Seife zweimal genutzt werden. Mit den Exkrementen der Familie düngt der Vater jeden Abend den Garten.

Denises Eltern lassen sich durch die Armut nicht unterkriegen und haben sich eine Moral gezimmert, mit der sie ihre Lage rechtfertigen. Da sie nun einmal zusammengepfercht und ohne persönlichen Freiraum leben müssen, werden sie nicht müde zu wiederholen, daß es Hochmut sei, sich für anders als die anderen zu halten (L. A. V., 144).

Sie entwickeln auch Verhaltensweisen, mit denen sie ihrer Lage hin und wieder ein Vergnügen abringen, selbst wenn das mit noch größerer familiärer Verschmelzung bezahlt werden muß. Denises Mutter macht sich einen Spaß daraus, ihre Unterwäsche dem Vater und der Tochter unter die Nase zu halten (L. A. V., 173) und ihr Vater nutzt das allabendliche Düngen im Garten, um zu überprüfen, ob die Nachttöpfe nichts Ungewöhnliches enthalten.

Denise reagiert auf all diese Verletzungen der Intimsphäre mit Scham über ihren Körper. Die Scham schützt sie. In einer Welt, in der alle so eng aufeinander leben, ist die Scham der einzige Wall, der vor verfrühten sexuellen Kontakten oder gar einem Inzest schützt.

Von der schambehafteten Sexualität zur verschämten Armut

Wie so viele andere Kinder ihrer Generation schämt sich Denise ihrer erwachenden Sexualität. Nach der Selbstbefriedigung hat sie das Gefühl, sich „befleckt" zu haben. Sie verurteilt sich nicht nur wegen der Handlung selbst, sondern auch wegen des Verlangens, das dahinter steht. Dieses Verlangen möchte sie ganz in sich abtöten, fürchtet sie doch bei einem Mißerfolg aus der Gemeinschaft ausgeschlossen zu werden. Sie muß das „austilgen ... ein schreckliches Geheimnis ... im Griff der Todsünde", um wieder „wie die anderen zu werden" (L. A. V., 120). Doch Annie Ernaux schildert nicht nur die Ängste eines Mädchens, das mit den Forderungen der erwachenden Sexualität ringt. Sie zeigt auch die Rolle, die die Mutter im Übergang von der Scham der Sexualität zur Scham der Armut spielt, und mehr noch von der Scham der Armut zur Scham über die soziale Herkunft.

In der Sprache von Denises Mutter sind Schande und Sexualität sehr oft verbunden (L. A. V., 29), aber auch Schande und Armut. Manchmal kommt diese Verbindung auch im Gewand der Verneinung daher. So sagt die Mutter zum Beispiel von sehr armen Leuten, bei denen sie eingeladen waren: „Die darf man nicht verachten" (L. A. V., 45). Das aber ist ein indirekter Hinweis, daß die Versuchung, es doch zu tun, gegenüber diesen Leuten eben doch besteht. Denise erkennt das sehr wohl und bemerkt, daß eine solche Bemerkung aus dem Mund ihrer Mutter das genaue Gegenteil von dem bedeuten kann, was sie eigentlich sagen will (L. A. V., 86). Von der Mutter wird übrigens gesagt, sie sei durchaus imstande, die Kunden, die auch anderswo kaufen, mit Beleidigungen zu überhäufen und mit *Verachtung* zu strafen (L. A. V., 24).

Wichtig ist nun, daß die Mutter die Schande auch auf ihren Mann, den Vater des Mädchens, bezieht. Wenn sich Vater und Tochter am Feierabend mit Kitzelspielen amüsieren, schreit die Mutter sie an: „Hört mit eurem Gealber auf." In solchen Augenblicken greift sie auch den Vater direkt an: „Du verplemperst deine Zeit mit so einem Quatsch." Darauf folgt der Vorwurf, keinen Ehrgeiz zu haben und aus dem Unterschichtmilieu nicht herauszukommen. Wenn sie ihren Mann herabsetzen will, zieht sie stets eine Parallele zwischen seiner Charakterschwäche und seiner Herkunft (L.A.V., 99f). Schlimmer noch, sie läßt ihn ihre ganze Mißbilligung in den Worten spüren, *sie schäme sich für ihn* (L.A.V., 27). Solche Szenen beeindrucken Denise umso mehr, als ihr Vater, der im Umgang mit Kunden selbstbewußt auftritt, die Angriffe seiner Frau nicht pariert und sich beschämt zurückzieht. Schließlich zwingt die Mutter ihre Tochter, sich zwischen ihr und dem Vater zu entscheiden: zwischen einer Mutter und ihrem Streben nach einem besseren Leben – und einem Vater, der immer nur Durchschnitt bleiben wird und der aus einem Milieu stammt, in dem man „keinen Ehrgeiz kennt" (L.A.V., 83). In ihrem vierten Buch, *La place*, schreibt Annie Ernaux dann von den Angriffen und Demütigungen, die ihr Vater seitens der Mutter ertragen mußte. Diese Demütigungen hatten den Zweck, „ihm seine schlechten Manieren auszutreiben", mit anderen Worten seine anspruchslose, proletenhafte Lebensweise (*La place*, 43, 51, 67, 71).

Freilich gelingt es der Mutter nicht völlig, die Schande der Herkunft auf ihren Mann abzuwälzen. Sie selbst schämt sich ebenfalls, nicht so sehr wegen ihrer Armut, sondern aus Furcht, sich als anders als die anderen zu erweisen und deswegen ausgeschlossen zu werden. Es ist die Furcht vor dem „Was-werden-die-anderen-sagen?", oder wie es im Roman heißt: „Was werden bloß die Leute von uns denken?" (L.A.V., 61). Diese Furcht ist nicht Ausdruck eines Schuldgefühls, sondern einer sozialen Scham, die an allen Angehörigen der Unterschicht haftet. Die Scham schweißt sie zusammen, zugleich hemmt sie jeden Versuch, zu eigener Identität zu kommen, indem sie solche Bestrebungen als „Hochmut" brandmarkt. Denises Mutter versucht also, ihren Ehemann zu beschämen, um damit ihre eigene Scham loszuwerden, freilich ohne anhaltenden Erfolg (L.A.V., 45). Immerhin zeigt sie damit ihrer Tochter einen Weg, wie man sich gegen die Scham wehren kann: Man beschäme den anderen, um so die eigene Scham auszutreiben. Denise hält in gewisser Hinsicht zu ihrer Mutter, wenn sie den Vater verachtet und sich damit rechtfertigt, daß sie sich wegen seiner proletenhaften Ungeschliffenheit und seiner Herkunft schä-

135

men müsse. Andererseits rächt sie sich aber auch an der Mutter. Diese hatte versucht, den Ehemann durch Verachtung zu isolieren und gemeinsam mit der Tochter einen Pakt gegen ihn zu schmieden. Denise aber wird beide Eltern mit Verachtung strafen.

Mit diesem Verhalten erspart sich Denise eine andere Revolte. Dadurch, daß sie die Eltern als „Prolos" bezeichnet, muß sie nicht einer anderen Realität ins Auge sehen, von der das Buch gleichwohl von Anfang bis Ende spricht: der Mangel an Liebe und Zärtlichkeit seitens der Eltern. Wenn der Vater mit ihr schmust, verfällt er rasch in übermäßige Erregung, was von der Mutter sofort mißbilligt wird. Diese beleidigt nicht nur den Ehemann, sondern auch die Tochter, nennt sie zum Beispiel einen „Schweinigel" (L. A. V., 166) und droht ihr bei jeder Gelegenheit, sie werde einmal „schlimm enden" (L. A. V., 14).

Wenn andere Menschen Aufmerksamkeit für Denise zeigen, deuten die Eltern das sogleich als sexuelle Anspielung. Auf das freundliche Wort eines Kunden an Denise („Du bist aber ein süßer kleiner Fratz") kommt von den Eltern sofort die Drohung mit „Schlägen auf den nackten Hintern" (L. A. V., 17). So entsteht der Eindruck, als könne Denises kindlicher Liebreiz bei Erwachsenen nicht Zärtlichkeit, sondern nur Erregung auslösen, eine Erregung, die sogleich eine Note sexueller Gewalt bekommt: eine Vergewaltigung durch den Blick (entblößen) und eine Bestrafung durch Schläge auf die Genitalien. In einer Welt, in der der Kontakt mit Erwachsenen so schnell Schuldgefühle weckt (durch die Mutter) und Schuld bringt (die Anspielungen der Kunden), bleibt für Denise nur der verstohlene Trost der Selbstbefriedigung und das Tagträumen (L. A. V., 49). Im Roman erhält Denise von niemandem aus ihrer Umgebung Zeichen der Liebe und Anerkennung. Andererseits kann man auch nicht sagen, daß sie herabgesetzt wird, einmal abgesehen von manchen verächtlichen Bemerkungen der Mutter (L. A. V., 129). Richtiger wäre es zu sagen, daß sie wie ein Wesen behandelt wird, das folgsam, reinlich und stets hilfsbereit zu sein hat. Was Denises Kindheit vor allem charakterisiert, ist der Mangel an Aufmerksamkeit und Anteilnahme seitens der Eltern, nicht deren blanke Verachtung. Ihre Eltern „interessieren sich nie für das, was sie tut" (L. A. V., 128). Womit sie sich beschäftigen, sind „die Flaschenständer, die Pfandflaschen, die an den Lieferanten zurückgehen müssen, die Prozente".

Die Schule und die Bedeutung der Sprache

Für ein einsames Kind wie Denise bekommt die Schule umso größere Bedeutung, als ihr in diesem Bereich narzißtische Wertschätzung zuteil wird. Ihre Eltern zollen ihr Anerkennung für die guten Noten, die sie nach Hause bringt. Später soll sich allerdings herausstellen, daß sie sich Denises schulischen Erfolg als ihr Verdienst anrechnen. „Ohne ihre Pfennigfuchserei, ohne ihre akribische Steuererklärung könnte ich kein Wort Englisch und würde die gleichen Rechtschreibfehler machen wie sie" (L. A. V., 128f). In der Schule erfährt sie zum erstenmal Anerkennung, deshalb wird sie auf diesem Weg auch weiterhin Einsatz zeigen.

Was sich aber vor allem in der Schule ändert, ist ihr Denken. Sie lernt dort eine andere, abstraktere Sprache, und mit dieser Sprache vermag sie sich von den körperlichen Erfahrungen zu lösen, die sie bisher beherrscht haben. Damit aber eröffnet sich ihr ein neuer Raum des Denkens.

Denise entdeckt erst in der Schule, daß es noch eine andere Sprache gibt als die der Eltern und des „Cafés". Mit dieser Entdeckung ist kein Trauma und keine Scham verbunden, und lange Zeit scheint bei ihr nicht der Zwang bestanden zu haben, sich für eine der beiden Welten zu entscheiden. Denise wechselt die Sprache je nach Ort und Umständen, ungefähr so, wie sie nach dem Willen ihrer Eltern die Kleidung wechselt, etwas Feines für den Sonntag, gewöhnliche Kleidung für den Rest der Woche. Zwischen der Welt der Eltern und der Welt der Schule besteht also friedliche Koexistenz (L. A. V., 56). Das ändert sich jedoch, als Denise sich zu schämen beginnt. Anfangs schämt sie sich gegenüber der Lehrerin, wenn sie plötzlich Verhaltensweisen zeigt, die in der Schule nicht am Platz sind, aber schwieriger zu ändern als das sprachliche Register (L. A. V., 58f). Später fühlt sie sich auch unter ihren Freundinnen unwohl (L. A. V., 63). Wirklich massiv wird die Scham aber erst, als sie sich auf dem ursprünglichen Feld, nämlich der Sexualität, ausbreitet. Daß sie sich für ihren Körper schämt, wird ihr das Gefühl geben, aus der Welt der anderen ausgeschlossen zu sein (L. A. V., 65). Die endgültige Bestätigung dafür gibt ihr der Schulgeistliche – Denise besucht eine Privatschule –, als er von ihrer Verdammung in den Augen Gottes spricht (L. A. V., 67).

So schwer Denise auch an dieser Episode trägt, es ist nur ein Aspekt des Prozesses, in dem sie dank der Schule von einem Milieu, in dem die Sexualität etwas Körperliches ist, in ein Milieu wechselt, das die Sexualität in erster Linie als etwas Psychisches ansieht. Im Milieu ihrer

Herkunft ist das Körperliche auf direkte Weise gegenwärtig, ob im engen physischen Zusammenleben der Familienmitglieder oder in den begehrlichen Blicken, die die männlichen Kunden auf Denises vorpubertären Körper werfen, oder in den schlüpfrigen Bemerkungen, die sie bei jeder sich bietenden Gelegenheit machen. Die Priorität des Körperlichen färbt auf die Sprache ab. Wenn Denise die Sprache der Mutter charakterisiert, spricht sie von „schwarzen, buschigen Wörtern" – wie ein weibliches Genitale, könnte man sagen. Die Worte, die gewechselt werden, haben einen starken körperlichen Bezug: „Wenn ich nicht da wäre, würdet ihr doch Scheiße fressen", „ich geh mir eine Arbeit in der Fabrik suchen, statt weiter die Ärsche dieser Hungerleider zu bedienen" (L. A. V., 27), usw. In allem, was in Denises Umgebung gesprochen wird, ist der Körper gewissermaßen entblößt und an den Pranger gestellt.

Anders dagegen die Sprache des Bildungsbürgertums, die in der Schule erlernt wird. Hier wird der Körper auf Distanz gehalten. Diese Sprache wirkt dadurch an der Kontrolle über die verbotenen Triebe mit, daß sie deren Verdrängung und Sublimierung fördert. In der Sprache der „Bildung" erhält die Sexualität eine Form, die ein Kompromiß zwischen Trieben und Verboten ist. Vulgäre Ausdrücke, darauf hat Ferenczi hingewiesen, sind deshalb so stark, weil sie mit der Sache selbst verschmelzen, sie beschwören das Bild der Sache im Augenblick des Artikulierens (Ferenczi 1911). Wohingegen die Sprache der Bildung ihre Stärke in der Zügelung der nach Ausdruck drängenden Triebregungen erweist.

Wir verstehen nun besser, wie sich die Scham bei Denise entwickelt hat. Von der Mutter mit Verachtung gestraft, litt sie auch unter der abschätzigen Behandlung, die der Vater seitens der Mutter erfuhr. Nach der Verinnerlichung der mütterlichen Haltung mußte sie sich als Heranwachsende schließlich selbst verachten. Da in diesem Fall der Angriff die beste Verteidigung ist, wendete sie die am eigenen Leib erfahrene Verachtung nun gegen die Eltern. Vor dem Hintergrund der neu erworbenen schulischen Kompetenzen, die ihre Eltern übrigens durchaus schätzen, verachtet sie die Eltern wegen des kulturellen Gefälles, das zwischen ihnen entstanden ist. Damit befreit sie sich von einer Bürde, die lange auf ihr gelastet hat.

Defizitäre Symbolik und Scham

Für Denise wie für andere Kinder, die materielle Armut und affektive Defizite in ihrer primären Sozialisation erleben mußten, dient die Überzeugung, daß die Schande der Herkunft die Hauptursache für ihre Verachtung der Familie ist, bisweilen als Vorwand, um sich nicht dem ganzen Ausmaß der Demütigungen und Beschämungen stellen zu müssen, denen sie in der Kindheit ausgesetzt waren. Diese beschämenden und demütigenden Situationen sind nur schwer ins Bewußtsein zu heben, nicht die Ereignisse selbst, an die sich die Betroffenen genau erinnern, sondern die sie begleitenden Gefühle, die manchmal aus der Persönlichkeit verdrängt werden, ohne je wirklich erlebt worden zu sein. In solchen Fällen ist es allemal leichter, sich aus sozialen und kulturellen Gründen für die eigenen Eltern zu schämen, als sich die narzißtischen Kränkungen bewußtzumachen, die man im Elternhaus erlitten hat (selbst wenn diese nur darin bestehen, daß sich die Eltern selbst so geringschätzten). Schämt man sich für sie bis ins eigene Innerste hinein, bewahrt man sich über alles erlittene Leid hinaus eine psychische Kontinuität mit ihnen. Außerdem ist der Verweis auf Schwierigkeiten, die sich aus dem Wechsel der Schichtzugehörigkeit ergeben, eine Möglichkeit für das Individuum, sich von den Schuldgefühlen wegen der Anwandlungen von Zorn und Rache zu befreien, die durch die Erinnerung an diese Kränkungen geweckt werden. Umgekehrt kommen positive Gefühle, die ganz unter dem Haß begraben lagen, erst für die verinnerlichte Eltern-Imago, später für die Eltern selbst wieder zum Vorschein. Schließlich führt eine solche Sichtweise logischerweise zu der Erkenntnis, daß auch die vorherige Generation ähnliche Probleme hatte: Wenn es die Eltern an Zärtlichkeit und Anerkennung haben fehlen lassen, so deshalb, weil auch sie ihre Herkunft als Konflikt erlebt haben. Auf diese Weise erspart man sich die Frage nach den Gründen, warum die Eltern, Kinder von Eltern mit ähnlichen Problemen, selbst oft gleichgültig oder demütigend im Umgang mit ihren Kindern werden konnten.

Die Geschichte der Denise zeigt uns, daß es für die Erklärung bestimmter psychischer Störungen, die sich im Lauf eines sozialen Aufstiegs einstellen, nicht ausreicht, auf die Opposition zwischen zwei Kulturen hinzuweisen. Von Opposition kann nur dann die Rede sein, wenn die Kulturen gleichwertig sind, d. h. wenn beide ein geschlossenes tradierbares Wertesystem darstellen. Das aber ist bei Denise nicht der Fall. Mit ihrem sozialen Aufstieg ist auch die Auseinandersetzung mit einer anderen Form der *Triebkontrolle* verbunden. Was Denise von ihrer Kindheit erzählt, zeugt nicht von einer Kultur der kleinen Leute, sondern zeigt das Bild einer tiefen Entwurzelung. In dieser Situation versuchen sich Denises Eltern an die sichersten „Werte" zu klammern: Sexualität (in ihrer derben Sprache) und Geld (in ihrem Erwerbsleben). Die Welt der Kindheit, in der sich Denise entwickelt, ist zuallererst eine Welt der Wünsche, teils genitaler, teils prägenitaler Natur, die durch keine psychischen Vorstellungen persönlicher, familiärer oder kultureller Art vermittelt sind. Da die Vermittlungsinstanzen fehlen, verharren die Triebregungen in nächster Nähe zu ihrer ursprünglichen Quelle, dem Körper mit seinen erogenen Zonen. Deswegen haften die Wünsche, und hier vor allem die prägenitalen, so außerordentlich leicht an Alltagssituationen und finden ihren primären sprachlichen Ausdruck in Wendungen wie „Scheiße fressen", „von den Großen gefressen werden", „ein Schweinigel sein", usw. Mit solchen Ausdrücken kann man zwar andere leicht beeinflussen, aber sie sind nicht zur Mitteilung von Information geeignet. Die Intensität der Affekte, die in solchen Ausdrücken steckt, überwältigt Sprecher und Hörer gleichermaßen und verhindert den Gebrauch der Sprache zum Austausch von Gedanken. Dagegen entdeckt das Kind beim Erlenen der Sprache der Schule erstmals, was den Wörtern des familiären Miteinanders fehlt – eine symbolische Einkleidung –, und fortan schämt es sich wegen seiner Herkunftsprache. Denises Angst, in der Schule oder in der Öffentlichkeit die Sprache ihrer Familie zu sprechen rührt daher weniger von der Sorge, eine geächtete Sprache zu sprechen (wie dies lange Zeit für die Mundartsprecher galt), als vielmehr von der Furcht, ihre Triebe könnten in aller Brutalität hervorbrechen. Es ist die Furcht und der Wunsch, mit ein paar rohen, körpernahen Wörte in die von der Schulsprache geforderte Reinlichkeit hineinzuplatzen; die Furcht, mit Wörtern oder Gesten eine geheime Lust an der Zerstörung, einen sadistischen Charakterzug zu verraten.

Da Denises Eltern jede kulturelle Vermittlung fehlt, verstehen sie ihrer Triebe nur dadurch Herr zu werden, daß sie sie vollständig unterdrücken. Um der Gefahr zu entgehen, daß verbotene Wünsche mit Macht an den Tag kommen, haben sie sich darauf verlegt, überhaupt nichs mehr zu wünschen. So entsteht die (falsche) Moral der Versagung: „Man muß mit dem zufrieden sein, was man hat." Der Lustverzicht ist für sie die einzige Abwehrmöglichkeit gegen die gefürchtete, durch keine Symbolik gedämpfte orale Triebregung. Diese wird als der beängstigende Wunsch erlebt, „alles zu fressen" oder „alles zu kontrollieren". Sie verstärkt aber auf einer projektiven Ebene noch die Ängste, die aus dem Neid und den Begehrlichkeiten der Umgebung erwachsen (diese sind durchaus real, aber da dem Subjekt jede symbolische Vermittlung fehlt, übertreibt es sie und findet deshalb kein passendes Verhaltensmuster, um mit ihnen fertig zu werden). In ihrer Angst haben Denises Eltern keine andere Zuflucht als „stets so zu tun, als wünschten sie sich nichts" (L.A.V., 88).

Françoise

Françoise, eine Psychomotorik-Therapeutin, stammt aus einem sehr armen Milieu. Sie läßt sich wegen einer erheblichen psychischen Störung behandeln, deren Ursache sie in ihrer Vergangenheit vermutet. Mit ihrer gegenwärtigen beruflichen Situation und ihren affektiven Beziehungen ist sie zufrieden. Wenn Françoise von ihren Eltern spricht, dann nur mit größter Scham: „Sie können sich gar keine Vorstellung machen, wie sie reden"; „ich schäme mich, wenn ich nur daran denke"; „wenn Sie wüßten, was für Ausdrücke sie benutzen", usw. In den Phasen, in denen sie den Eindruck hat, in ihrer Psychotherapie nicht voranzukommen (d.h. wenn sie glaubt, ihr Verständnis des elterlichen Milieus nicht in Worte fassen zu können), wird sie von Scham und Furcht beherrscht, ihre Herkunft könne sie wieder einholen und die derben Ausdrücke ihrer Eltern könnten sich in ihre Rede schleichen. Nach mehrjähriger Psychotherapie kommt jedoch ans Licht, daß Françoise die größte Scham nicht wegen der Redeweise der Eltern empfindet, sondern wegen der Art und Weise, wie die Mutter sie als Kind behandelt hat. Eine Episode bleibt ihr in besonders lebhafter Erinnerung. Sie hatte das Bett genäßt, doch ihre Mutter, deren Bett neben dem ihren stand, hatte sie weinen lassen. Worüber sie sich noch mehr schämte als über die Tatsache selbst, war das unheimliche Vergnügen, das die Mutter dabei empfunden hatte, das Kind weinen zu lassen, ja es sogar noch grob zu beschimpfen. Manche der rohen Ausdrücke der Eltern sind ihr nur deshalb so unerträglich, weil sie in der sprachlichen Herabsetzung an das perverse Vergnügen der Mutter erinnern. Die Hauptursache für Françoises Scham wegen der ungehobelten Sprache ihrer Eltern liegt also nicht in ihrer „proletarischen Herkunft", sondern darin, daß mit den Wörtern und Wendungen die Erinnerung an eine sadistische Lust am Zerstören und Demütigen verbunden ist, deren Opfer sie in ihrer Kindheit war. Ähnlich war es bei Céline die Erinnerung an die Aufforderung der Mutter, sich für die Röntgenaufnahme ganz auszuziehen, die in ihr die Angst und die

Scham vor zu großer körperlicher Nähe wachrief, zu der sie ihre Mutter in anderen Situationen gezwungen hatte.

Die symbolischen Defizite der Eltern beeinträchtigen massiv die Symbolisierungsmöglichkeiten des Kindes, zumal wenn es die Eltern auch noch an Zuwendung fehlen lassen. Das Kind leidet dann, ohne eigentlich zu begreifen warum. Mit solchen Defiziten sind Konflikte bei der Sozialisation unvermeidlich: durch die narzißtischen Kränkungen, die sie verursachen (ohne daß bewußte Erinnerungen daran bestehen) und durch die Schwierigkeit, ein symbolisches Band zu den Eltern zu bewahren, wenn es zu einem Wechsel in der sozialen Klasse kommt. Fehlen den Eltern symbolische Kompetenzen, geben sie auch keine Werthaltungen weiter, sondern allenfalls Objekte und stereotype Verhaltensmuster. Symbolische Defizite sind nicht auf die Unterschicht beschränkt. Es gibt durchaus Arme, die über eine gesicherte kulturelle Tradition verfügen. Andererseits gibt es, wie wir bei den Fällen von Familiengeheimnissen gesehen haben, auch wohlhabende Familien mit schweren Defiziten. Die Scham wegen der Herkunft steht oft im Zusammenhang mit pathologischen Zügen des familiären Milieus, die ihre Ursache in symbolischen und affektiven Defiziten der Eltern haben. Kinder, die am Ende doch „heil davonkommen", beziehen diese Störungen gern auf die schwierigen sozialen Verhältnisse der Eltern. Sie ersparen sich dadurch eine mit Pein verbundene psychische Aufarbeitung der eigenen Biographie. Indes verbauen sie sich damit auch die Möglichkeit, sich ein für allemal von einer schweren psychischen Last zu befreien.

7. Sensibilisierung für die Scham in der psychoanalytischen Praxis

Im allgemeinen sind Analytiker mit Schamgefühlen vertraut, die an Phantasien gebunden sind, wie z.B. diejenigen des Erythrophoben, der bei bestimmten, von ihm nicht gebilligten Vorstellungen zu erröten fürchtet. Hingegen übersehen sie oft solche Schamgefühle, die aus traumatischen Situationen entstanden sind und zu Ich-Spaltung geführt haben oder die mit unnennbaren Familiengeheimnissen zusammenhängen. Ich habe im vorliegenden Buch schon darauf hingewiesen, daß viele Kliniker dem Phantasieren ihrer Patienten mehr Aufmerksamkeit schenken als den traumatisch bedingten Persönlichkeitsstörungen. Man darf aber die Aufmerksamkeit für traumatische Ursachen nicht vernachlässigen, sonst kann die Signalscham zum Symptom gerinnen, aus dem sich katastrophale Haltungen entwickeln, bis das Individuum schließlich in seinem ganzen Verhalten gehemmt und verunsichert ist. Die Aufmerksamkeit des Klinikers muß mehrere Generationen einbeziehen, neben der Scham des Patienten sind auch solche Schamgefühle bedeutsam, die auf die Eltern zurückgehen, sei es auf deren unbewußt gebliebene Konflikte oder auf traumatische Ereignisse, die sie nicht verarbeiten konnten.

Doch es kommt noch eine weitere Schwierigkeit hinzu. Janine Puget (1989) hat gezeigt, daß Analytiker, die unter einem autoritären staatlichen Regime praktizieren, vor dem großen Problem stehen, den gleichen Ängsten ausgesetzt zu sein wie ihre Patienten. Eine solche Situation kann die Aufmerksamkeit des Analytikers je nach seinen eigenen Befürchtungen fördern oder hemmen und ihn schlimmstenfalls soweit bestimmen, daß er die falschen Einschätzungen seines Patienten teilt. Das hier skizzierte psychische Zusammenspiel bekommt in totalitären Staaten eine dramatisch zugespitzte Form, ist aber auch in der normalen psychoanalytischen Praxis nie ganz abwesend. Eine unbewußte gemeinsame Scham kann die Aufmerksamkeit des Analytikers durchaus beeinträchtigen.

Eine symbiotische Beziehung herstellen und Verleugnungen aufheben

Der Patient, der nach schweren psychischen Traumen an der Bürde einer nicht mitteilbaren Scham trägt, braucht als erstes eine symbiotische Beziehung mit seinem Therapeuten. Das meint Winnicott, wenn er von der Möglichkeit des Patienten spricht, den Therapeuten zu „benutzen", um eine Beziehung aufzubauen. Dazu muß der Therapeut einiges von der Reserviertheit aufgeben, die sonst im Umgang mit Neurotikern angezeigt ist. So sollte er nicht bloß schweigend zuhören, sondern ab und zu auch eine aktive, warmherzige Haltung einnehmen. Das gemeinsame Ziel von Patient und Therapeut, die traumatisierende Erfahrung des Patienten bewußtzumachen, rechtfertigt ein solches Vorgehen.

Außerdem ist eine symbiotische Beziehung nötig, damit der Analytiker erkennen kann, wie tief beim Patienten das Trauma aus konflikthaft erlebten Situationen reicht. Nichts von dem, was er erlebt hat, sollte als hinnehmbar oder zu rechtfertigen betrachtet werden. Jeder Versuch, die Traumen als eine Befriedigung infantiler oder masochistischer Persönlichkeitsmerkmale zu deuten, kann nur dramatische Folgen haben. Selbst wenn die traumatische Erfahrung bestimmte verdrängte oder abgespaltene infantile Wünsche (zum Beispiel der archaische Wunsch nach Abhängigkeit von einer allmächtigen Autorität) befriedigt haben sollte, so war die Erfahrung selbst niemals vom Patienten gewünscht. Der Therapeut muß zuerst die narzißtischen Kränkungen und Demütigungen seines Patienten anerkennen, ehe dieser das Leugnen der Aggression aufgibt, dessen Opfer er geworden ist. In bestimmten Fällen kann ein Individuum erst dann von Leid und Scham befreit werden, wenn der Wert erkannt ist, den beides für einen oder mehrere andere aus der Gruppe hat. Soll die Wiederholung bestimmter, mit Leid und Scham verknüpfter Haltungen unterbunden werden, müssen nicht nur die wirklich erlebten Schamsituationen gesehen werden, sondern auch die Befriedigung, die der (oder die) Täter aus der Demütigung des Opfers gezogen hat (haben). So war es im Fall von Françoise (Kapitel 6): Sie hatte nicht erkannt, welche Befriedigung ihre Mutter bei der Demütigung ihrer Tochter fühlte. Weil sie diesen Mechanismus nicht durchschaute, blieb sie der Scham verhaftet. Die Analyse der Stellung des Individuums in seiner Gruppe hat den Zweck, ihm die Existenz solcher unbewußter „Bündnisse" (Kaës 1989) zu verdeutlichen. Die Analyse deckt auf, wie die Scham entsteht, und hilft dabei, sich aus den krankmachenden alten Beziehungen zu lösen. Andererseits ist es gefährlich, dem Patienten zu früh Einblick in die psychische Dynamik der Person zu geben, unter der er zu leiden hatte. Oft wiederholt ja der Täter an seinem Opfer, was er zuvor selbst durch einen anderen erlitten hat. Soll die Erklärung aus der Sicht des Betroffenen nicht als mangelhaftes Verständnis des Analytikers erfahren werden – oder gar als ein Versuch, sich auf die Seite des Angreifers zu stellen –, darf sie erst am Schluß einer langen Bewußtmachung kommen. Erst dann hat der Betroffene genügend Einsicht in seine Lage, um dem anderen zu verzeihen oder auch nicht.

Ebenso darf man nie die Faktoren, die das schambehaftete Trauma ausgelöst haben, mit dem Wiederaufleben verinnerlichter Objekte des Betroffenen verwechseln. Die Scham kann, wie wir gesehen haben, von einem echten Liebesobjekt kommen; sie kann aber auch von einer fernstehenden Person, ja von einem Fremden ausgelöst werden.

Schließlich ist es wichtig, daß bei der Bewußtmachung der Scham auch die Sekundärprozesse gestärkt werden, um die desintegrierenden Wirkungen in Schach zu halten. Dazu werden mit dem Betroffenen die genauen Umstände des Schamgefühls in räumlicher und zeitlicher Hinsicht rekonstruiert, um ihm einen Rahmen zu verschaffen, der wie eine psychische Hülle wirkt. So verhindert man, daß die Scham das gesamte psychische System besetzt und auch im Alltag alles Fühlen und Wahrnehmen tönt. Eine solche analytische Arbeit ist jedoch erst möglich, wenn die Sekundärprozesse des Betreffenden stark genug sind, um die Rekonstruktion der Bedingungen seiner Scham in Angriff zu nehmen. Die Stärkung der Sekundärprozesse muß also bei weniger traumatisch empfundenen Ereignissen ansetzen, ehe den schamerzeugenden nachgegangen werden kann.

Suggestion vermeiden

Wir haben gesehen, daß die Scham in den meisten Fällen aus der Verinnerlichung der Haltung eines „beschämenden" Dritten stammt. Wird hingegen eine Verinnerlichung abgelehnt, zeigt sich das in Gefühlen wie Wut und Auflehnung. Immer wenn ein Dritter aus einer Autoritätsstellung heraus auftritt, besteht die Gefahr, daß das Individuum unter „Einfluß" gerät und das Urteil des anderen verinnerlicht. Der Analytiker setzt sich damit dem Vorwurf aus, er nutze – ohne sein Wissen – die frühere Suggestion aus. Obwohl der Vorwurf nicht direkt die Scham betrifft, ist er doch nicht ohne Bezug zu ihr. Tatsächlich kann wohl niemand behaupten, jemanden vom bedrückenden Gefühl der Scham zu befreien, wenn dazu derselbe Übertragungsweg benutzt wird wie einst bei ihrer Entstehung.

In der Psychoanalyse kann man meiner Ansicht nach in zwei Bereichen von Suggestion sprechen: zum einen bei der Wahl der Art des psychischen Materials, das der Patient bevorzugt; zum anderen beim Inhalt dieses Materials. Wenn wir für ersteres zum Beispiel dem Patienten sagen, daß die Träume für uns wichtig sind, dann wird er uns seine Träume erzählen; interessieren wir uns für seine Kindheitserinnerungen, dann wird er uns mit solchen Erinnerungen versorgen. Man sieht, daß dieser Einfluß tatsächlich zu den Grundlagen gehört, auf denen die Arbeit zwischen Analytiker und Patient erfolgt. Ich gebe im folgenden ein Beispiel für die Suggestion, die auf den Inhalt des vom Patienten gelieferten psychischen Materials ausgeübt wird.

Perrine ist dreiundzwanzig Jahre alt. Im Verlauf der Psychotherapie entdeckt sie nach und nach ihre hohen Erwartungen auf affektiven Zuspruch. Bleibt ihr Partner in dieser Hinsicht hinter ihren Erwartungen zurück, fühlt sie sich abgelehnt. Ich äußere die Vermutung, daß dahinter eine Situation aus ihrer Kindheit stecken könnte, in der sie an mangelnder Zuwendung gelitten habe, was sie später immer unzureichend zu kompensieren versuchte. Ich frage sie also, ob sie aus Kindertagen Erinnerungen an einen Austausch von Zärtlichkeiten mit ihrer Mutter habe. Sie antwortet, keine solchen Erinnerungen zu haben, dagegen erinnere sie sich noch genau an Augenblicke, in denen die Mutter ihr Liebkosungen, um die sie bettelte, verweigert habe. Unter Hinweis auf andere Erinnerungen, die mir Perrine mitgeteilt hatte, skizziere ich das Porträt der Mutter. Teils scheine sie mir gerade dann zu distanziert, wenn Perrine ihre Nähe suchte, und teils wiederum zu nah und vereinnahmend. Daraufhin erzählt sie mir zwei Erinnerungen.

Bei der ersten Erinnerung ist sie in einem Auto, ihre Mutter sitzt am Steuer und fährt in Zickzacklinie auf der Straße. Perrine sitzt mit einer Freundin im Fond. Sie hat viel Spaß. In der zweiten Erinnerung ist es Winter. Perrine geht neben ihrer Mutter und ihren Brüdern, die Laternen in der Hand halten. Es herrscht eine schreckliche Kälte. Von diesem Spaziergang bleibt ihr vor allem die Erinnerung an die Kälte, die Müdigkeit und die Unruhe (wie lange würden sie noch gehen?). In Anbetracht der beiden Kindheitserinnerungen könnte man versucht sein, eine Suggestion anzunehmen: Die Patientin hat diese Erinnerungen im Zusammenhang mit meiner Deutung mitgeteilt. Die erste gibt eine Situation wieder, die von großer Nähe zwischen Mutter und Tochter und von gegenseitiger Aufregung erzählt (beide singen im Auto). Zugleich birgt diese Nähe Gefahr (das Zickzackfahren auf der Straße). Die zweite Erinnerung ist von Distanz und Kälte geprägt. Darüber hinaus vermittelt die Patientin mit ihren Erinnerungen eine Information über die Übertragung. Bald bin ich zu kalt ihr gegenüber (ich lasse sie allein gehen; ich trage sie nicht), bald stifte ich sie zu gefährlichem Handeln an (ich veranlasse sie, im Zickzack zu fahren). Schließlich enthalten beide Erinnerungen einen Hinweis auf ihre Vorstellung von sexuellen Beziehungen: mitten im Fest bleibt sie kalt; während sie von Erregung gepackt wird, denkt sie an die Gefahr.

Worin liegt nun die Wohltat für den Patienten, sieht man einmal vom Aspekt der inhaltlichen Suggestion ab? Vielleicht darin, daß er unter Ausblendung der Sprache in die frühkindliche Empfindungswelt zurückfindet. Er kann seinen Narzißmus, der in der Welt der Sinnesempfindungen seinen Ausgang nahm, mit seinen ersten Objektbeziehungen anders verbinden und somit einen Teil dieser Objektbesetzungen auf das Subjekt hin verschieben. Es ist also nicht zu leugnen, daß die Suggestion in der Psychoanalyse eine Rolle spielt. Sie beeinflußt das Denken des Patienten in Form und Inhalt, hindert ihn aber nicht, andere Antworten als die ihm suggerierten zu finden. Dabei kann es sich um eine Vorstellung aus der Übertragung oder eine aus dem eigenen Denken oder um beides handeln.

Kann man aber in der Reflexion nicht noch einen Schritt weitergehen und fragen, ob es für den Analytiker nicht eine Möglichkeit gibt, das Risiko der „Einflußnahme" zu verringern? Die Einflußnahme besteht darin, daß sich die Botschaft nicht als das zu erkennen gibt, was sie ist, nämlich eine Auffassung des Senders, die an den Empfänger gerichtet ist. Statt dessen gibt sie sich als der Gedanke des Empfängers selbst aus. Dem kann der Psychoanalytiker nur durch Metakommunikation über seine eigenen Mitteilungen begegnen. Die Metakommunikation kann zum Beispiel darin bestehen, daß er seine Einlassungen mit Sätzen wie folgenden begleitet: „Ich möchte Ihnen meine Auffassung vorstellen, aber das ist nur eine Hypothese; sagen Sie mir, wie Sie darüber denken"; oder: „Ich wage mich mit einer improvisierten Deutung vor" (was sie selbstverständlich nicht ist, aber auf diese Weise bleibt dem Patienten die Möglichkeit, sie abzulehnen), oder auch: „Ich versuche mir ähnliche Situationen vorzustellen, mit denen ich schon einmal konfrontiert war"; oder einfach: „Meiner Erfahrung nach usw.", allerdings ohne zu präzisieren, worin diese Erfahrung besteht, denn das würde den Patienten in seinen Assoziationen nur behindern. Ein Hinweis des Analytikers auf seine eigene Vergangenheit bringt noch einen weiteren Vorteil. Dem Patienten geht daran auf, daß auch der Therapeut eine Geschichte hat. Er unterstellt seinem Gegenüber, auch einmal in Schwierigkeiten gewesen zu sein und sie dann überwunden zu haben. Das läßt ihn wiederum an die Möglichkeit glauben, seine eigenen Schwierigkeiten zu überwinden.

Der Scham ihren Wert geben

Wir haben gesehen (Kapitel 5), daß die Scham Ausdruck der Distanz ist, die ein Individuum gegenüber sich selbst einnimmt: Wer sich schämt, kann sich selbst als einen anderen vorstellen. Die Fähigkeit zum Wandel ist genau das, was es am Schamerfüllten aufzuwerten gilt, damit er sich aus einer Situation befreit, die als Schande erlebt wird. Wir haben aber auch gesehen, daß in einer solchen Situation die Schamreaktion ausblieb bzw. daß die Scham sich hinter der Maske anderer Gefühle verbarg, die beim Betroffenen selbst oder in seiner Umgebung eher akzeptiert waren. Die Schande bloßlegen und Scham zeigen ist die entscheidende Etappe, die das Individuum erreichen muß, soll es mit dem bisherigen Lauf seines Lebens wieder versöhnt werden. Die Schwierigkeit dabei besteht allerdings darin, daß die Scham ein Gefühl ist, das dem Betroffenen ursprünglich von einem Dritten aufgezwungen wurde. Ein Dritter hat ihn beschämt, deshalb kann auch nur ein anderer ihn wieder von der Scham befreien, indem er bestätigt, daß sie existiert und daß sie begründet ist. Der Schamerfüllte braucht tatsächlich weniger ein Übertragungsobjekt als einen Zeugen, der ihm hilft, seinen Platz in der Gemeinschaft wiederzuerlangen.

Gewöhnlich verhindert die Furcht, die Scham könnte „ansteckend" wirken, daß sie artikuliert wird (siehe Kapitel 2). Sobald der Dritte, dem die Scham anvertraut wird, seinerseits Zeichen der Scham erkennen läßt, ist das Unternehmen gescheitert, und die Bürde der Scham fällt um das Zehnfache schwerer auf den zurück, der gewagt hat, von ihr zu sprechen. Deshalb muß der Analytiker, wenn er denn bei der Überwindung der Scham helfen soll, auch dazu fähig sein, dem Patienten zu verordnen, „die Scham vor der Scham" abzulegen. Tatsächlich ist es Scham, was den Betroffenen an der Artikulation der Scham hindert. Sich zu schämen heißt, sich in den Augen der anderen als unwürdig zu bezeichnen. Die Scham vor der Scham schützt gerade vor dem Risiko, daß aus dem zum Vertrauten Auserwählten ein weiterer Ankläger wird, sei es für den Schamerfüllten selbst oder für die Person, für die er sich schämt. Der Analytiker soll daher nicht nur Sensibilität für die sich zeigende Scham haben, sondern auch für eine solche, die sich nicht zeigen kann. Einem Patienten, der gewaltsam die Tränen zurückhält, kann mit der Feststellung „Sie sind traurig" im voraus die Scham vor den Tränen genommen werden. Er unterdrückt dann seine Traurigkeit nicht und findet in den meisten Fällen seine Fähigkeit zum freien Assoziieren wieder. Auch muß die Scham manchmal ähnlich wie Traurigkeit oder Zorn vom Analytiker in die Therapiesituation eingeführt werden. Einem Patienten zu sagen „Sie schämen sich", gibt einem Affekt, der bisher aus Sprachlosigkeit aus der inneren Welt des Patienten verbannt war, seinen Platz zurück. Dadurch, daß es dem Patienten erlaubt wird, über seine eigene Scham zu sprechen, wird ihm die Möglichkeit gegeben, die eventuell bei ihm vorhandene Scham eines anderen zu erkennen.

Jean Cournut (1991) hat im Verlauf seiner Arbeit mit Patienten, die unter unbewußten Schuldgefühlen leiden, eine Beschreibung dreier verschiedener Typen vorgelegt. Der erste Typ bietet das Bild einer „Wüste"; sein Gefühlsleben ist flach und funktioniert nur noch gewohnheitsmäßig; eventuell liegt eine Drogenabhängigkeit vor. Diejenigen des zweiten Typs nennt er die „Aufgeputschten", weil sie den Exzeß in allen seinen Formen suchen, gern dem Tod ein Schnippchen schlagen und Drogen nehmen (aber anders als diejenigen der ersten Kategorie sind sie extrovertiert und erleben ihre Sucht in „heroischer" Steigerung). Schließlich beschreibt er noch die „Vagabundierenden", die Verabredungen nicht einhalten, chronisch unpünktlich sind und sich einfach treiben lassen. Cournut kommt zwar das Verdienst zu, bei den Analytikern wieder Interesse für Patienten zu wecken, die gemeinhin das Etikett „unerwünscht" tragen, aber seine Charakterstudie hat den Nachteil, die Symptome im Zusammenhang mit den Familiengeheimnissen zu sehr einzugrenzen. Ich habe dargelegt, daß Individuen, die an einem Familiengeheimnis zu tragen haben – und an der Scham, die es begleitet – alle möglichen Symptome, ob neurotischer, psychotischer oder perverser Art, zeigen können (Tisseron 1990a). Deshalb möchte ich mich nicht mit einer Patientenklassifizierung aufhalten, sondern meine Aufmerksamkeit auf „Anzeichen für generationenübergreifende Übertragung" richten. Es sind Besonderheiten, die unabhängig von den Symptomen der Patienten auftreten, und an sich noch nicht das Vorhandensein eines generationenübergreifenden

Symptombildes beweisen. Aber sie sollten den Analytiker für diese Frage sensibilisieren. Zu den Anzeichen – die ich hier nicht weiter erläutere – zählen folgende:

- das Gefühlsleben ist insgesamt von Fatalismus und dem Gefühl des Fremdseins getönt;
- willkürlich gesetzte Fristen, die sich der Patient ausgedacht hat, müssen dazu herhalten, die Lösung einer Ehe oder einer beruflichen Bindung oder den Abbruch der Psychotherapie, ja sogar den Selbstmord zu begründen;
- Wiederholungshandlungen nehmen am Ende die Form einer Herausforderung potentieller Verfolger an;
- ein physisches Auftreten, das Diskrepanzen aufweist, z. B. zwischen Alter und Kleidung oder Benehmen;
- Brüche in der Rede und abrupte Intonationswechsel, als ob sich mehrere Personen, jede mit eigenem Stil, um den Patienten stritten;
- in der Gegenübertragung herrscht Scham und Entmutigung vor, als ob etwas Fatales und allem sprachlichen Ausdruck Entzogenes bereits eingetreten wäre.

Zu den Anzeichen, die mich ferner besonders interessieren, zählt der Versuch des Patienten, die Geschichte des Familiengeheimnisses zu verstehen und zu rekonstruieren. Schließlich ist auch die Aggressivität gegenüber dem Analytiker ein wichtiges Indiz. Beides verweist direkt auf die Scham eines anderen im Patienten.

Die generationenübergreifende Rekonstruktion der Scham

Häufig versuchen Patienten, die ein Familiengeheimnis in sich tragen, im Lauf ihrer Analyse die Geschichte ihrer Familie zu rekonstruieren. Statt die Bedingungen ihres eigenen Denkens und Fühlens und die Ursachen ihrer Schwierigkeiten genauer zu verstehen, scheinen sie sich vorzugsweise um die Bewußtmachung der Schwierigkeiten ihrer Eltern, ja sogar ihrer Großeltern zu bemühen. Eine solche Haltung muß einem Psychoanalytiker wie eine Form der Abwehr vorkommen! Dies umso mehr, als dieses Phänomen oft gerade dann zu beobachten ist, wenn Analytiker und Patient gemeinsam zu der Überzeugung gekommen sind, daß der Patient bei seinen Vorfahren auf Unverständnis stoßen mußte. Ferner geht dieser Rekonstruktionsversuch mit einer verständnisvolleren Haltung gegenüber den Eltern einher, ja man könnte von einer therapeutischen Einstellung sprechen. Auch das kann in den Augen des Analytikers als eine Form der Abwehr gegen den analytischen Prozeß angesehen werden.

Wenn eine solche Haltung bei einem Patienten entsteht, möchte der Patient damit oft ergründen, warum seine Eltern bei bestimmten Gelegenheiten hartnäckig geschwiegen haben, warum sie gerade diese Haltung angenommen oder dies und jenes zu tun vermieden haben. Der Rekonstruktionsversuch in der Therapie ist oft als ein Zeichen dafür zu werten, daß ein ähnlicher Versuch in der Familie an der Scham eines Elternteils gescheitert ist. Von dieser Scham – die er übrigens oft übernommen hat – möchte sich der Patient in der Therapie befreien. Diese nie ausgesprochene Scham hat er als Kind hinter zahlreichen verbalen und nonverbalen Zeichen im kommunikativen Miteinander der Erwachsenen gespürt. Dann hat er sie so verinnerlicht, daß er zum Träger eines ihm selbst fremden Gefühls geworden ist. Um die Scham und ihre Vorläufer bildet sich das geheime Band, das für die Wahrung des Geheimnisses sorgt. Die Individuen, die ohne ihr Wissen von dem schambehafteten Geheimnis eines anderen geprägt sind, müssen von einer dauernden, aber nicht abschließbaren Erforschung der eigenen Familie zu einer unbedingten Loyalität gegenüber einem Surrogat der elterlichen Autorität wechseln, sei es religiöser, ideologischer oder politischer Natur. In diesen Ersatzfamilien spielen sie häufig die Rolle des eifrigen Schülers, der die Worte der (des) Meister(s) kritiklos wiederholt, so groß ist ihre Furcht, Zurückweisung – und daraus folgende Scham – zu erfahren.

Wenn der Psychoanalytiker dem Patienten in den Phasen der Erkundung und Hinterfragung des familiären Imaginären beisteht, geht der Patient gestärkt daraus hervor und verbessert auf längere Sicht seine Fähigkeiten zur Symbolisierung der eigenen Geschichte. Daß sich solche Patienten überhaupt und gegen das Familienverbot bewußt mit ihrer Familiengeschichte auseinandersetzen, ist bereits ein großer Sieg über die Kräfte des Vergessens und des Todes. Man verlange also nicht auch noch, daß sie mit ihren Vorstellungen auf Anhieb richtig liegen! Ihre Auseinandersetzung ist an sich schon strukturierend, unabhängig vom Inhalt. Dieser ist sowieso häufig nur provisorisch und wird im Zuge der weiteren Reflexion immer wieder abgeändert.

Was die Versuche des Patienten betrifft, die von den Eltern erlebten traumatischen Situationen zu rekonstruieren, so gehören sie eher in den Bereich des Mythos als in den der historischen Realität. Doch kann das verwundern, wenn jede Symbolisierung seitens der Eltern vorher immer gefehlt hat? Dabei darf man aber diese Rekonstruktionen nicht mit den persönlichen Phantasien verwechseln, wie sie uns im Freudschen „Familienroman" der Neurotiker begegnen. Wir haben es mit dem Versuch zu tun, die hier und da aufgelesenen, bisweilen geheimnisvollen Bruchstücke der Familiengeschichte zusammenzusetzen. Es wäre ein fataler Irrtum, wenn der Psychoanalytiker meinte, bei diesen „Geschichten" handele es sich um verdrängte Wünsche des Patienten oder gar um sadistische Phantasien! Der Charakter des „Phantasierten" war gerade der Grund, warum die Symbolisierungsversuche des Patienten im Milieu seiner Herkunft immer auf Ablehnung gestoßen sind.

Wenn der Analytiker dem Patienten in dieser Phase die Anerkennung versagt oder, schlimmer noch, wenn er ihn mit dem Bescheid abweist, das seien lediglich seine „Phantasien", dann steht zu fürchten, daß die Analyse zum Stillstand kommt oder in eine Idealisierung des psychoanalytischen Prozesses abdriftet. Die Patienten wechseln dann unvermittelt von einer skeptischen oder oppositionellen Haltung zu einem vorbehaltlosen Eintreten für die analytische Sache. Die Sorge um die „Symbolisierung" verdrängt nach und nach die Sorge um die realen Bezüge.

Der Patient scheint sich mit den Mängeln seiner Kindheit abzufinden und richtet sein Interesse auf den analytischen Prozeß, der nun im Zentrum seiner Aufmerksamkeit steht. Der Wunsch, selbst Analytiker zu werden, entspricht dem Willen, mit der Verdrängung der Familie abzuschließen, um einen Platz in einer Ersatzfamilie zu finden. In einem solchen Fall ist die Gefahr groß, daß es zur Herausbildung eines, wie ich es nennen möchte, falschen Selbst in der Parteinahme für die Psychoanalyse kommt. Charakteristisch dafür ist die Unterwerfung unter die Hierarchie (mit den diversen Graden der psychoanalytischen Autoritäten) und die Dramatisierung dessen, worum es in der Übertragung geht: Die Analytiker werden als Eltern angesehen (zwar nur „symbolische Eltern", aber dennoch „Eltern"), der Klient nimmt einen floskelhaften Jargon an, theoretische Ansätze, die das Risiko bergen, ein bestimmtes Dogma in Frage zu stellen, werden abgelehnt usw. Solche Verhaltensweisen werden besonders gern von jungen Analytikern angenommen. Sie kommen häufiger vor, als man glauben möchte, und werden von allen Gruppen gefördert. Sie gehören zum Alltag der psychoanalytischen Einrichtungen, angefangen bei der nicht immer stillschweigenden Ermunterung gewisser Analytiker, um ihre Patienten für die „Sache" der Psychoanalyse zu gewinnen.

Scham eines anderen und Aggressivität in der Übertragung

Die vollständige Aufarbeitung der Scham gelingt nur durch die Identifikation des Angreifers, der sie ausgelöst hat. Das ist unerläßlich für Patienten, die eine traumatische Situation durchlebt haben, aber auch für solche, die sich unter dem Einfluß eines Elternteils, der an einem nicht mitteilbaren Trauma leidet, die Scham des anderen zu eigen gemacht haben.

Grubrich-Simitis (1984) hat bei ihrer Arbeit mit Kindern von Nazi-Verfolgten festgestellt, daß der psychische Schaden, den das Kind von der vorangegangenen Generation mitbekommen hat, nur unter zwei Bedingungen behoben werden kann: Einerseits muß man dem Kind erlauben, das Trauma der Eltern benennen zu dürfen; andererseits muß klar sein, daß dieses Trauma von einem realen Aggressor stammt. Nur unter diesen Voraussetzungen kann die Leugnung aufgehoben werden, mit der sich die vorangegangene Generation gegen die Wirkungen eines namenlosen Schreckens samt der mit ihm verbundenen Scham schützen wollte. Dann ist auch die Gefahr gebannt, daß sich der Patient in eine unbewußte Wiederholung dieser Erfahrung verstrickt. Bei den erwachsenen Patienten scheint es mir angezeigt, daß neben die Rekonstruktion der traumatischen Erfahrung und die Nennung des Aggressors auch noch die Bewußtmachung der Übertragungsdynamik treten muß. Oft ist es nämlich der Analytiker selbst, der während des langen Suchens nach der generationenübergreifenden Scham die Rolle des Angreifers übernehmen muß! Was muß er sich nicht alles anhören: Er bereichere sich auf Kosten der Armen, er sei unmenschlich und habe für andere nur Verachtung übrig – alles das kann sich hinter dem verhüllenden Ausdruck „negative Übertragung" verbergen. Den Patienten, die die Scham eines anderen in sich tragen, fehlt es wahrlich nicht an Gelegenheiten, ihren Analytiker zu beschämen! Ich frage mich allerdings, ob ihre Angriffe nicht die einzige Möglichkeit sind, der Idealisierung des therapeutischen Prozesses zu entgehen, mit der sonst die Frage nach der generationenübergreifenden Scham künstlich abgeschlossen würde. Die einzig richtige Antwort des Analytikers bestünde dann gerade nicht darin, eine brillante Deutung zu geben, sondern sich verletzbar zu zeigen. Erst daran könnte der Patient erkennen, wie unbegründet die Idealisierung des Analytikers bzw. seine eigene Aggressivität ist.

Ferner darf nicht vergessen werden, daß für solche Patienten eine phantasierte Bindung an ihre Herkunftsfamilie in allen Phasen wesentlich bleibt. Jede Lösung dieser Bindung bedeutet für sie, sich auf die Seite der Verfolger zu schlagen, die den Eltern oder Großeltern jene verheerenden Demütigungen zugefügt haben. Nun wird die Kontinuität aber durch die Psychotherapie bedroht. Diese ist bekanntlich eine „Redekur", während die Patienten oft aus einem kulturell benachteiligten Milieu kommmen, in dem der verbale Ausdruck der Subjektivität einen niedrigen Stellenwert hat. Wie der Soziologe Basil Bernstein (1980) gezeigt hat, ist die sprachlich-begriffliche Kommunikation in solchen Milieus eher dürftig, während Emotionen und die gesamte Körperlichkeit an vorderster Stelle stehen. Daher ist es nicht selten, daß es bei Patienten während der Therapie zu Affektentladungen und leidenschaftlichen Ausbrüchen kommt. Statt nun solche Haltungen systematisch auf einen Konstitutionsmangel des Ich zurückzuführen (indem man solchen Menschen eine „Ich-Schwäche" attestiert, oder sie „narzißtische Persönlichkeiten" nennt), frage ich mich, welche Rolle diese Haltungen während der Behandlung für die Aufrechterhaltung einer privilegierten Bindung zur familiären Kommunikation spielen. Die Psychotherapie bringt für sie einen zweifachen Bruch: hinsichtlich ihrer persönlichen Orientierungen und hinsichtlich ihrer Familienkultur. Man kann sich fragen, ob die Ablehnung der emotionalen Dimension durch den Analytiker – was sich in erster Linie durch die deutlich markierte Gleichgültigkeit zeigt, wenn er nicht gar gelangweilt ist – nicht die Ursache für das selten artikulierte Gefühl des Patienten ist, sich in der Psychotherapie von der Familientradition zu lösen. Ein solches Gefühl kann für den Patienten, der „in der Analyse" bleiben will, die Gefahr der Überkompensation mit sich bringen: erst durch den Aufbau eines „falschen Selbst" samt Verpflichtungen in der „psychoanalytischen Genealogie", dann durch die Vorstellung, daß die Analyse den sozialen Aufstieg bedeute, der sich aus Mangel an handfesten Beweisen (die jedoch von der sofortigen Niederlassung als Psychoanalytiker erwartet werden) in der Zugehörigkeit zu einer Art unsichtbarem Klub oder Geheimgesellschaft all jener zeige, die „die Initiation durchlaufen haben" (Tisseron u. Tisseron 1986).

Im Gegensatz dazu ist der analytische Prozeß auf den Patienten zentriert, wenn die Scham eines anderen im eigenen Selbst durchgearbeitet wird. Das wirkt der Gefahr der Verfolgung und der Idealisierung entgegen. Bei dieser Vorgehensweise braucht sich der Patient nicht von seiner Herkunft loszusagen. Für ihn beginnt eine unabschließbare Auseinandersetzung mit seiner persönlichen, familiären und genealogischen Geschichte, die wiederum eine Vorbereitung für eine ähnliche Befragung der Geschichte aller „Ersatzfamilien", ob religiöser, mystischer, politisch-kämpferischer oder psychoanalytischer Art, darstellt.

Schließlich kann man sich fragen, ob das Bemühen um ein soziologisches Verständnis der Familie nicht auch eine Bedingung dafür ist, sich von der Scham eines anderen zu befreien. Das Verständnis der historischen und sozialen Voraussetzungen der Elterngeneration bringt für den Patienten sehr viel mehr als eine neue Sicht der Realität seiner Eltern. Mit dem Verständnis ist ein Verzicht auf die Vorstellung von der Allmacht des Subjektiven verbunden. Wenn das Verhalten der Eltern im Licht der Verhältnisse erscheint, die damals geherrscht und zumindest teilweise deren Verhalten bestimmt haben, dann erfährt das Individuum umgekehrt auch die Grenzen seiner Subjektivität. Sehr oft haben die Eltern ihr Kind mit etwas beschämt, das sie selbst als Beschämung durch ihre Eltern erfahren hatten. Sie haben an sie weitergegeben, womit man sie in ihrer Kindheit beschämt hat, ohne Rücksicht auf die geschichtliche Fortentwicklung und den Wandel der Sitten, allein aus Loyalität gegenüber ihren Eltern. Zur Bürde des Weitergegebenen gehört auch alles, was sie in ihrem Erwachsenenleben, im Berufsleben oder in anderen Bereichen des gesellschaftlichen Lebens an Demütigungen erleben mußten.

155

8. Ein therapeutischer Ansatz für die Scham: Die Vermittlung durch Bilder

Aus unserer Darstellung der verschiedenen Therapieansätze für die Scham geht hervor, daß es eine spezifische Therapie der Scham nicht geben kann. Vielmehr muß seitens des Analytikers zuerst einmal eine Sensibilität für einige Hauptschwierigkeiten der Behandlung vorhanden sein: der Umgang mit dem Aggressionspotential beim Patienten; Aufmerksamkeit für die Folgen vergangener und gegenwärtiger Traumen; die Beachtung des bisher noch unzureichend erforschten Bereichs der Verkapselungen im Ich und ihre Wirkungen auf mehrere Generationen. Im folgenden möchte ich einen Behandlungsansatz vorstellen, der weder spezifisch noch exklusiv bei Schamproblemen angezeigt ist, aber, wie mir scheint, eine wesentliche Rolle in der Therapie spielt. Ich meine die Verwendung psychischer Bilder als Vermittler zwischen nicht mitteilbaren Affekten und geistigen Vorstellungen. In der Freudschen Theorie gilt das psychische Bild – auch wenn manche Fallbeispiele Hinweise auf eine andere Sicht zulassen, wie wir noch sehen werden – in erster Linie als eine Form der intellektuellen Regression. Mir scheint indes, daß es sehr oft gerade die unerläßliche Grundlage für den Aufbau der Vorstellungen ist. Für den Analytiker ist es daher wichtig, daß er ein Gespür für den Zeitpunkt hat, in denen die Patienten solche Bilder entwickeln. Von hier führt der Weg aus der Verstrickung in Schamgefühle hin zu distanzierenden Vorstellungen.

Scham wird selten als solche erlebt und benannt. Meistens tritt sie mit einem Verlust von Orientierungen auf, die in schweren Formen bis zu Funktionsstörungen der psychischen Hülle gehen können. Die Behandlung von Patienten mit solchen Funktionsstörungen kann, so scheint mir, dadurch erleichtert werden, daß man die psychischen Bilder in ihnen mobilisiert. In der Konfrontation mit den Grenzsituationen erlebt der Patient erneut den Augenblick der einschneidenden Erfahrung, als sein Empfindungsvermögen verbrannt oder betäubt wurde. Er erhält nun die Möglichkeit zur Regenerierung seiner Sensibilität, indem er abgespaltene Teile seines Selbst wieder re-introjiziert. Freilich sind solche Konfrontationen nur möglich, solange der Patient die Kraft hat, sich ihnen zu stellen. Andernfalls wiederholen sie nur das ursprüngliche Trauma mit allen Risiken für das psychische System. An dieser Stelle kommt der Vermittlung durch Bilder eine wichtige Rolle zu.

Daß Bilder eine förderliche Rolle spielen können, ist seit vielen Jahren aus der Psychotherapie von Kindern und psychotischen Patienten bekannt. Bei Kindern hat sich in der Therapie das Malen und Zeichnen allgemein durchgesetzt (Morgenstern 1927; Dolto 1971), bei Psychotikern ist es das Gestalten mit Ton oder Plastilin (Pankow 1956). Mir kommt es darauf an zu zeigen, daß bei bestimmten Patienten psychische Bilder oder Sprachbilder ebenfalls diese Rolle spielen können, oder anders gesagt, daß die Verwendung solcher Bilder die Behandlung vieler Patienten erleichtern kann. Ferner dürfte klar sein, daß diese Überlegungen keineswegs die erprobten psychoanalytischen Verfahren ausschließen, wie etwa Deutungen im Zuge der Übertragung oder, wenn die Situation es erfordert, die Interpretation der Übertragung selbst.

Meine Überlegungen kreisen um drei Fragen. Die erste betrifft die Rolle des Körpers in Sprache und Bild. Für das Verständnis des Unbewußten hat Freud den Bildern stets die Priorität gegeben, ob den Bildern der hysterischen Rede in den *Studien über Hysterie* (1895) – die berühmten Reminiszenzen – oder später den Bildern des Traums, des „Königswegs zum Unbewußten". Für ihn sind die Bilder näher an der Vorstellungsweise des Unbewußten, während die Sprache eher den Sekundärprozessen folgt, die für das Bewußtsein charakteristisch sind. Nach seiner Auffassung sind Bilder Träger des körperlichen Unbewußten und des Unbewußten der persönlichen Geschichte. Was geht aber in einem Patienten vor, wenn seiner Sprache die Bilder fehlen?

Die zweite Frage untersucht das Bild in seinem Bezug zur Realität. Bringt die Übersetzung der mentalen Bilder in die Worte der Sprache, ohne die es keine Psychotherapie gäbe, nicht eine zu große Frustration für den Patienten mit sich? Die Versprachlichung eines Bildes geht nie ohne beträchtliche Verluste an Farbe, Dynamik, Tiefe vor sich. Man muß schon Dichter sein, um sich in Bildern sprachlich ausdrücken zu können. Nicht wenige überlassen sich lieber dem Charme der Bilder selbst, als sich mit der unvermeidlich blassen Übersetzung in diskursive Sprache auseinanderzusetzen. Daß die Frustration für die Behandlung notwendig ist, kann nicht bestritten werden. Die Frage ist nur, ob sie für den Patienten immer zumutbar ist und wie der

Analytiker vorgehen soll, damit dieser für die Behandlung unerläßliche Hebel sich nicht in ein Haupthindernis verkehrt.

Die dritte Frage zielt auf die gemeinsame Vorstellungswelt, die das Bild braucht, soll es mit anderen geteilt werden und nicht in Beliebigkeit abrutschen. Jedes Bild, das beim Empfänger eine Saite anrührt, erweitert den Austausch zwischen den Vorstellungswelten der beiden Protagonisten. Wenn das Bild ein wirksames therapeutisches Instrument sein soll, setzt das eine gemeinsame Sensibilität voraus. Michael Balint (1996) hat bei somatisch Kranken beobachtet, daß diese vorzugsweise Handlungsbilder benutzen, wenn sie dem Arzt ihre Schmerzen begreiflich machen wollen: Die Schmerzen „stechen", „erwürgen" oder „ersticken" sie. Oder sie benutzen Wendungen wie „als ob ein Teil von mir abgestorben wäre" oder „ein totes Gewicht im Innern". Die Bilder entspringen dem Bemühen des Kranken, sich die Krankheit vorzustellen, um sie in ihrer Vorstellungswelt zu beherrschen. Dabei ist es wichtig, daß nicht die subjektivsten Bilder gesucht werden, sondern konventionelle Bilder, die die Sprache bereitstellt, mit anderen Worten solche Bilder, die den Kranken mit einer der Sprachgemeinschaft eigentümlichen Symbolik konfrontieren. Der Schamerfüllte zeigt eine spontane Neigung zum bildlichen Ausdruck, als ob er, nachdem er zeitweise alle Orientierung verloren hat, über das Bild die Verbindung mit den anderen wiederherstellen möchte: „den absoluten Tiefpunkt erreichen", „den Boden unter den Füßen verlieren", „im Erdboden versinken", „sich am liebsten in einem Mauseloch verstecken", „es nicht fassen können" usw. Bei dieser typischen Ausdrucksweise stellt sich die Frage, inwieweit die Bilderproduktion zur Wiedereingliederung des Betroffenen genutzt wird.*

Wir werden die Rolle der Bilder in der Behandlung anhand dieser drei Themenfelder untersuchen: die Körperbilder (in ihrer Doppelgestalt einerseits als Versuch, sich imaginär die Herrschaft über etwas zu verschaffen, und andererseits als Verlangen nach Anerkennung

---

* Forschungen im Bereich der Psycholinguistik haben ebenfalls gezeigt, daß sich Empathie als Zeichen einer geglückten Kommunikation nur dann zwischen zwei Individuen einstellt, wenn ihre Beiträge Bilder enthalten, die der gleichen Wahrnehmungssphäre angehören: zum Beispiel visuelle, auditive oder motorische Bilder. Anders gesagt, das Bild ist keine sprachliche Hervorbringung, die auf halbem Weg zwischen unbewußten und bewußten Prozessen anzusiedeln wäre. Man sollte es eher als ein gängiges Tauschobjekt im sozialen Miteinander ansehen, das einerseits jeden mit seiner narzißtischen Dimension konfrontiert, aber andererseits auch eine objektbezogene Dimension besitzt.

durch den anderen); die Sinnesempfindung in ihrer ganzen Komplexität; die unerläßliche Illusion eines gemeinsamen psychischen Raumes.

Bilder und der hysterische Körper

Freud erwähnt in den *Studien über Hysterie* (1895), daß er die hysterische Symptomatik oft mit einer „Bilderschrift" vergleiche. Er verwendet diesen Ausdruck erstmals in Bezug auf den Fall der Katharina, deren Drang, sich zu erbrechen, mit einem – verdrängten – Ekel zusammenhängt, den sie sich zugezogen hatte, als sie ungewollt Zeugin einer Schlafzimmerszene wurde. Der Ekel vor sexuellen Handlungen ist nicht weit vom Gefühl der Scham entfernt. Zumindest sind beide Gefühle verbunden, da die überraschende Entdeckung einer sexuellen Szene beim Augenzeugen im allgemeinen eine „Verlegenheit" auslöst, die zwar selten „Scham" genannt wird, aber doch einen „schändlichen" Zug aufweist, weil in einer solchen Situation voyeuristische Triebregungen eine unerwartete und verstohlene Erfüllung finden.

Für Freud ist das Erbrechen ein Bild für einen unaussprechlichen Ekel, der einen für alle sichtbaren Ausdruck erhält. Übrigens ganz so wie in frühen Stummfilmgrotesken und auch heute noch in Comic strips, wo das Angewidertsein sogleich von einer Grimasse wie beim Erbrechen begleitet wird. Die Frage lautet dann: Ist ein solcher Körperausdruck charakteristisch für das Verhalten des Hysterikers oder liegt darin das Wesen des Strebens nach Ausdruck überhaupt? Freud scheint damals zur zweiten Annahme zu neigen, wenn er schreibt:

„Alle diese Sensationen und Innervationen gehören dem ‚Ausdruck der Gemütsbewegungen' an, der […] aus ursprünglich sinnvollen und zweckmäßigen Leistungen besteht; sie mögen gegenwärtig zumeist so weit abgeschwächt sein, daß ihr sprachlicher Ausdruck uns als bildliche Übertragung erscheint, allein sehr wahrscheinlich war das alles einmal wörtlich gemeint, und die Hysterie tut recht daran, wenn sie für ihre stärkeren Innervationen den ursprünglichen Wortsinn wieder herstellt. Ja, vielleicht ist es unrecht zu sagen, sie schaffe sich solche Sensationen durch Symbolisierung; sie hat vielleicht den Sprachgebrauch gar nicht zum Vorbilde genommen, sondern schöpft mit ihm aus gemeinsamer Quelle." (1895)

Für Freud holt die Hysterie eine Empfindung wieder in den gesellschaftlichen Verkehr zurück, der sich die Sprache ursprünglich anpassen mußte. Im Gegensatz zu der von Freud beschriebenen Hysterie scheinen es gerade konventionelle Sprachbilder zu sein, die bei gewissen Patienten als Ausdruck funktionieren. Diese Bilder, die auch durch die Psychoanalyse Verbreitung gefunden haben können, entsprechen dem, was in einer bestimmten Situation als angemessenes Empfinden gilt.

So erzählt eine Patientin, übrigens selbst Psychologin, wie sie als Kind ins elterliche Schlafzimmer eingedrungen war und die Eltern beim Geschlechtsakt überrascht hatte. Sie sagt in vergnügtem Ton und wie wenn sie sich selbst über ihre damalige kindliche Reaktion amüsierte, daß sie „angeekelt" gewesen sei. Dann fährt sie fort, als Kind habe sie nie gedacht, daß die Eltern ein Geschlechtsleben haben könnten. Während Freuds hysterische Patientinnen Körperbilder hervorbrachten, scheinen heute bei vielen Patientinnen und Patienten von Kindheit an gerade diese Bilder blockiert gewesen zu sein und mit ihnen die dazugehörigen Gefühle der Verlegenheit, der Scham oder der Schuld. Folglich erscheint ihnen die Psychoanalyse als ein Ort, wo Vorstellungen, Gedanken und eventuell auch Erinnerungen mitgeteilt werden können, wo aber der Körper in keiner Form beteiligt sein darf, außer in Form von sexuellen Anspielungen (die Libidotheorie fordert ihren Tribut). An dieser Stelle ist ein Blick auf die Arbeiten von Gisela Pankow nützlich, die ihre Forschung den psychischen Bildern und deren Bezug zum Körper gewidmet hat.

Bilder und der psychotische Körper

Die Behandlung eines Psychotikers stellt den Arzt vor eine Reihe von Phänomenen, denen in der psychoanalytischen Situation schwer beizukommen ist: einerseits der Mangel an „strukturierenden Phantasmen", die dem Individuum als Grundlage für sein eigenes Denken dienen, andererseits das Vorhandensein destruktiver Phantasmen, die eigentlich keine Vorstellungen sind, sondern in Gestalt blitzartiger Einbrüche in das psychische Geschehen eingreifen und das Denk- und Lernvermögen zerrütten.

Solche Patienten leiden also gleich in zweifacher Hinsicht an einem Mangel an Bildern. Ihnen fehlen Geborgenheit spendende, auf Fusion hin angelegte Vorstellungen, aber auch solche, die ihnen ein Bild der destruktiven Kräfte in ihrem Innern vermitteln. Gisela Pankow hatte die Idee, bei psychotisch Kranken eine Technik einzuführen, die sie „dynamische Strukturierung des Körperbildes" nennt. Als Gestaltungsmittel verwendet sie Plastilin. Das Modellieren, das sie von ihren Patienten verlangt, hat keinen anderen Zweck, als das Vorstellungsvermögen des Kranken zu stimulieren. Anfangs ist es schwach entwickelt, während es mit voranschreitender Behandlung unter den Einfluß archaischer, sadistisch-oraler Vorstellungen gerät.

Einen solchen Gegensatz kann man nicht nur an der Psychose beobachten, sondern, in geringerem Grade, auch bei vielen anderen Patienten. Gisela Pankow hat selbst darauf hingewesen, daß zwischen psychotisch und psychosomatisch Kranken hinsichtlich der Trennung von ihrem Körperbild und ihrer gestörten Dialektik des Begehrens eine beträchtliche Affinität besteht. Mir scheint nun, daß auch Patienten, die weder an psychotischen noch psychosomatischen Störungen leiden, in bestimmten Phasen der Behandlung ebenfalls strukturierender Bilder bedürfen. Ohne die Rolle der Übertragung in der psychoanalytischen Situation zu unterschätzen, darf man doch fragen, ob sie in bestimmten Fällen nicht einer Vorarbeit bedarf. Für die Psychotiker, mit denen Gisela Pankow zu tun hatte, war die Restrukturierung des Körperbildes anhand der Arbeit mit Plastilin eine Vorbedingung für die klassische psychoanalytische Behandlung. Wir werden sehen, in welcher Hinsicht die Körperbilder auch für andere Patienten eine Vorbedingung für die weitere Behandlung darstellen.

Bilder und Emotionen

Bei manchen Patienten kommt in allem, was sie sagen, der Körper überhaupt nicht vor. Unter Körper verstehe ich hier den Körper in seiner emotionalen Dimension. Das kommt daher, daß diese Kranken Schwierigkeiten haben, ihre emotionalen Zustände zu erleben und mehr noch, sie so zu verarbeiten, daß sie eine Gefühlsgestalt annehmen, d. h. etwas Erlebtes mit einer Bedeutung versehen. Das körperliche und affektive Erleben bekommt seine Gestalt als Scham, Zorn oder Liebe zuerst in der primären Mutter-Kind-Beziehung, später im Selbstgespräch mit Sätzen wie: „Ich schäme mich", „ich hasse ihn", „ich liebe sie", usw. Wenn hingegen die Emotion im Körper erlebt wird, ohne einen geistigen Ausdruck zu finden, bleibt die Fähigkeit zum Phantasieren und Träumen sehr beschränkt. Äußerstenfalls ergibt sich ein Bild, das Marty (1976) mit dem Begriff „operatives Denken" beschrieben hat. Der Patient berichtet endlos von Symptomen und Ereignissen, hat selten Träume oder Phantasien und löst Probleme durch Agieren. Für den Therapeuten bedeutet das Langeweile und Leere. Ohne immer die Symptomdichte zu erreichen, von der Marty spricht, scheint sich der gleiche psychische Befund, nur in geringerem Grade, bei Patienten zu finden, die den eigenen Gefühlen fernstehen. Eine solche psychische Haltung hat Ähnlichkeit mit der Situation des Kindes, dessen Körper noch ganz von der Mutter abhängt und das sich weder vorstellen kann, etwas zu erleben, wenn die Mutter es nicht annimmt, noch es bewußtzumachen (Klein 1957; in einer somatischen Perspektive wieder aufgenommen von McDougall 1982). Wenn die Mutter – oder eine andere sie vertretende Person – dem Kind nicht gestattet, bestimmte Seiten seines Selbst oder bestimmte Gefühle als ihm eigen zu betrachten, dann schützt es sich gegen die Bedrohung dadurch, daß es diese Gefühle aus seinem Innern vertreibt. Aus dieser Vertreibung entstehen der somatische Befund oder das Ausagieren. In beiden Fällen würde dieselbe Schwierigkeit auftreten, sich den Körper und seine Funktionen vorzustellen, dieselbe Bedrohung durch das Gefühl – was am Ende zu seiner Verdunkelung führt – und dieselbe Tendenz zur Abfuhr. Mir scheint, der mangelnden Anerkennung der kindlichen Gefühle durch die Mutter entspricht deren Unfähigkeit, diesen Gefühlen zu begegnen, weil ihr dazu die psychische Fassungskraft fehlt. Joyce McDougall betont zwar, wie schwer es diesen Patienten fällt, ihre Erfahrung in Worten wiederzugeben, doch erwägt sie an keiner Stelle die Möglichkeit, daß der Analytiker Bilder als Vermittlung einsetzen könnte. Diese Schwierigkeiten mögen für einen bestimmten Patiententypus charakteristisch sein, doch kann jeder andere Patient in einer Phase des analytischen Prozesses ähnlich reagieren. Was der Patient dann redet, erweckt den falschen Anschein der Kontrolliertheit. Richtiger wäre die Einschätzung, daß er über alles hinwegredet. Er ist von den Gefühlen abgeschnitten, die die Übertragung als Spiegelungen der Vergangenheit in ihm aufleben läßt. Wenn er sich darüber beklagt, nimmt er oft Bilder zuhilfe, bezeichnenderweise aber stets Bilder unbelebter Dinge wie „ich bin aus Beton" oder „ich bin aus Holz". Zu solchen Bildern gesellen sich Selbstbefragungen: „Ich verstehe nicht warum", „was ist bloß los mit mir?", usw.

Bei solchen Patienten können über das Bild wieder der Körper und die Gefühle, die ihn bewegen, eingeführt werden. Die Arbeit des Analytikers besteht dann darin, die Rede des Patienten mit passenden Bildern zu unterlegen – ein wenig wie ein Comic-Zeichner dies mit dem Sprechblasentext tut, oder auch wie das, was im Traum geschieht. Hierzu einige Beispiele.

Der Patientin, die davon sprach, sich geekelt zu haben, sage ich z.B.: „Sie haben das Gefühl, sich übergeben zu müssen." Ebenso verfahre ich bei einem Patienten, der seine Verärgerung hinter vagen Formulierungen versteckt wie „Ich glaube, daß mich das nervös gemacht hat" und biete ihm ein Bild an: „Sie sind in die Luft gegangen." Einem Patienten, der seine Mutter als eine Zwang ausübende Person schildert, sage ich: „Sie erstickten unter Ihrer Mutter." In allen Fällen geht es darum, die Erinnerung an körperlich gemachte Erfahrungen zu fördern, an die sich Bilder heften. Man könnte auch von der körperlichen Verankerung der Vorstellung sprechen, insofern diese Bilder den Mechanismus enthalten, durch den die grundlegenden Erfahrungen im motorischen und affektiven Bereich symbolfähig werden.

Manchen mag dieser Ansatz zu sehr an Verfahren erinnern, die Carl Rogers in die Psychotherapie eingeführt hat. Gewiß, orthodox im Sinne der Psychoanalyse ist dies nicht, aber auch die Arbeit mit Plastilin, wie sie Gisela Pankow mit Psychotikern praktiziert hat, entspricht nicht der klassischen Psychoanalyse. Hier wie da sollen Vorbedingungen geschaffen werden, mit denen den beiden Protagonisten der analytischen Situation ein äußerliches Material zur Verfügung gestellt wird, das ihnen als Ort der Begegnung und der Lösung dient: eine einfühlende Begegnung anhand einer modellierten Gestalt, die aus dem Körper des Patienten hervorgeht, und andererseits Loslösung durch sprachlichen Ausdruck. Übrigens hat das Angebot zum Modellieren wie auch die Verwendung von Sprachbildern eine euphorisierende Wirkung auf den Patienten. Selbstverständlich darf man sie nicht zu oft einsetzen, weil sich der Effekt sonst zu rasch abnutzt und der Analytiker zu einseitig in der Wahl seiner Methoden erschiene.

Das Bild kann aber auch die Rolle eines anderen Körpers übernehmen, der den Patienten umhüllt, schützt und trägt.

Bilder und gemeinsamer psychischer Raum

Ich glaube, daß immer dann, wenn sich das Kind im Patienten bemüht, nicht zu weinen und nicht zu schreien, es dies deshalb tut, weil ein anderes Kind neben ihm sitzt und es mit seinen Bemerkungen daran hindert. So kann es zum Beispiel sagen: „Du machst dich lächerlich", „sieh dich mal im Spiegel an", „du siehst einem Affen ähnlich", usw. Und dieses andere Kind, das den Reaktionen entspricht, die vielleicht von einem Erwachsenen, einem Bruder oder einer Schwester des Patienten in dessen Kindheit formuliert wurden, stammt sehr oft von dem Kind-Sein eines Elternteils, das es in sich eingepflanzt hat. Ein solches Kind-Sein ist sehr oft nichts anderes als ein Über-Ich, das, einem in sich verschlossenen greisenhaften Kind gleich, von Generation zu Generation weitergegeben wird.

Anders gesagt, der Patient ist in seinem vitalen Gefühlsausdruck nicht nur durch die Verbote der Elternfiguren gehindert, sondern diese Figuren sind selbst im Verein mit oralen, sadistischen Zügen des Patienten entstanden, so daß er seinen Gefühlsausdruck deshalb zurückhält, weil er sich gegenüber einem oral-sadistischen Über-Ich schuldig fühlt. Dieses Über-Ich unterminiert wiederum die Fähigkeiten des Ich, den eigenen Gefühlen eine psychische Hülle zu geben. Das Wirken solcher Kräfte erkenne ich im langen Schweigen mancher Patienten, nachdem sie mit einer Deutung ihrer Gefühle konfrontiert wurden. Es scheint dann so, als ob die Deutung neben ihren Gefühlen auch ihr Über-ich geweckt hätte und als ob das ausgedehnte Schweigen ein Hinweis auf den Kampf zwischen beiden wäre. Der Patient kann erst dann erneut sprechen, wenn sich die vom Über-Ich geschlagene Wunde wieder geschlossen hat.

Ich will damit nicht sagen, daß Deutungen über die vom Patienten erlebten Gefühle keinen Nutzen hätten. Sie sind meiner Ansicht nach unerläßlich. Aber sie sind nur unter der Voraussetzung möglich, daß in der Psyche des Patienten ein freier Raum – eine vor den Angriffen des sadistisch-oralen Über-Ich geschützt Zone – vorhanden ist. Mir scheint nun, daß den Bildern eine wesentliche Rolle bei der Konstituierung dieses psychischen Schutzraums zukommt. Hierzu ist etwas erforderlich, was Winnicott unter dem Begriff „Übergangsbereich" beschrieben hat. Es geht darum, ein Objekt einführen zu können, ohne daß sogleich die Frage nach seiner Zugehörigkeit gestellt würde. Der Therapeut muß sich also darauf verstehen, in der Arbeit mit dem Patienten Pausen einzulegen. Dazu aber sind Momente gemeinsamen Vergnügens nötig, ohne daß gefragt wird, von wem es ausgeht und für wen es gedacht ist. Mit anderen Worten, in solchen Momenten darf sich das Problem der Macht nicht stellen. Jede Deutung, auch wenn sie zutrifft, und jede andere pädagogische Maßnahme, stößt an ihre Grenze, wenn daraus ein Machtverhältnis entsteht. Ein Hinweis auf das Vorhandensein eines solchen Verhältnisses kann sich beim Patienten in einer ausdrücklich negativen Haltung zeigen, meist aber ist es ein „ironisch-depressiver Ton" (Pierre Fedida). Der Patient macht Bemerkungen wie: „Na und?", „Wenn Ihnen das Spaß macht ..." „Wozu das Ganze?", usw.*

In solchen Augenblicken scheint der Patient eine narzißtische Bedrohung seines Bedürfnisses nach dem Objekt zu spüren. Je mehr ihm dieses Objekt, nämlich der Analytiker, als ein differenziertes Subjekt gegenübertritt – und die Richtigkeit seiner Deutungen belegt das –, desto bedrohlicher wirkt es auf ihn. Der Haß ist hier ein Mittel, den Kontakt mit dem Objekt zu wahren und zugleich auf Distanz zu ihm zu bleiben. Soll der Analytiker in einem solchen Fall schweigen und damit den Patienten zur Einsamkeit verurteilen? An dieser Stelle bietet mir das Bild einen Ausweg.

Das Bild trägt die Vorstellung. Der Analytiker kann vielen Patienten, deren Phantasietätigkeit noch nicht in ausreichendem Maß wiederhergestellt ist, dadurch helfen, daß er Metaphern und bildliche Vergleiche benutzt. Doch das Bild kann noch mehr. Es versichert den Betreffenden einer Wahrnehmungsidentität, aus der sich eine persönliche psychische Schutzhülle entwickeln kann. Ich sagte bereits, wie wichtig es bei gewissen Patienten ist, neben der Deutungsarbeit auch Übergangsphasen einzurichten. Die Bilder stellen nun eine solche Realität dar, die von allen geteilt wird und dabei gleichzeitig einem jeden ganz und gar gehört. Sei es, daß die Bilder auf einen gemeinsamen kulturellen Hintergrund verweisen, sei es, daß sie dem Betreffenden eine visuelle Vorstellung vermitteln, die alle Protagonisten teilen können, weil selbst das innere Bild immer den Charakter des Objektiven hat. Eine solche Gemeinsamkeit herzustellen ist genau das, was diese Patienten brauchen, besonders solche, die in ihrer Kindheit unter schweren Kommunikationsstörungen gelitten haben, deren affektiver Austausch eventuell durch übergroße physische Nähe blockiert war. Kindheitserfahrungen dieser Art hinterlassen sehr oft beträchtliche Schamkomplexe, wie die Fallbeispiele von Monique, Céline und Denise zeigen. Die Tatsache, daß in der psychoanalytischen Behandlung Kommunikation stets in der Sprache stattfinden muß, reißt bei sol-

---

* Selbstverständlich können solche Bemerkungen auch durch eine falsche Deutung des Analytikers motiviert sein. Mir geht es hier aber nicht um die Richtigkeit der Deutung an sich, sondern darum, inwiefern es der Patient für gerechtfertigt hält, sie auf ihn anzuwenden. Mit anderen Worten, es geht mir um ihre Legitimation nicht hinsichtlich des Unbewußten des Patienten im allgemeinen, sondern hinsichtlich des vorübergehenden Zustands der Beziehungen innerhalb seines Systems des Unbewußten und des Vorbewußt-Bewußten.

chen Patienten alte Wunden auf. Sie erinnern sich an die in der Kindheit erfahrene sexuelle Erregung, die der Erwachsene damals ohne die Vermittlung durch Worte oder zärtliche Gesten bei ihnen ausgelöst hat. Allgemein gilt, wenn in der frühen Kindheit eine affektive Einbettung gefehlt hat, kann sie in der Behandlung nur durch die Verwendung von Bildern gefunden werden. Ich sage bewußt „gefunden" und nicht „wiedergefunden", denn bei den Patienten handelt es sich um Menschen, die sich nicht erinnern können, jemals in den Arm genommen oder gestreichelt worden zu sein. Übrigens handelt es sich nicht eigentlich um einen bestimmten Patiententypus, sondern um eine Phase, zu der es in jeder Behandlung kommen kann. Ein Sonderfall besteht in Erfahrungen, bei denen das Kind heftige Emotionen oder Erregungen durchlebt hat – und hier vor allem heftige Schamaffekte –, ohne daß ein Erwachsener es entlastet hätte. Dessen Reaktion bestand entweder aus Angst oder aus einer anderen, der Situation nicht angemessenen Reaktion wie zum Beispiel Gelächter, wenn das Kind weint. In einer solchen Situation, in der das Kind der eigenen Erregung nicht Herr zu werden vermag und ein unbeteiligter Dritter fehlt, der Entlastung bringen könnte, bleibt als Ausweg nur die Ich-Spaltung. Aus mangelndem Urvertrauen hat das Kind eine Persönlichkeit entwickelt, die Winnicott unter dem Begriff des „falschen Selbst" diagnostiziert hat. In der Behandlung solcher Patienten weist das Bild als virtueller psychische Hülle drei komplementäre Aspekte auf: Der Analytiker kann die bevorzugten Bilder des Patienten verwenden; er kann Bilder, die die Gemeinsprache bereitstellt, einführen, auch wenn der Patient sie nicht verwendet; er kann im Rahmen der Übertragungssituation eine spezifische Bildersprache schaffen, die gerade auf das zielt, was sich der Patient nicht vorstellen kann und was ihn deshalb nicht losläßt.

Bilder zu verwenden, die der Patient bevorzugt und die ihm sein Empfindungsvermögen zurückgeben, ist ein vergleichsweise banales Verfahren, das vermutlich viele Analytiker praktizieren. Ich erwähne es hier nur der Vollständigkeit halber und gebe ein Beispiel. Eine in Paris wohnende Patientin hatte ihre Mutter zu Besuch. Diese zeigte sich ein weiteres Mal unfähig, Kontakt zu den Kinder der Patientin zu finden, d. h. sich wie eine Mutter zu verhalten. Die Patientin berichtet, wie sehr sie über den Mangel an Mütterlichkeit ihrer eigenen Mutter schockiert war, ein Defizit, das ihr bei jeder Begegnung deutlicher wird. Umso überraschter war sie selbst, daß ihr im Gespräch mit der Mutter immer wieder ein Bild aus glücklichen Kindertagen in Erinnerung kam: sie sieht sich im Sommer am Meeresstrand, wo sie lachend mit ihren Cousinen spielt. Gleich darauf erzählt sie einen Traum (oder das Bruchstück eines Traums), in dem sie einer alten Dame einen Pelzmantel kauft, damit diese nicht mehr frieren muß. Ich deute beide Bilder – dasjenige, das den Umgang mit der Mutter begleitet, und das Traumbild – im Hinblick auf die Enttäuschung, die ihr das Verhalten der Mutter bereitet hat. Weil es der Mutter an menschlicher Wärme fehlt, entwickelt sich bei der Patientin der Wunsch nach der Wärme des sommerlichen Meeres und nach menschlicher Nähe, wie sie es mit ihren Cousinen erlebt hat. Auch das behagliche Gefühl, das ein Pelzmantel gibt, kommt ihr hierbei gelegen. Die Patientin äußert sich in den folgenden Minuten bis zum Ende der Sitzung nicht. Erst in der übernächsten Sitzung, bricht sie plötzlich in Tränen aus. Bis dahin hatte sie immer gefaßt und distanziert gesprochen, doch nun gesteht sie, sie habe zum ersten Mal physisch gespürt, wie sehr ihr die Mutter fehle. Von diesem Augenblick an scheint der Abstand zu dem, was sie selbst sagt, geringer zu werden, als ob sie etwas von der Distanziertheit sich selbst gegenüber aufgegeben hätte.

Anders verhält es sich mit der folgenden Technik. Daß der Analytiker sprachübliche Bilder und Wendungen einführt, die der Patient vorher nicht benutzt hat, ist ein Eingriff, der manchen vielleicht suspekt erscheinen mag. Zuerst unterbricht die Einführung einer gängigen Redewendung, die aber bildlich gebraucht wird, stets den normalen Ablauf einer Behandlung. Sie unterbricht die Erzählung des Kranken, der sich immer für den Nabel der Welt hält. Nun wird seine subjektive Erfahrung durch den allgemeinen Charakter des Sprachbildes zu einer Erfahrung, die er mit anderen teilt. Aber auch seine Erwartung uns gegenüber erhält eine neue Wendung, denn mit einem solchen Sprachbild zeigen wir, daß wir ihm durchaus in der normalen Umgangssprache folgen können; wenn wir es nicht tun, so nur deshalb, weil wir es nicht wollen. Dank der Sprachbilder erreichen wir so etwas wie eine Gemeinsamkeit auf der imaginären Ebene. Erstens dadurch, daß Analytiker und Patient feststellen, daß sie über einen gemeinsamen Wortschatz verfügen. Zweitens dadurch, daß sich die Mehrzahl der Sprachbilder auf den Körper und die Verdauungsfunktionen beziehen. Von einem stummen Schmerz heißt es, er sei „im Hals stecken geblieben"; wer sich durch eine demütigende Situation degradiert fühlt, kann das ihm Angetane „nicht verdauen"; wer kein Ventil für seine Wut findet, der ist nahe daran zu „platzen", usw. Der Bezug zum Körper enthüllt dem Patienten und dem Analytiker eine gemeinsame Verwurzelung der Gefühle, die weit über einen gemeinsamen Wortschatz hinausgeht. Das zugrundeliegende Prinzip solcher Eingriffe wird am Fall der spezifischen, neugeschaffenen Bilder deutlicher. Hier muß der Analytiker meiner Ansicht nach aus seiner Reserve kommen, um dem Patienten tatsächlich neue Bilder anzubieten. Ich gebe zwei Beispiele: Im ersten Fall betreffen die Bilder nur den Patienten; im zweiten schließt das Bild den Analytiker als Träger der imaginierten Handlung ein.

1. Das erste Beispiel betrifft eine Borderline-Patientin, die in ihrer Kindheit Augenblicke tiefster Einsamkeit und Verzweiflung durchlitten hat. Nur durch mehrfache Abspaltungen ist es ihr gelungen, ein Medizinstudium zu absolvieren. Im Sommer, nach drei Jahren Behandlung, schickt sie mir zum ersten Mal eine Postkarte aus Florenz, wo sie ihren Urlaub verbringt. Sie schreibt: „Eigentlich ist es nicht recht, daß ich Ihnen immer sage, wie schlecht es mir geht. Heute möchte ich Ihnen einmal sagen, daß es mir gut geht."

Nach der Rückkehr aus dem Urlaub sage ich ihr, daß ich ihre Karte erhalten habe. Sie lächelt, dann legt sie sich auf die Couch und schweigt. Schließlich sagt sie leise mit flehender Stimme: „Sagen Sie mir doch etwas." Ich beginne damit, daß ich ihr sage, trotz der angenehmen Augenblicke, die sie während des Urlaubs erlebt habe, sei die lange Unterbrechung der Behandlung vielleicht doch nicht so leicht für sie gewesen. Da sie immer noch nicht antwortet, fahre ich fort, sie habe vor den Ferien vage Projekte für die Zeit nach der Rückkehr gehabt. Vielleicht wisse sie nun Genaueres. Sie antwortet darauf mit Nein, noch sei nichts Genaues entschieden, sie sei erst heute morgen zurückgekehrt. Dann erneutes langes Schweigen und schließlich wieder die flehende Stimme: „Sagen Sie doch etwas." Ich sage ihr, daß ich wieder an die Postkarte denke und daran, daß sie mir geschrieben habe, es gehe ihr gut. Da sie erst heute morgen nach Paris zurückgekehrt sei, stelle ich mir vor, sie könnte vielleicht denken, sie gehe immer noch in Florenz spazieren. Und nun stelle ich mir vor, auch ich ginge entspannt und glücklich in dieser Stadt umher.

Daraufhin erzählt sie mir, es sei ihr wirklicht gut gegangen und doch habe sie schwierige Augenblicke gehabt. Was sie auch tue, sie mache sich immer Vorwürfe. Ich denke, daß die Patientin in einem ihr und mir angenehmen Bild – beide haben wir uns vorgestellt, entspannt durch die Straßen von Florenz spazieren zu gehen – die Sicherheit gefunden hat, aus der heraus sie auch von der Einsamkeit während ihres Urlaubs sprechen konnte. Das Gefühl der Einsamkeit bringt ihr die Erinnerung an die Kindheit zurück. Wir konnten daraufhin beginnen, die Abspaltung rückgängig zu machen, die sie damals vorgenommen hatte, um gegen Verzweiflung und Depression anzukämpfen.

2. Im zweiten Beispiel geht es um einen gravierenden Fall von Scham; zugleich handelt es sich um eine besonders komplexe Situation, in der ich es für geraten hielt, ein sprachliches Bild einzuführen, das auch mich selbst einbezieht.

Sonia, eine junge Frau, ist ebenfalls eine Borderline-Patientin. Während der Sitzungen macht sie oft einen niedergeschmetterten Eindruck, sie zittert und bleibt stumm. Wenn sie sich zum Reden aufrafft, geschieht das oft mit den Worten: „Lassen Sie mich nicht allein." Ich erwidere, daß ich nach einem Weg suche, ihr über solche schmerzhaften Augenblicke hinwegzuhelfen. Ich versuche dann, diese Augenblicke mit den tiefen Verlassenheitserfahrungen in Bezug zu setzen, die sie als Kind erlebt hat. Ferner sage ich, daß ich mich selbst verloren und verlassen fühle, und dieses Gefühl sei eine Brücke, über die ich Zugang zu der tiefen Verunsicherung finde, die sie als Kind empfunden haben muß.

Eines Tages sagt Sonia nach langem Schweigen plötzlich: „Ich möchte gern auf Ihrem Schoß sitzen. Nehmen Sie mich doch auf den Schoß." Und gleich darauf: „Nein, das ist lächerlich ... Entschuldigen Sie bitte ... Das ist ja furchtbar." Das Problem, das sich hier stellt, ist meiner Meinung nach die Frage, wie man die Berechtigung einer solchen Bitte anerkennen kann. Die junge Frau möchte nicht auf dem Schoß ihres Vaters oder ihrer Mutter sitzen, sondern auf meinem, weil sie sich bei ihren Eltern damit stets eine Abfuhr geholt hat. Beide haben ihr diesen Wunsch nie erfüllt: weder die Mutter, die zu sehr mit ihrer eigenen, möglicherweise hinter physischen Gebrechen versteckten Depression beschäftigt war, noch der Vater, der in solchen Situationen wahrscheinlich angstbesetzte inzestuöse Triebregungen verspürte, die er um jeden Preis meiden wollte. Aber auch andere mögliche Bezugspersonen wie Geschwister, Großeltern, Kindermädchen oder Nachbarn fehlten in dieser ganz auf sich zurückgezogenen Kleinfamilie. Deshalb schämt sie sich auch so sehr wegen ihrer Bitte. Mit anderen Worten, die Deutung, die der Analytiker ihrer Übertragung geben würde, drohte Sonia wieder in schreckliche Einsamkeit zurückzuwerfen, wenn sie auf seiten des Analytikers auf die gleiche strikte Ablehnung stieße wie früher bei ihren Eltern. Kehren wir zu ihrer schamerfüllten Bitte zurück, und fragen wir nach dem genauen Sinn. Da eine Antwort seitens der Eltern ausgeblieben war, wird die Bitte von ihrem unbewußten Begehren weitergetragen. Wenn eine Situation nicht vorstellbar ist, kann sie durch Handeln hergestellt werden, durch den „Schritt zur Tat". Die Unmöglichkeit, sich eine Situation vorzustellen, kann auch zu dem Wunsch führen, sie zu verwirklichen, um sie sich vorstellen, d. h. durch ein Bild symbolisieren zu können. Wenn die Patientin also sagt: „Ich möchte auf Ihrem Schoß sitzen", dann heißt das nicht: „Ich stelle mir vor, auf ihrem Schoß zu sitzen", sondern: „Ich kann mir nicht vorstellen, daß ich auf ihrem Schoß sitze". Da ich Sonia nicht bestätigen kann, daß ihr Wunsch auf Gegenseitigkeit beruht – denn das wäre das Ende der analytischen Beziehung –, möchte ich ihr bestätigen, daß das verwendete Bild uns beide einschließt. Ich sage ihr also: „Ich kann mir vorstellen, Sie auf den Schoß zu nehmen und Sie so zu herzen wie ein Vater das mit seiner Tochter tut", nicht ohne hinzuzufügen: „Aber wenn ich Sie jetzt auf den Schoß nähme, wäre das die erwachsene Frau, die Sie nun sind, und das hätte eine ganz andere Bedeutung."

Etwas anderes wäre es, wenn der Analytiker auf eine solche Bitte z.B. die Bemerkung machte: „Aber da sitzen Sie doch schon längst." Mit einer solchen Deutung verweigert man dem Patienten die Anerkennung seines Leidens, denn dieser bittet ja nur deshalb darum, auf dem Schoß des Therapeuten zu sitzen, weil er dort eben nicht sitzt. Vor allem aber verhindert man damit, daß sich der Raum des Vorstellbaren öffnet, der durch den Gebrauch der Möglichkeitsform so klar zum Ausdruck kommt, der Raum alles dessen, was nicht ist, aber doch sein könnte. Nur im klaren Bewußtsein dieses Abstands kann das Bild mit den teils heftigen Gefühlen, die es auslöst, wirklich als solches, d. h. als von der Tat verschieden, verstanden werden. Mit meiner Antwort habe ich Sonia zu verstehen gegeben, daß der Wunsch, auf meinem Schoß zu sitzen, ein Bild war, das ich mit ihr teilen konnte. Mir geht es nicht um die Nützlichkeit einer Klärung des Übertragungseffekts. Daß darauf eine Antwort nötig ist, leuchtet ein, und bei neurotischen Patienten genügt eine solche Klärung sogar. Aber es wäre verheerend, es damit auch bei solchen Patienten bewenden zu lassen, die schwere Defizite und brutale Zurückweisung auf ihren Wunsch nach menschlicher Nähe und Wärme erfahren haben, wie es oft der Fall ist, wenn sich ein Schamkomplex verfestigt. Das Problem besteht darin, für diese Patienten ein Mittel zu finden, die Enttäuschung zu lindern, die die Antwort der Übertragung allein auslöst, sie gewissermaßen akzeptabel zu gestalten, damit der analytische Prozeß nicht in Gefahr gerät. Mit anderen Worten, die Antwort muß zugleich eine „Zugabe" bieten. Das Bild scheint mir geeignet, diese Funktion zu erfüllen. Es bestätigt dem Patienten, daß es zwischen seiner eigenen Welt und der des Analytikers etwas Gemeinsames gibt, oder anders formuliert, daß auf die Übertragung des Patienten die Gegenübertragung des Analytikers antwortet.

Um den Leser vollends zu überzeugen, daß solche Maßnahmen nicht in Konkurrenz zu den Deutungen der Übertragung stehen, seien hier noch ein paar Anmerkungen über den Ort angefügt, den der Bildergebrauch im Hinblick auf die Instanzen des psychischen Apparats einnimmt. Während die Übertragung das Wirken des Unbewußten betrifft, spielt sich die Verwendung verschiedener Bildtypen in der Behandlung eher auf der Ebene des Vorbewußten ab oder anders formuliert in dem Teil des Ich, das das Vorbewußte genannt wird. Mit ihnen stimuliert der Analytiker die Arbeit des Assoziierens beim Patienten. Schließlich darf man nicht vergessen, daß der Patient zwar Heilung von seinen Leiden sucht, aber durchaus nicht möchte, daß der Analytiker deren Ursache findet. Der Patient weiß nur zu gut, daß, wenn die Ursache erst einmal entdeckt ist, seine Persönlichkeit nicht ungeschoren davonkäme, vor allem nicht das Bild, das er von seiner frühkindlichen Umgebung und hier besonders von Vater und Mutter bewahrt hat. Daher ist das, was man die „Freiheit des Assoziierens" nennt, für den Patienten sehr oft die Freiheit, sich selbst zu täuschen. Und daher sollte man, wenn dem Kind im Erwachsenen der Weg zu den Gefühlen und Empfindungen gebahnt werden soll, die bisher nie artikuliert worden sind, die Gefahr des Intellektualismus ebenso vermeiden wie die des Schweigens des Analytikers. Das Bild spielt nun eine Mittlerrolle, ohne dem Patienten die Möglichkeit zu nehmen, seine verdrängten oder abgespaltenen Erfahrungen mit ihrem ganzen Anhang von Gefühlen und Empfindungen wiederzufinden, und ohne der Versuchung einer vorschnellen Intellektualisierung zu erliegen, die den Weg zum Verständnis dieser Gefühle und Empfindungen, kaum geöffnet, sogleich wieder verschließen würde. Die wohltuende Erfahrung, ein psychisches Bild mit jemandem zu teilen – die man mit Winnicotts *squiggle*-Spiel vergleichen könnte, das aus Kritzeleien besteht, die noch nicht benannt und in keine Reihenfolge gebracht sind –, ist für den Patienten eine sichere Basis, von wo aus er die vielfältigen Ablösungsprozesse, die jede analytische Behandlung erfordert, in Angriff nehmen kann.

Das mentale Bild ist die Bedingung für das „Denken", insofern dieses sich vom „Ungedachten" absetzt. Durch die Bindung an den Affekt setzt das Bild den Prozeß des Denkens in Gang, während die Vorstellung die Bedingung für jenes Denken ist, das psychische Inhalte verarbeiten kann. Was das sprachliche Bild betrifft, so bleibt es stets einerseits den Gefühlen und Empfindungen vergangener Erfahrungen und andererseits den kulturellen Konventionen verhaftet. Daher kann es zwischen dem mentalen Bild, das immer in unterschiedlichste Gefühle und Empfindungen eingefaßt ist, und der Vorstellung vermitteln. Letztere bewahrt zwar das Bild, reduziert es aber auf eines seiner Bestandteile (visuell, verbal oder akustisch) und verbindet es mit Erinnerungsspuren und zweckgerichtetem Handeln, d.h. mit Zeitbewußtsein. Die Dialektik der narzißtischen und der Objektbesetzungen kann erst beginnen, wenn das Individuum die Fähigkeit besitzt, seine Erregungen zu meistern. Gefaßtheit ist nur möglich, wenn die Erregungen in mentale Ausdrucksformen gegossen werden und ihren Platz im psychischen System erhalten. Die mentalen Bilder bilden die erste Stufe dieser Formungen.

An dieser Stelle muß an die klinische Forschung des französischen Psychiaters Gaëtan Gatian de Clérambault erinnert werden. Dieser Zeitgenosse Freuds ist vor allem für seine Untersuchung des „Syndroms des mentalen Automatismus" bekannt. Besondere Hervorhebung verdient die Sorgfalt in der Beschreibung der Sinnesempfindungen seiner Patienten und der mentalen Bilder, die mit ihnen auftreten. Ferner besaß er eine Begabung für Sprachbilder, durch die er seinen Lesern eine Vorstellung von der Komplexität des Beobachtungsmaterials vermittelte (Tisseron 1990b). Die Bedeutung, die Clérambault den Bildern beimißt, macht ihn zu einem Forscher, der Freuds Arbeiten in idealer Weise ergänzt, auch wenn ihre Theorien divergieren. Tatsächlich hatte Freud stets den Weg vom Bild (vor allem in Gestalt des Traums oder der Phantasie) zum Begehren, das es darstellt, verfolgt. Daher interessierte er sich auch für die symbolischen Bedeutungen, die durch das Bild gleichzeitig verborgen und enthüllt werden. Clérambault dagegen richtete seine Aufmerksamkeit auf den Weg von der Sinnesempfindung zum mentalen Bild. Die Innervation wird zugunsten einer ersten mentalen Verarbeitung oder Symbolisierung überwunden. Das Bild hat bei Freud und Clérambault einen je anderen Status. Bei Freud ist es die visuelle Übersetzung von Zeichen (Worten oder Silben), die auf Objektbeziehungen verweisen; der Traum, ist er erst einmal wie ein Bilderrätsel entschlüsselt, enthüllt am Ende eine Struktur, durch die das Individuum szenisch an das Objekt seines Begehrens geknüpft ist. Das Bild ist für Freud der bevorzugte Zugang zur symbolischen Innenwelt desjenigen, der es hervorgebracht hat. Für Clérambault hingegen bedeutet das Bild Zugang zu einer noch nicht symbolisierten Vorstellungswelt, ein erster Schritt bei dem Versuch, die Erregung zu beherrschen und die Triebabfuhr zu vermeiden. Clérambaults bevorzugte Patienten waren denn auch nicht von Bildern Besessene wie die Hysterikerinnen Freuds, sondern solche, die mit ihren Erregungen zu kämpfen hatten.

Freilich gibt es einen Aspekt am Bild, dem weder Freud noch Clérambault Beachtung geschenkt haben, und den ich hier näher beleuchten möchte. Wenn das psychische Bild als erster Reizschutz funktioniert, so deshalb weil es auf der Vorstellung eines gemeinsamen psychischen Raumes fußt. Im sprachlichen Austausch zwischen zwei Individuen ermöglicht das Bild die Begegnung zweier Psychen und umhüllt sie wie in einer imaginären Blase, in der beider Grenzen vorübergehend aufgehoben sind. In der Alltagssprache wird die einfühlende Funktion nicht allein durch das Sprachbild, sondern auch durch Mimik, Intonation, Körperhaltung und Gesten vermittelt. Da diese Bestandteile der Kommunikation in der analytischen Situation wenig oder gar nicht präsent sind, kommt dem Bild eine ungleich größere Rolle zu. So wie sich beim Zeichnen die bergende Funktion an die Gegenwart der Mutter anlehnt, die den Horizont bildet (Tisseron 1986a), so bezieht das Bild seine Macht in der Behandlung aus der sprachlichen Präsenz des Analytikers, der mit seiner Rede dem Patienten Geborgenheit schenkt.

Wir haben gesehen, wie bedeutsam der Mangel psychischer Hüllen für die Scham ist, auch wenn darin nicht immer ihre erste Ursache besteht; vor allem aber ist deutlich geworden, wie sehr dieser Mangel den Schamerfüllten in einen Teufelskreis führt, aus dem er sich nicht befreien kann. Deshalb ist die Wiederherstellung einer psychischen Hülle für solche Patienten vorrangig, ganz gleich, ob sie die traumatischen Situationen selbst erlebt haben oder ob sie von Angehörigen durchlitten wurden. Und deshalb ist das psychische Bild so hilfreich, weil es die Illusion eines gemeinsamen psychischen Resonanzraumes schafft und als Vermittler zwischen Affekt und Vorstellung auftritt.

Schlußbetrachtung

Mit dem Begriff „Scham" werden mehrere psychische Sachverhalte bezeichnet: das Gefühl, das mit tiefer Verwirrung und dem Verlust aller Orientierung einhergeht (und die manchmal nicht als Scham erkannt werden); das Urteil über das Gefühl (aus dem Vergleich des Selbst mit dem Vorbild, das sich der Betreffende selbst gewählt hat oder das er von außen übernimmt, resultiert die Wahrnehmung der Scham als solche); schließlich das Urteil, das sowohl das Gefühl als auch die möglichen Ursachen der Scham umfaßt (aus diesem Urteil ergeben sich dann Handlungsmöglichkeiten). Der gemeinsame Nenner aller Formen der Scham ist die Angst, ausgeschlossen zu werden, also kein bloßer Liebesentzug, sondern der Verlust jeder Form von Interesse. Darin liegt der wesentliche Unterschied zum Schuldgefühl. Das Individuum, das sich schuldig fühlt, ist der Strenge des Über-Ich ausgesetzt, zugleich aber ist es sich der Aufmerksamkeit dieser psychischen Instanz gewiß. Außerdem hat es die Möglichkeit, sein Vergehen zu „sühnen" und dadurch seinen Platz in der Gemeinschaft wiederzuerlangen. Anders bei der Scham. Hier verliert das Individuum jeden Halt: Es ist von den innerpsychischen Instanzen, einschließlich des Unbewußten abgeschnitten, ebenso von der sozialen Gruppe, der es angehörte und die die Mutterrolle übernommen hatte. Mit anderen Worten, die Schamangst hat immer zwei Seiten: Die eine betrifft die Beziehungen zur Gruppe – das ist die Angst, ausgeschlossen zu werden – und die andere das psychische Funktionieren – das ist die Gefahr der mentalen Desintegration. Schließlich äußert sich die Schamangst nicht nur in der Angst vor Ausschluß, sie kann auch durch sozialen Ausschluß hervorgerufen werden. Dieser Aspekt der Scham hat uns dazu geführt, auf die Rolle der intersubjektiven Abwehrformen einzugehen. Nach orthodoxer Auffassung haben die psychischen Mechanismen ihren Ort in einem innerpsychischen Modell: Innerhalb des Ich kommt es zu Kompromißbildungen zwischen Triebregungen einerseits und den Anforderungen des Über-Ich andererseits. Wir haben aber gesehen, daß die Scham sowohl als intersubjektive als auch als persönliche Abwehrform auftritt. Die Umgebung wirkt am mentalen Aufbau jedes einzelnen mit, und zwar nicht nur durch die ersten Bindungs- und Besetzungsgestalten der Kindheit.

175

Vor allem bilden sich die psychischen Hüllen nicht ein für allemal in der frühen Mutter-Kind-Beziehung, sondern reagieren auch weiterhin auf die soziale Dynamik. Die menschliche Psyche hat ihren Ursprung in der Familie. Diese aber ist mehr als ein Ort der Identitätsfindung und des Lernens, denn in ihr findet das Individuum auch eine psychische Stütze im weitesten Sinne – ein „holding", wie Winnicott es nennt. Neben der Familie bleibt die Psyche noch weiteren Beziehungsgruppen verhaftet. Die psychischen Systeme solcher Gruppen wirken auf dreierlei Weise: Sie stärken die schützende psychische Hülle des Individuums und schützen damit seine Identität; sie nehmen bestimmte, gefährliche Persönlichkeitszüge des Individuums auf und binden sie (die intersubjektiven Abwehrformen halten vor allem archaische Ängste vor Zerstückelung und Vernichtung fern); gewisse psychische Instanzen wie das Über-Ich und das Ichideal hat das Individuum mit der ganzen Gruppe gemein, wodurch der Mechanismus der individuellen Abwehrformen Verstärkung erfährt. Im Gegenzug erhält jedes Individuum von seiner Bezugsgruppe eine Rolle zugeteilt. Deshalb kann der einzelne von Schamgefühl erfaßt werden, wenn er seine Besetzungen von realen Objekten abzieht, oder wenn die Gruppe Besetzungen löst, deren Objekt der Betreffende selbst ist. Jeder ist daher bestrebt, Interaktionsmuster zu wiederholen, um sich vor drohender Zurückweisung zu schützen, in der bisweilen trügerischen Hoffnung, sich seinen Platz in der Gemeinschaft zu bewahren. So gesehen ist die Scham nicht nur ein „subjektives" Gefühl, sondern sie besitzt auch eine „intersubjektive" Dimension. Sie bildet ein soziales Band, wovon ihr „ansteckendes" Wesen zeugt.

Tatsächlich steckt in der Scham ein beträchtliches Risiko, ausgeschlossen zu werden. Die Angst, seitens der Gemeinschaft Zurückweisung zu erfahren, und dies auch noch aus unbekannten Ursachen, kann sogar gefestigte Persönlichkeiten erschüttern. Eine Folge davon ist, daß Schuldgefühle der Scham immer vorgezogen werden. Wie hoch auch der Preis sein mag, der zu zahlen ist – und manchmal kann es sogar das Leben sein –, das Schuldgefühl schützt doch vor der Gefahr der psychischen Desintegration. Wahrscheinlich gehen eine ganze Reihe falscher Geständnisse, die Angeklagten bei politischen Prozessen abgepreßt wurden, auf deren Versuch zurück, sich dadurch zu schützen. Die Bedrohung, die die Scham für das Funktionieren des psychischen Apparats darstellt, ist auch der Grund dafür, weshalb man nach einem tiefen Schamgefühl häufiger mit den Folgen der psychischen Zerstörung als mit der Erinnerung an das eigentliche Gefühl zu tun hat. Die Scham bleibt in den meisten Fällen verborgen, sogar dem

Betroffenen selbst. Die Nachwirkungen der Scham sind es, die den Analytiker in seiner Arbeit leiten müssen. Die Scham wird nicht nur aus dem Bestreben kaschiert, sie vor sich selbst zu verbergen. Sich vor anderen zu schämen ist an sich schon schwerwiegend genug, daß der Schamerfüllte alle Gründe hat, sich vor den möglichen negativen Auswirkungen seiner Scham zu schützen. Offen gezeigte Scham hat soziale Folgen für den Betroffenen. Da sich das Schamgefühl in charakteristischen Haltungen, in Gestik, Mimik und Intonation ausdrückt, kann für die Umgebung kein Zweifel bestehen, womit man es zu tun hat. Die Haltung der anderen wirkt nun wieder auf den Schamerfüllten, manchmal lindernd, meist aber noch verschlimmernd, weil die Scham „ansteckend" wirkt. Dennoch trägt das Durchleben der Scham dazu bei, eine Identitätskrise in mentale Bilder zu übersetzen und sie damit zu überwinden. Sind Schamgefühl und mentale Bilder erst einmal akzeptiert, ist der erste sichere Halt für den Betroffenen gewonnen, um sich auf Dauer aus seiner Desorientierung zu befreien.

Angesichts der Komplexität der Scham muß jede Annäherung die sie begleitenden mentalen Bilder, die sprachlichen Vorstellungen und die Handlungspotentiale, die von ihr geweckt werden, berücksichtigen. Die Frage der Scham betrifft die Faktoren der Verinnerlichung genauso wie ihre Entstehung. Mit diesem Ansatz haben wir uns gewissen Tendenzen der Psychoanalyse entgegengestellt, die die Gefühle gern zugunsten des begrifflichen Inhalts der Rede zurückdrängen. Unser Ansatz steht aber auch im Gegensatz zu psychotherapeutischen Methoden, die die Affekte verdinglichen. So unterschiedlich auch die Etiketten sein mögen, unter denen sie daherkommen, allen gemein ist doch, daß sie, darin eher kathartisch als psychoanalytisch orientiert, den affektiven Ausdruck an sich aufwerten. Übrigens zeigen auch manche Analytiker durchaus Interesse an solchen Methoden, teils als Reaktion auf die entgegengesetzte Tendenz, die viele Jahre lang die Emotionen ganz vernachlässigt hat. Angesichts solcher Bestrebungen muß man sich klarmachen, daß die Psychoanalyse nicht im Heraufholen und Durcharbeiten der traumatisierenden Situationen gründet, sondern in deren Auflösung in der Übertragung. Das Ergebnis der Übertragung sieht anders aus als die ursprüngliche Lösung. Doch damit nicht genug. Das Gefühl ist mehr als ein Hebel, mit dem die Auseinandersetzung mit schmerzhaften frühen Erfahrungen möglich wird. Ohne das Gefühl blieben solche Erfahrungen in der Behandlung nur blutleere Schemen, obgleich sie dem Leben des Individuums ihren charakteristischen Stempel aufdrücken. Das Gefühl ist ein Teil des komplexen Puzzles, das wieder zusammenzusetzen jeder Patient mithelfen muß.

Die spezifische Aufgabe des Analytikers besteht nicht darin, vom Patienten erlebte Situationen bewußtzumachen und sie zu verstehen, auch nicht darin verlorene Emotionen wiederzufinden, sondern vielmehr darin, psychische Landschaften neu zu arrangieren, in denen bestimmte Züge des Erlebens unter dem Eindruck eines Traumas oder einer unmöglichen Ausformung verdrängt oder vorübergehend oder dauerhaft abgespalten und verleugnet wurden (bei der vorübergehenden Abspaltung eines schwierigen Problems kommt es nicht zur Verleugnung (Tisseron 1990a)). Unter diesem Gesichtspunkt untersucht der Analytiker eine große Anzahl unterschiedlicher Situationen, die alle die Gemeinsamkeit haben, daß ihnen ein konstitutives Element der Verinnerlichung der Erfahrung fehlt: Spuren von undenkbaren Situationen, die nie eine Übersetzung in ein Bild, geschweige denn in Sprache erreicht haben; Phantasien, in denen zwar Bilder und Affekte vereint sind, aber ohne die ursprünglichen Worte und ohne das Handlungspotential (das Vorhandensein oder Fehlen des Handlungspotentials ist für Winnicott das Kriterium für die Unterscheidung zwischen der Phantasie, die vom Leben abgespalten ist, und der Träumerei, die zu Schritten zu ihrer Verwirklichung animiert); ausschließende Handlungen, die ebendie Bilder nicht aufkommen lassen, die Ausgangspunkt für Sinnstiftung werden könnten; Hemmungen verschiedenster Art; Formen des Handelns, Fühlens oder Sprechens, die abgetrennt vom Körper und von den Beziehungen zu anderen existieren, mit anderen Worten, denen der Boden für das Gefühl der Kontinuität fehlt (und die nach Winnicott die Ideologie des „falschen Selbst" produzieren), usw. Die verstreuten Fragmente der Erfahrung wieder zusammenzusetzen ist im Fall der Scham deshalb so wichtig, weil nur so verhindert werden kann, daß sie zum dauerhaften Symptom gerinnt. Das ist umso schwieriger, als die desintegrierenden Eigenschaften der Scham manchmal dazu drängen, das Vorhandensein von Scham auch dort anzunehmen, wo jede Spur eines erlebten Schamgefühls fehlt. Die Arbeit des Zusammensetzens nötigt schließlich zu der Unterscheidung zwischen äußeren (die einen beschämenden Dritten voraussetzen) und inneren Schamursachen (die in der psychischen Realität verwurzelt sind). Bei letzteren ist noch zu trennen zwischen Ursachen, die in der Welt der Phantasien, und solchen, die in der Welt – und in den Störungen – des Narzißmus liegen. Die Scham enthüllt nicht nur das psychische Funktionieren eines Individuums zu einem bestimmten Zeitpunkt, sondern auch, wie es um seine Beziehungen zu der oder den Gruppen bestellt ist. Anders gesagt, ein volles Verständnis der Scham in allen ihren Aspekten kann nur dann erreicht werden, wenn außer der Analyse der Situationen, in denen das Kind persönlich die Erfahrung der Scham gemacht hat, auch all die Situationen einbezogen werden, in denen es seine Eltern in beschämenden Umständen gesehen hat. Die Scham, die die Eltern vor dem Kind verheimlichen wollten, muß berücksichtigt werden, ebenso die Gruppen aus dem Umkreis des Individuums, die seine Werte teilen und anerkennen oder die sie ihm bestreiten. Der Gesamtheit dieser Situationen stehen die Abspaltungen des Ich und der Idealinstanzen des Subjekts gegenüber, aber auch die Abspaltungen seiner Eltern und sonstiger ihm nahestehender Personen, ferner verschiedene Formen der „Verkapselung" innerhalb des Ich, Familiengeheimnisse und ihre Nachwirkungen auf mehrere Generationen, die Rollen, die die Gruppe jedem einzelnen zuteilt und denen man sich anpaßt, um nicht zurückgewiesen zu werden.

Ferner ist zu bedenken, daß punktuell auftretende Scham zwar mit dem Wirken einer der genannten Kausalreihen erklärbar ist, daß aber Scham als prägender Zug des ganzen psychischen Lebens eines Menschen immer das Zusammenspiel mehrerer Kausalreihen voraussetzt. Daß ein Individuum auf eine Vielzahl von Situationen des täglichen Lebens mit Scham reagiert, kann niemals durch einen einzigen Faktor erklärt werden. Mehrere Schamursachen summieren sich aber nicht, sondern schließen sich zu einem Wirkungskreis zusammen. Mehrere aufeinanderfolgende Situationen, von denen nicht jede von Schamgefühlen begleitet sein muß, „verketten sich" (Käes 1989). Zum Beispiel können frühe narzißtische Kränkungen das Individuum besonders empfindlich für schamauslösende Situationen gemacht haben. Wenn es dann tatsächlich zu solchen Situationen gekommen ist, haben sie den Aufbau innerer Orientierungen beim Betroffenen stark behindert. Sind diese nur ungenügend entwickelt, fehlt die psychische Stabilität in der Auseinandersetzung mit schwierigen sozialen Situationen. Das Individuum reagiert dann mit einer vorübergehenden psychischen Desintegration, was subjektiv als Scham erlebt wird. Wegen der Schwäche der inneren Orientierungen gelingt es ihm auch nicht, sein Verhalten den Gegebenheiten seiner Umgebung besser anzupassen oder in seinem Sinne Einfluß auf die Umgebung auszuüben. Die Scham bringt ihn in einen wahren Teufelskreis: Sie wird als Diskrepanz zwischen Welt und Selbst erfahren, und sie verhindert zugleich eine mögliche Anpassung an die Welt, was ein Weg wäre, diese Diskrepanz zu verringern.

Die Vielfalt der schamerzeugenden Situationen zwingt uns zu der Annahme, daß kein Schamgefühl von vornherein irgend etwas Bestimmtes bedeutet. Es sagt weder etwas über seine Ursachen noch über seine ihm zugrundeliegenden Mechanismen, noch über seine Folgen aus. So ist es einerseits durch die Abspaltung begrenzt, die den psychischen Apparat von allem fernhält, was vorübergehend nicht sinnvoll verarbeitet werden kann, und andererseits durch die Verlegenheit, in der jeder Sinn unweigerlich verlorengeht. Es kann aber auch passieren, daß die Scham wie ein Warnsignal funktioniert und die Anpassungsfähigkeit des Individuums weckt. Daher wäre es besser, nicht von der Scham, sondern von Schamformen oder von „Schamgefühlen" zu sprechen, wie man ja auch von „Schuldgefühlen" spricht.

Als Fazit der vorliegenden Untersuchung möchte ich dem Leser folgenden Hauptgedanken zur Beachtung empfehlen: Die Scham, ob man sie selbst oder ob ein anderer sie empfindet, darf niemals für das genommen werden, als was sie sich ausgibt, nämlich als stummes Eingeständnis, als ob es Anlaß gäbe, den Schamerfüllten zu ächten. Vielmehr sollte man in der Scham stets das Bemühen des Individuums sehen, eine eigene Identität wiederzuerlangen, die ihm Anrecht auf einen Platz in der Gemeinschaft gibt. Mit anderen Worten, man sollte der Scham ihren Wert geben.

Danksagung

Ich danke Claude Nachin für seine anregende Kritik und Eric Adda für seine Vorschläge. Ich danke auch allen Soziologen, mit denen ich seit mehreren Jahren in engem Gedankenaustausch stehe, vor allem Marie-Claire Lavabre, Anne Muxel, Daniel Bertaux, François de Singly und Vincent de Gaulejac. Ferner danke ich allen Mitarbeitern des Forschungsprojekts „Scham und Armut" unter der Leitung von Vincent de Gaulejac, das sind Frédéric Blondel, Adrienne Chambon, Luce Janin-Devillars, Shirley Roy, Isabelle Taboada Léonetti und Norma Takeuti, sowie den Teilnehmern am Forschungsseminar „Psychoanalyse und soziale Bindung", das ich gemeinsam mit Gabriel Cottin und Claude Nachin leite.

Schließlich gilt mein Dank Didier Anzieu für die Aufmerksamkeit, die er meinen theoretischen Arbeiten entgegenbringt.

Literatur

Abraham, N. (1972): Introduction à Hermann. In: Hermann, I.: L'instinct filial, Denoël, Paris
- (1981): Jonas, Anasémies III. Flammarion, Paris
- (1985): Rythmes. Flammarion, Paris
-, Torok, M. (1976): Le Verbier de l'homme aux loups. Aubier Flammarion, Paris
-, - (1978).: L'écorce et le noyau. Aubier Flammarion, Paris
Altounian, J. (1991): Ouvrez-moi seulement les chemins d'Arménie. Un génocide aux déserts de l'inconscient. Les Belles Lettres, Paris
Amati, S. (1989a): Récupérer la honte. In: Violence d'État et psychanalyse. Dunod, Paris
- (1989b): Avatars de l'angoisse de séparation dans les conditions extrêmes. In: Revue française de psychanalyse 1, 1989
Anzieu, D. (1990a): Freuds Selbstanalyse und die Entdeckung der Psychoanalyse (frz. Orig. L'auto-analyse de Freud). 2 Bde., Verlag Internationale Psychoanalyse, München.
- (1990b): L'épiderme nomade et la peau psychique. Éd. Apsygée, Paris
- (1991) Das Haut-Ich (frz. Orig. Le Moi-peau). Suhrkamp, Frankfurt/M.
Anzieu, D., Houzel, D. et al. (1987): Les enveloppes psychiques. Dunod, Paris

Balint, Michael (1996): Der Arzt, sein Patient und die Krankheit (engl. Orig. The doctor, the patient and the illness). 9. Aufl. Klett, Stuttgart
Balmary, M. (1979): L'homme aux statues. Grasset, Paris
Baudrillard, J. (1991): La guerre du golfe n'a pas eu lieu. Galilée, Paris
Bergmann, M., Jucouy, H. (1982): Generations of the Holocaust. Basic Books, New York
Bernstein, B. (1980): Studien zur sprachlichen Sozialisation (engl. Orig. Theoretical Studies towards a sociology of language). 5. Aufl., Schwan, Düsseldorf
Bick, E. (1968): L'expérience de la peau dans les relations d'objets précoces. In: Meltzer, D. et al. Explorations dans le monde de l'autisme. Payot, Paris
Bion, W. R. (1967): Second thoughts. London
- (1997): Lernen durch Erfahrung (engl. Orig. Learning from experience). Suhrkamp, Frankfurt/M.
Bleger, J. (1981): Symbiose et ambiguité. P. U. F., Paris
Bourdieu, P. (1988): Die feinen Unterschiede (frz. Orig. La distinction). Suhrkamp, Frankfurt/M
Bowlby, J. (1975): Bindung: Eine Analyse der Mutter-Kind-Beziehung (Ausz. aus dem engl. Orig. Attachment and loss). Kindler, München

- (1983): Verlust, Trauer und Depression (engl. Orig. Loss: sadness and depression). Fischer, Frankfurt/M
Brenot, J.-L., Brenot, M. (1985): L'organisation mentale d'enfants cryptophores. In: Psychiatrie Française, Paris
Breuer, J., Freud, S. (1895): Studien über Hysterie. Leipzig u. Wien

Cardinal, M. (1989): Schattenmund (frz. Orig. Les mots pour le dire). Stuttgart
Castoriadis-Aulagnier, P. (1975): La violence de l'interprétation. P. U. F., Paris
Chaplin, C. (1964): Die Geschichte meines Lebens (eng. Orig. My Autobiography). Fischer, Frankfurt/M.
Chasseguet-Smirgel, J. (1981): Das Ichideal (frz. Orig. L'idéal du moi). Frankfurt/M.
Clérambault, G. G. de (1942): Œuvre psychiatrique. P. U. F., Paris
Cournut, J. (1991): L'ordinaire de la passion. P. U. F., Paris

Dalle, B., Harrison-Covello, A. (1981): Castration, cramponnement, honte: trois modèles hermanniens. In: Perspectives psychiatriques, 83, Paris
Dodds, E.-R. (1991): Die Griechen und das Irrationale (eng. Orig. The Greeks and the irrationnal). 2. Aufl. Wissenschaftliche Buchgesellschaft, Darmstadt
Dolto, F. (1989): Psychoanalyse und Kinderheilkunde (frz. Orig. Psychoanalyse et pédiatrie). Suhrkamp, Frankfurt/M
- (1987): Das unbewußte Bild des Körpers (frz. Orig. L'image inconsciente du corps). Quadriga, Weinheim
Dostojewski, F. (1871): Les Possédés, Gallimard, Paris 1935./(1864): Aufzeichnungen aus dem Kellerloch (Dt. Übers. Reclam, Stuttgart 1984)
- (1871): Die Dämonen (Dt. Übers. Piper, München 1921)
Dumas, D. (1985): L'ange et le fantôme. Minuit, Paris
- (1989): Hantise et clinique de l'autre. Aubier, Paris

Erikson, E. H. (1995): Kindheit und Gesellschaft (engl. Orig. Childhood and society). 12. Aufl. Klett, Stuttgart
Ernaux, A. (1974): Les armoires vides. Gallimard, Paris
- (1984): La place. Gallimard, Paris

Ferenczi, S. (1911): Über obszöne Worte. In: Schriften zur Psychoanalyse. Bd. 1, Fischer, Frankfurt/M.
- (1912): Beitrag zur Diskussion über Onanie. In: Schriften zur Psychoanalyse, Bd. 1, Fischer, Frankfurt/M.
- (1929): Das unwillkommene Kind und sein Todestrieb. In: Schriften zur Psychoanalyse, Bd. 2, Fischer Frankfurt/M.
- (1931): Kinderanalysen mit Erwachsenen. In: Schriften zur Psychoanalyse, Bd. 2, Fischer, Frankfurt/M.
- (1933): Sprachverwirrung zwischen den Erwachsenen und dem Kind. In: Schriften zur Psychoanalyse, Bd. 2, Fischer, Frankfurt/M.

Freud, S. (gemeinsam mit Breuer, J.) (1895): Studien über Hysterie. In: Gesammelte Werke, Bd. I, Fischer, Frankfurt, 1952
- (1900): Die Traumdeutung. In: GW, Bd. II. u. III.
- (1905): Drei Abhandlungen zur Sexualtheorie. In: GW, Bd. V
- (1910): Die zukünftigen Chancen der psychoanalytischen Therapie. In: GW, Bd. VIII
- (1914): Zur Einführung des Narzißmus. In: GW, Bd. X
- (1917): Trauer und Melancholie. In: GW, Bd. X
- (1921): Massenpsychologie und Ich-Analyse. In: GW, Bd. XIII
- (1923): Das Ich und das Es. In: GW, Bd. XIII
- (1924): Das ökonomische Problem des Masochismus. In: GW, Bd. XIII
- (1929): Das Unbehagen in der Kultur. In: GW, Bd. XIV
Furtois, J. (1987): La honte. In: Actualités psychiatriques, 5.

Gaulejac, V. de (1987): La névrose de classe. Hommes et Sociétes, Paris
- (1989): Honte et pauvreté. In: Santé mentale au Québec. XIV, 2, 128–137
Goldberg, J. (1977): Culpabilité et volupté de la honte. In: Psychanalyse à l'Université, 3–9
Green, A. (1983): Narcissisme de vie, narcissisme de mort. Minuit, Paris
Grubrich-Simitis, I. (1984): From concretism to metaphor. Thoughts on some theoretical and technical aspects of the psychoanalytic work with the children of Holocaust survivors. In: The psychoanalytic study of child. Yale University Press, New Haven, 39–301
Grunberger, B. (1976): Vom Narzißmus zum Objekt (frz. Orig. Le narcissisme), Suhrkamp, Frankfurt/M.
Gudefin, M.-A., Tisseron, S. et al. (1989): Retentissement psychologique de l'infection à HIV sur la relation de couple. Cinquième conférence international sur le SIDA, Montréal
Guérin, C. (1990): Les enveloppes externes du moi. In: L'Épiderme nomade et la peau psychique, Ed. Apsygée, Paris 137–144
Guillaumin, J. (1973): Honte, culpabilité et dépression. In: Revue française de psychanalyse, 5–6, 983–1006

Hartmann, H., Loewenstein, R.-M. (1962): Notes on the Superego. In: The Psychoanalytic study of the child, 17. International Universities Press, New York, 42–81
Hermann, I. (1943): L'instinct filial, Denoël, 1972./Az ember ösi ösztönei (Die Urtriebe des Menschen). Budapest
- (1929): La honte comme angoisse sociale. In: Cahiers Confrontation, 8, 1982.

Jankélévitch, W. (1949): Traité des vertus. Bordas, Paris

Kaës, R. (1989): Le pacte dénégatif dans les ensembles transsubjectifs. In: Le négatif, figures et modalités. Dunod, Paris
Kinston, W. (1983): A theoretical context for shame. In: International journal of psychoanalysis, 64, 2. 213–226

– (1987): The shame of narcissism. In: Nathanson, D. L. et al.: The many faces of shame. Guilford Press, New York u. London
Klein, M. (1957): Envy and gratitude. A study of unconcious sources. London
– (1971): Die Psychoanalyse des Kindes (engl. Orig. Psychoanalysis of children). 2. Aufl. Ernst Reinhardt Verlag, München
Krüll, M. (1983): Sigmund, fils de Jacob. Gallimard, Paris

Lagache, D. (1958): La psychanalyse et la structure de la personnalité. In: La Psychanalyse. P. U. F., Paris
Lacan, J. (1978): Die vier Grundbegriffe der Psychoanalyse (frz. Orig. Les quatre concepts fondamentaux de la psychanalyse). Walter, Olten u. Freiburg
Laplanche, J., Pontalis, J. B. (1972): Das Vokabular der Psychoanalyse (frz. Orig. Vocabulaire de la psychanalyse). Suhrkamp, Frankfurt/M.
Levi, P. (1963): Die Atempause. dtv, München
– (1990): Die Untergegangenen und die Geretteten. Hanser, München
Levy, G. (1983): Une catastrophe: la honte. In: Topique, 31, 24–40
Lewin, S. (1971): The psychoanalysis of shame. In: International journal of psychoanalysis, vol. 52, part IV, 355–361
Lewis, H. B. (1971): Shame and guilt in neurosis. International Universities Press, New York
– (1987): Shame and the Narcissistic Personnality. In: Nathanson et al., op. cit.
Lichtenstein, H. (1963): The dilemma of human identity. In: Journal of the American Psychoanalytic Association, 11, 173–225
Lynd, H.-M. (1958): On shame and the search for identity. Harcourt Brace, New York

Mannoni, O. (1982): Ça n'empéche pas d'exister. Seuil, Paris
– (1988): Un si vif étonnement. Seuil, Paris
McDougall, J. (1982): Le théâtre du corps. Gallimard, Paris
Marty, P. (1976): Les mouvements individuels de vie et de mort (Essai d'économie psychosomatique). Payot, Paris
– (1980): L'ordre psychosomatique (désorganisations et régressions). Payot, Paris
Masson, J.-M. (1984): Le réel escamoté. Aubier Montaigne, Paris
Meltzer, D. (1971): Le processus psychanalytique, Payot, Paris
– (1977): Les structures sexuelles de la vie psychique. Payot, Paris
Meltzer, D. et al. (1975): Explorations dans le monde de l'autisme, Payot, Paris
Miller, A. (1994): Das Drama des begabten Kindes und die Suche nach dem wahren Selbst. Suhrkamp, Frankfurt/M.
Morgenstern, S. (1927): Un cas de mutisme psychogène. In: Revue française de psychanalyse, 1, 492–504

Nachin, C. (1987): De l'acte à la pensée et de la pensée à l'action. In: Revue française de psychanalyse 2, 831–832
– (1989a): Le deuil d'amour. Éd. Universitaires, Paris
– (1989b): Du symbole psychanalytique. In: Revue française de psychanalyse, 6, 1727–1736

Nahama, V., Petit, F. et al. (1991): Déficits d'assertivité et peurs sociales des adolescents souffrant de troubles psychiatriques. In: Société catalane de Recherche en thérapies comportementales, Sitges, Mai 1991
Nathanson, D. L. et al. (1987): The many faces of shame. Guilford Press, New York u. London

Pankow, G. (1957): Dynamische Strukturierung in der Psychose. Bern
- (1969): L'homme et sa psychose. Aubier Montaigne, Paris
- (1979): Structure familiale et psychose. Aubier Montaigne, Paris
Piers, G., Singer, M. (1953): Shame and Guilt. Thomas, Springfield, Ill.
Puget, J. et al. (1989): Violence d'État et psychanalyse. Dunod, Paris

Rand, N. (1989): Le cryptage et la vie des œvres. Aubier, Paris
Rousseau, P. F. (1987): Intact aux yeux du monde. Hachette, Paris
Roustang, F. (1990): Influence. Minuit, Paris

Sigg, B. (1989): Le silence et la honte. Messidor, Paris
Sylwan, B. (1982): Le Ferd-ikt. In: Études Freudiennes, n° 13–14. Denoël, Paris

Tchang Tchong-Jen (1990): Tchang au pays du lotus bleu. Séguier, Paris
Tisseron, S. (1976): A propos de l'ambivalence culturelle au cours d'entretiens réguliers avec les Nord-Africains immigrés. In: L'information psychiatrique, 52, I
- (1985): Tintin chez le psychanalyste. Aubier-Archimbaud, Paris
- (1986a): Préalables à une recherche psychanalytique sur le trait. In: Psychanalyse à l'Université, II, 42, 333–337
- (1986b): Généalogie, honte et transfert. In: Fedida, P., Guyotat, J. et al., Mémoires, transferts. Écho-Centurion, Paris
- (1988): Le personnel hospitalier face à la mort. In: Actualités psychiatriques, n° 9, 61–68
- (1989a): Propositions pour un modèle de l'articulation des phénoménes sociaux et des phénoménes psychiques. In: Psychologie clinique, 1990, n° 3: Social/psychique/articulations
- (1989b): Des mots et des images. Rôle des images dans la cure. In: Revue française de psychanalyse, 6, 1993–1997
- (1990a): Tintin et les secrets de famille. Séguier, Paris
- (1990b): Clérambault, psychiatre et photographe. Delagrange, Paris
-, Tisseron, Y. (1986): Filiation, honte et affiliation. In: Les temps modernes, n° 475, 103–146
Torok, M. (1979): L'os de la fin: quelques jalons pour l'étude du verbarium freudien. In: Cahier confrontation, 15
- (1983): L'occulté de l'occultisme. In: Cahier confrontation, 10
- (1984): Des inédits de Freud à Fliess. In: La restitution d'une oscillation. In: Cahier confrontation, 12
- (1986): Restes d'éffacement: entre S. Freud et Emmy von N. In: Cahier confrontation, 15

Ulriksen-Vignar, M. (1989): La transmission de l'horreur. In: Violence d'État et Psychanalyse. Bordas, Paris

Viñar, M. u. Viñar, M. (1989): Exil et torture. Denoël, Paris
Vincent, J.-D. (1990): Casanova, la contagion du plaisir. Odile Jacob, Paris

Wallon, H. (1970): De l'acte à la pensée. Flammarion, Paris
Winnicott (1976): Von der Kinderheilkunde zur Psychoanalyse (engl. Orig. Through paediatrics to psycho-analysis). Kindler, München
- (1973): Vom Spiel zur Kreativität (engl. Orig. Playing and reality). Klett, Stuttgart
- (1974): La crainte de l'effondrement. In: Nouvelle Revue de Psychoanalyse (1975), 35–44
Wurmser, L. (1990): Die Maske der Scham (eng. Orig. The Mask of Shame). Springer, Berlin u. a.
- (1987): Shame: the veiled companion of narcissism. In: Nathanson: The many faces of shame. Guilford, New York, 64–92
- (1986): Sévices en famille; le sens de la honte et la question du masochisme. In: Psychothérapies, VI, 3

Zazzo, R. et al. (1979): Le Colloque sur l'attachement (Neuchâtel). Delachaux et Niestlé, Paris
Zimmermann, D. (1992): Nouvelles de la zone interdite. Manya, Paris

Sachregister

Brigitte Boothe
Annelise Heigl-Evers

Psychoanalyse
der frühen weiblichen
Entwicklung

1996. 400 Seiten. 41 Abbildungen.
(3-497-01393-5) gb

Zwischen Mädchen-Exil und Mädchen-Power, zwischen Noras Puppenheim und Pippi Langstrumpf, neuer Mütterlichkeit und alter Ritter-Retter-Vaterfigur: Die Autorinnen liefern eine faszinierende Analyse weiblicher Selbstbezichtigung und gleichzeitiger Inszenierung als Opfer. Sie entlarven das psychologische Rührstück vom Mann als Zerknirschten ebenso wie heutige Konsum-Partnerschaften und den Solidarisierungsdruck unter Frauen. Moderne empirische Säuglingsforschung und Fallbeispiele aus der psychotherapeutischen Praxis sind aussagekräftige Bestandteile einer Psychoanalyse der weiblichen Entwicklung. Dieses Buch ist alles andere als eine trockene Abhandlung: Es liefert aufschlußreiche Querverbindungen zu Mythen und Märchen, zur bildenden Kunst und Gegenwartsliteratur, es öffnet den Blick für das kritische Potential der Psychoanalyse und die Macht der Ironie – ein scharfzüngiges, unbestechliches und intelligentes Buch.

Ernst Reinhardt Verlag München Basel

Heinrich Racker

Übertragung und Gegenübertragung

Studien zur
Psychoanalytischen Technik

Aus dem Spanischen übertragen
und hrsg. von Gisela Krichhauff
(Psychologie und Person; 20)
5. neugestaltete Auflage 1997
221 Seiten. (3-497-01435-4) gb

„Die seit langem diskutierte Übertragungsthematik kompliziert sich durch Gegenübertragung vom Behandler auf den Analysanden. Racker machte diese Probleme zu seiner Lebensarbeit und kam zu wichtigen Ergebnissen, die ausgezeichnet übersetzt, komprimiert und einleuchtend zum Ausdruck gebracht sind." *Josef Rattner*

„Es handelt sich um ein bemerkenswertes Buch, das eine wirkliche Ergänzung zu den bereits vorhandenen über die psychoanalytische Technik darstellt. Beim Lesen spürt man kaum die Übersetzung, so daß man ohne Mühe in die komplizierten Feinheiten psychodynamischen Geschehens eindringen kann, die Racker meisterhaft beherrscht." *Psyche*

„Heinrich Racker hat zur psychoanalytischen Behandlungstechnik ein Buch von unschätzbarem Wert geschrieben. Er ist einer der kompetentesten Autoren für dieses Gebiet. Der Autor hat sein Erleben und Verhalten im analytischen Prozeß sowohl beschreiben können als auch in ein abstrahiertes Begriffssystem verdichtet." *Heimstatt*

Ernst Reinhardt Verlag München Basel